国家通用手语系列
中国残疾人联合会 组编

国家通用手语日常会话

中 国 聋 人 协 会◎编
国家手语和盲文研究中心◎审校

華夏出版社
HUAXIA PUBLISHING HOUSE

前言

语言文字是文化传承的载体，是国家繁荣发展的根基。手语是听力残疾人（以下简称聋人）在社会生活中形成和使用的视觉语言，是国家语言文字的重要组成部分。党的十八大以来，党和国家高度重视手语工作。《残疾人保障法》《国家通用语言文字法》《残疾人教育条例》《无障碍环境建设条例》等为手语工作提供了坚实的法律基础。手语规范化工作内容写入国家语言文字事业中长期规划、教育事业和残疾人事业发展规划等国家规划。《国家手语和盲文规范化行动计划（2015—2020 年）》《第二期国家手语和盲文规范化行动计划（2021—2025 年）》相继制定实施。手语工作已成为新时代文化教育事业、语言文字事业和残疾人事业的基础性工作之一。

2018 年，国家语言文字规范《国家通用手语常用词表》正式发布，标志着手语有了“普通话”；其后，《汉语手指字母方案》《< 中华人民共和国国歌 > 国家通用手语方案》《中国少年先锋队队歌、呼号、入队誓词和中国共产主义青年团团歌、入团誓词国家通用手语方案》等语言文字规范陆续发布实施。2019 年，《国家通用手语词典》正式出版发行。十三五期间，国家通用手语研究成果纷纷落地，全社会规范和推广使用国家通用手语的氛围日益浓厚，手语规范化标准水平不断提升。

社会上对国家通用手语越来越认同和接纳，读者对国家通用手语的学习提出了新的要求。由于《国家通用手语词典》以词汇为主，许多读者发现仅仅学习手语词汇仍然无法与聋人有效交流，亟需手语语法知识的指导。2006 年出版的《中国手语日常会话》为读者学习手语会话提供了依据，但因出版时间较早，显然已不适应新时代的变化和需求。同时，手语语言学研究的逐步深入已证明手语是一门独立的语言，有其自身的语法规则，书中以汉语语序为主的会话也无法满足读者与聋人朋友沟通的需要。因此，如何在国家通用手语基础上编写新的会话教材，为聋听之间搭建特殊的语言桥梁，从而推动信息无障碍的发展，成为新时代手语工作的重要课题。

一、《国家通用手语日常会话》的研究过程

2012年，中国聋人协会手语研究与推广委员会（以下简称手语委）成立，以适应形势发展的需要，协调手语各方面的工作。在中国残疾人联合会的支持下，手语委依托北京、辽宁、上海、江苏、浙江、福建、江西、河南、湖北、广东、四川、甘肃12个省级聋人协会设立手语信息采集点，覆盖七大方言区。手语采集工作历经多年，积累了大量的手语语料素材和丰富的研究经验，为将研究成果转化到实际应用中提供了扎实的基础。

2019年，中国残疾人联合会委托中国聋人协会承担《中国手语日常会话》的修订工作，中国聋人协会以手语委为主体成立编写小组。编写小组进行了广泛的调研，并获得了一些专家学者的意见，决定从教育部语言文字应用管理司委托语文出版社编写的《普通话1000句》中入手。编写小组根据聋人日常交流的情况，力求覆盖日常生活的各个领域，从《普通话1000句》中遴选出使用频率较高的100句，并取得了语文出版社的授权。

2020年，中国聋人协会将100句的手语语料采集工作作为全国12个省市手语信息采集点第11、12期的采集任务进行发布，得到了各采集点的广泛响应。各采集点积极完成任务，共提交了一千多段手语句子语料视频和转写文稿。编写小组在对全部的手语视频和转写文稿进行梳理的过程中，发现100句中一些手语词汇的打法存在着地域差异。经过综合比较，编写小组以《国家通用手语词典》为依据，确定手语词汇的通用打法，然后根据各采集点手语视频和转写文稿中相似度较高的内容，结合国内手语语法研究的最新成果，确定每个句子的手语语序和表达方式。2022年6月，100句的手语转译初稿完成，通过再次征集各采集点组长以及其他五个省市（天津、山东、山西、湖南、海南）聋人朋友的意见进行进一步的完善，保证100句手语打法的通用性和易懂性。

顺应新时代的变化，《中国手语日常会话》更名为《国家通用手语日常会话》。本书的编写和出版，正是把握历史机遇、顺应发展趋势、提高服务能力的重要举措。

二、《国家通用手语日常会话》的主要特点

鉴于手语是依靠视觉感知的语言，有着自身的语法规律，通过手、肢体和面部表情参与表达。为了更好地将手语的语言特点和所表达的信息展示出来，从而便于广大读者理解和学习，本书创造性地设计了五个学习模式：

1. 句式展示。正文每一页第一行标写100句的原句，通过手语图片、手语转写展现表达原句意义的手语句子。本书手语图和动作线均参照《国家通用手语词典》绘制，确保规范性。每一句均附有二维码，可扫码观看该句的手语视频。通过文字、图片、视频多方位展现，一目了然。

2. 手语转写。手语是动态的语言，无法像有声语言那样使用书面语进行记录。本书根据中国手语的语言特点，吸取各家之长，设计了以汉语书面语作为转写符号的手语转写简明方案，配合《国家通用手语词典》，把手语表达中的每个手势记录下来。通过比较手语转写与汉语句子，读者可直观地看到手语和汉语的不同之处，了解手语表达的语言规律。为方便读者查询，本书附录增加了 100 句手语转写速查，可快速查询本书 100 句所对应的手语转写。

3. 语法提示。本书中的手语句子是从汉语句子转译过来的，在符合汉语句子句意的前提下，手语表达遵循了手语的语法规律，但手语的构词方式、语法规则与汉语存在不少差异，这为手语学习带来了一定的难度。为消除这一学习障碍，本书为每个手语句子提供了语法提示，对本句涉及的语法特点进行解释，为读者学习手语给予指导。

4. 新词学习。新词是指句子中涉及且《国家通用手语词典》尚未收录的词汇，但其手语打法能在《国家通用手语词典》中找到构词依据。读者可通过新词学习学到更多的手语词汇，并掌握其构词方法。

5. 拓展词汇。本书根据每个手语句子所涉及的领域，提供 1 ～ 3 个拓展词汇，同时在手语句子中适当的位置标上虚线方框，表示方框内的手语词可用拓展词汇替换，而无需改变整个句子的手语语序和表达形式。这个方式可为每个句子提供 1 ～ 3 个内容不同的句式表达，不仅起到举一反三的效果，而且为本书额外添加了句子数量，丰富了学习内容。

三、《国家通用手语日常会话》的编写人员

本书编写人员以中国聋人协会手语委成员为主，集结了各地的优秀聋人。其中，语法提示由仰国维和沈刚执笔，拓展词汇由邱丽君、陈华铭和胡晓云选辑，书稿版式由徐聪设计，最后由仰国维和徐聪统稿。在前期手语语料研究工作中，俞楠、焦育祎参与了手语示范，周晓宁、刘明参与了拍摄工作，为本书提供了大量的素材。本书书稿插图由袁敏和刘忠绘制，手语示范由郭家聚和陈静担任。本书的策划、采集、编写、绘图、排版、拍摄等过程都由手语为第一语言的聋人负责，充分发挥了聋人的主观能动性。

中国残疾人联合会有关领导程凯、韩咏梅、崔瑞芳、林帅华、郑莉，国家手语和盲文研究中心专家顾定倩、魏丹、王晨华、于缘缘、高辉、乌永胜、恒淼、仇冰等始终关心和指导本书的编写工作。

本书在采集过程中，得到全国 12 个手语信息采集点及所在省市的聋协主席成海、尹平、洪泽、李梦江、胡晓民、林群、唐英、李景明、吴竹、范宜涛、戴梅、王珺玲等人的大力支持，一百多位聋人参与并提供了宝贵的第一手手语语料；在征集意见过程中，12个手语信息采集点组长张洋、谢晓楠、赵明华、辛红、胡晓峰、徐林、李翼、周晓宁、张小妮、雷婷婷、余海涛、张青，以及聋人朋友王健、李俊鹏、陈晓阳、高日晓、周旋、郝丽娟等提供了宝贵的反馈意见。

本书在出版过程中，得到华夏出版社有限公司副总编辑曾令真的高度关注和倾力支持，国家通用手语数字推广中心刘娲、徐聪、王一博、李苗、张红云、刘畅、许婷，数字出版部副编审臧明云为本书的编辑、出版工作付出艰辛的努力。

在此，谨向所有关心、支持、帮助本书编写出版的单位和人士表示衷心的感谢！

希望本书能通过社会各行各业的广泛应用，引导全社会关注和帮助聋人这个特殊群体，共同营造信息无障碍的社会氛围。限于我们的专业水平和能力，错误和不当之处在所难免，望广大读者指正。

中国聋人协会

2022年12月

目录

手势动作图解符号说明

	表示沿箭头方向做直线、弧线移动，或圆形、螺旋形转动。
	表示向同一方向重复移动。
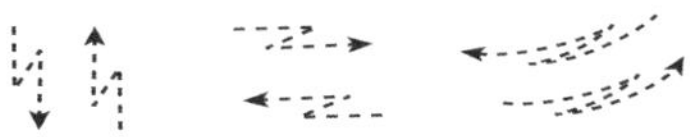	表示双手或双指同时向相反方向交替或交错移动。
	表示上下或左右、前后来回移动。
	表示沿箭头方向反复转动。
	表示沿箭头方向一顿，或到此终止。
	表示手指交替点动、手掌抖动或手臂颤动。
	表示双手先相碰再分开。
	表示拇指与其他手指互捻。
	表示手指沿箭头方向收拢，但不捏合。

手语转写简明方案

|或 /	表示手语词的边界。
||或 //	表示手语句的边界。
–	表示两个或多个手势组合的词组。
[ ]	中括号内注解手语词的特点及注意事项，两个及两个以上事项用“；”隔开。
>[ ]	中括号内注解手势动作所指向的对象或所在位置。
( )	表示手语表达时伴随的表情和体态。
++	表示手势动作重复两次或多次。
①② ❶❷	表示手语词在《国家通用手语词典》中的①②或❶❷打法。
（一）（二）	表示手语词在《国家通用手语词典》中的动作（一）(二)。

1 好久不见了。

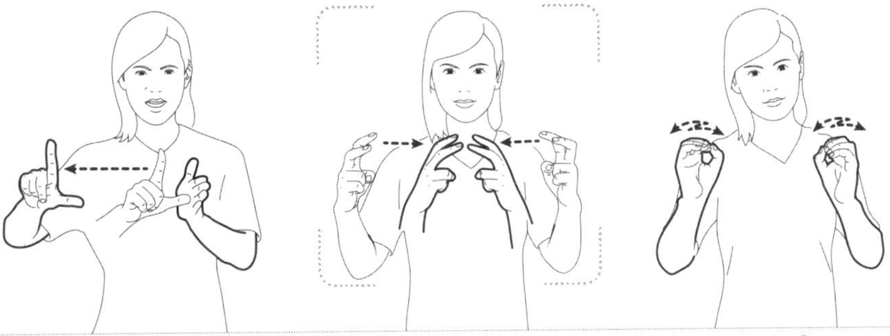

时间[右手食指不转动，向右移动，表示好久] | 见面 | 没有②

语法提示

在本句中，“时间”的手势右手食指不转动，向右移动，可以随着移动幅度表示“好久”“很久”“漫长”等不同的时间长度。

【新词学习】

好久：|时间[右手食指不转动，向右移动，表示好久]|

拓展词汇

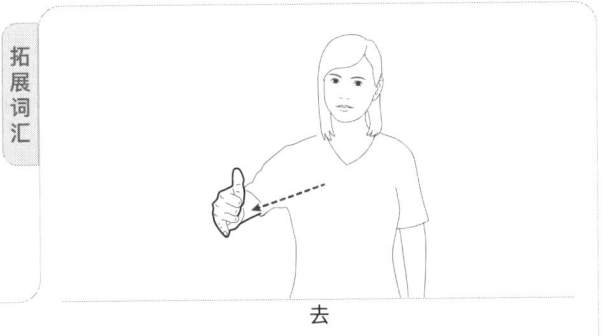

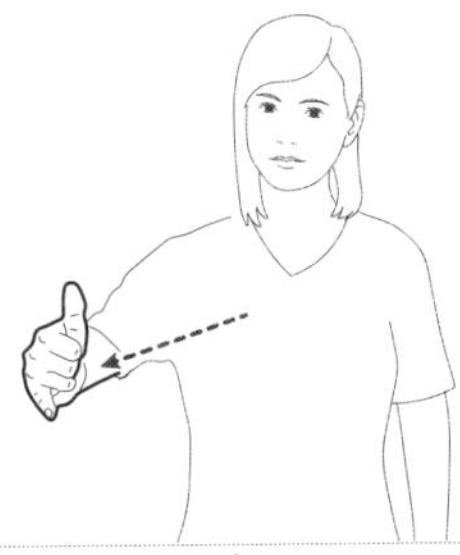

去

看望

玩

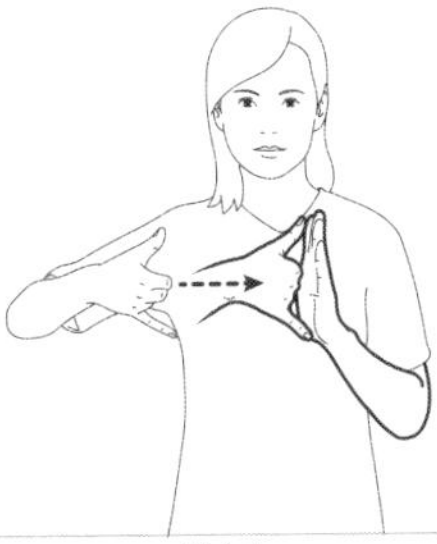

参加

2 最近怎么样？

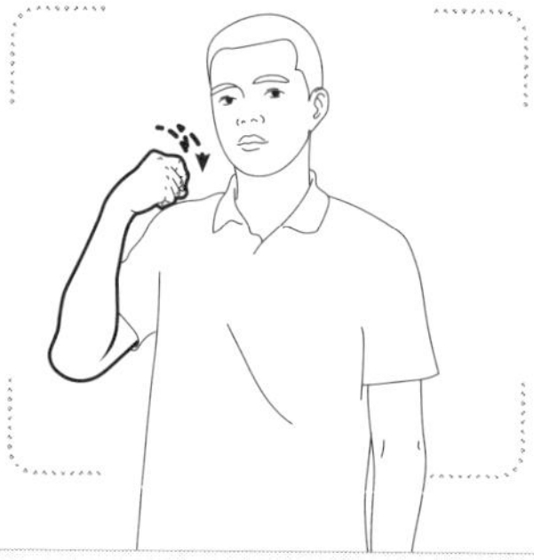

最近 | 怎样[一]（询问表情）

语法提示

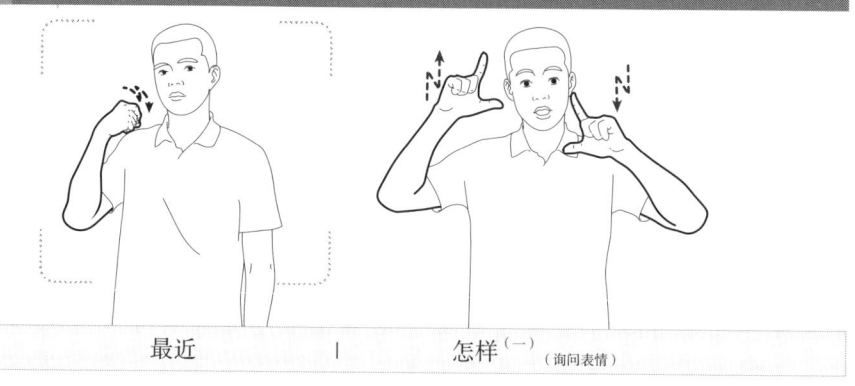

表情、体态等非手控因素是手语表达的重要组成部分，可以更为准确地表达句意。

【新词学习】

怎么样： |怎样[一]（询问表情）|

拓展词汇

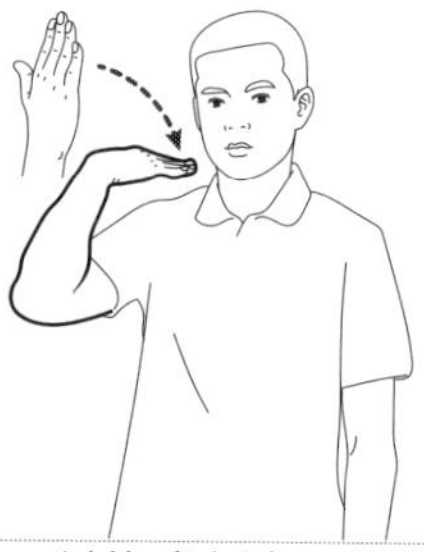

以前（过去）

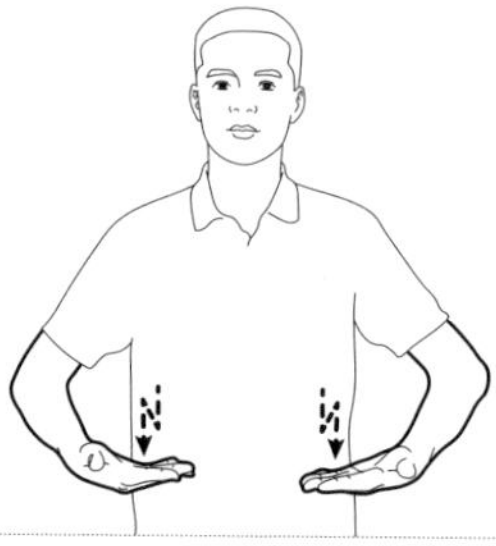

现在

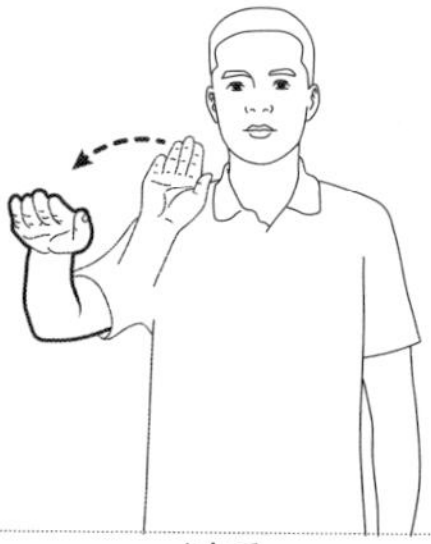

以后

3 我有事儿先走了，再见！

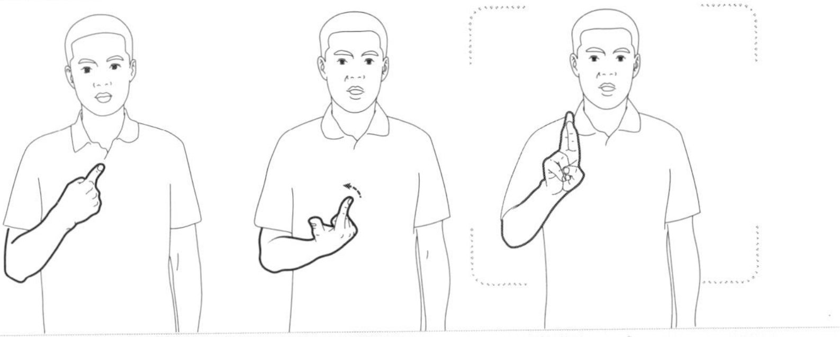

我 | 有 | 事情①（一）

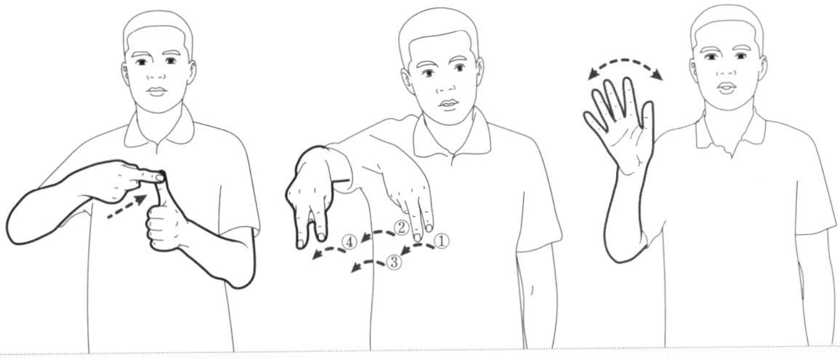

先 | 走 ‖ 再见

语法提示

“事情”在《国家通用手语词典》中有两种手语打法，根据本句句意采用第一种打法；另一种打法适用于更具体的情况，如“急事”。

拓展词汇

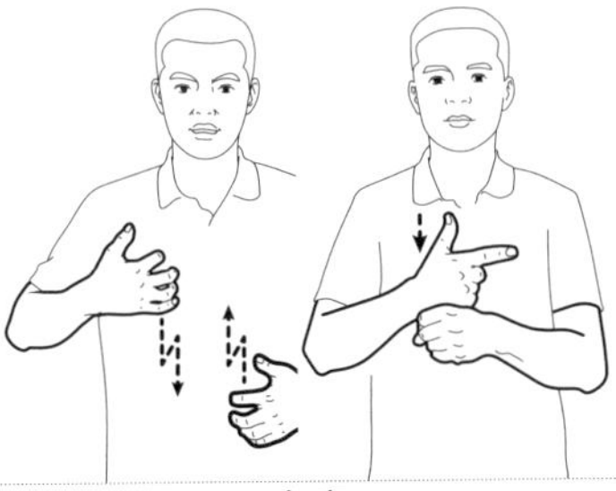

急事

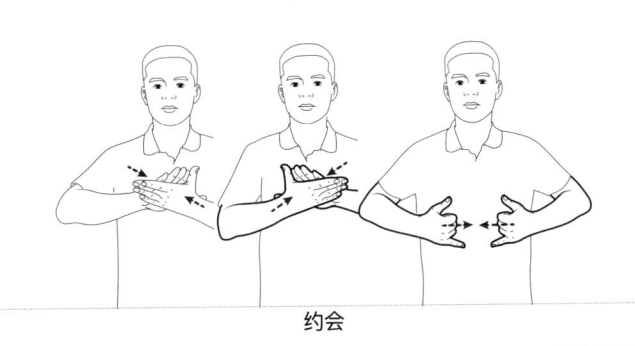

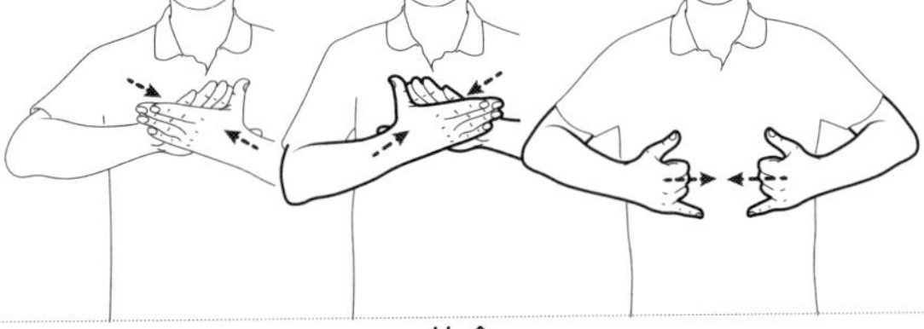

约会

4 好的，以后常联系。

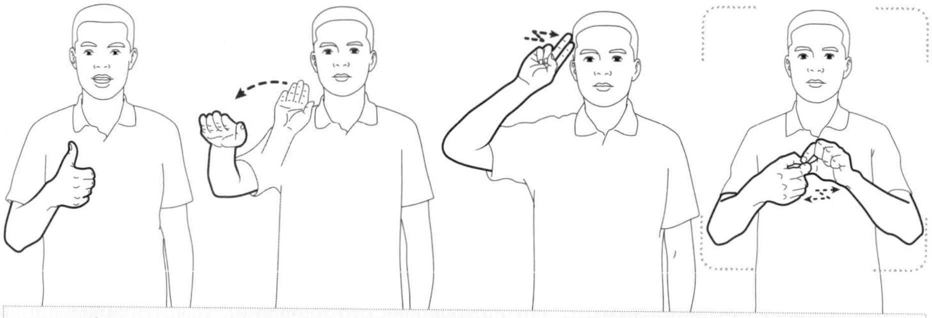

好 ‖ 以后 | 常常 | 联系

语法提示

“联系”的手势具有方向性，朝对方做来回移动的动作，表示双方联系，朝其他方向则表示与第三人进行联系。

拓展词汇

发电子邮件

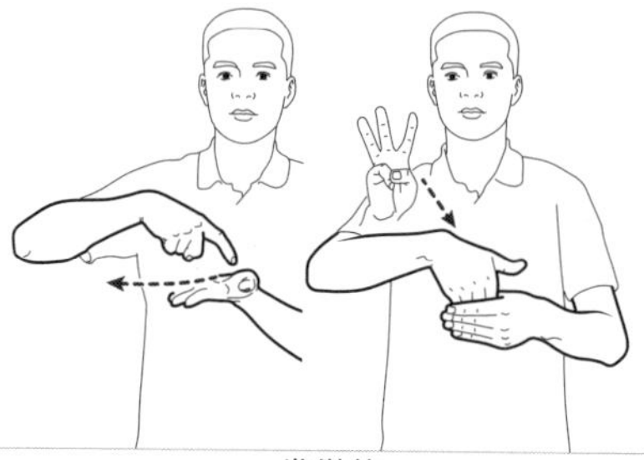

发微信

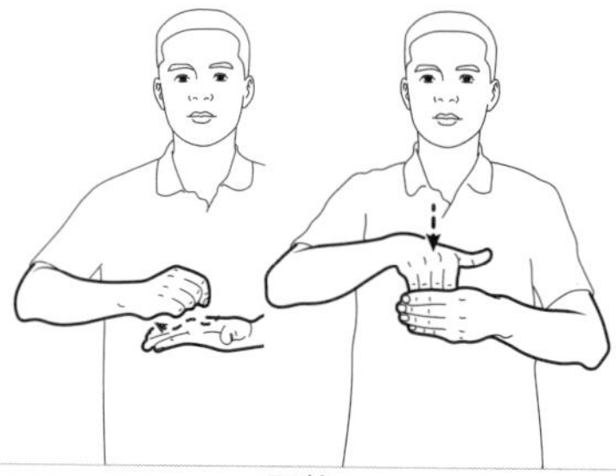

写信

交流

碰头

5 我的名字叫王伟。

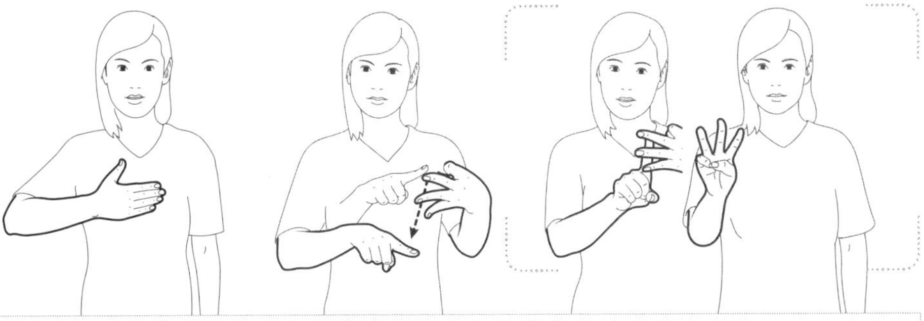

我 | 姓名 | 王[仿字]－伟[手指字母]

语法提示

手语名字可以采用仿字、手指字母和指拼的方式，使用汉语语序，表示汉语名字；也可以根据外貌、性格、事迹等特征来取手语名字，形象性强，方便记忆和称呼。

拓展词汇

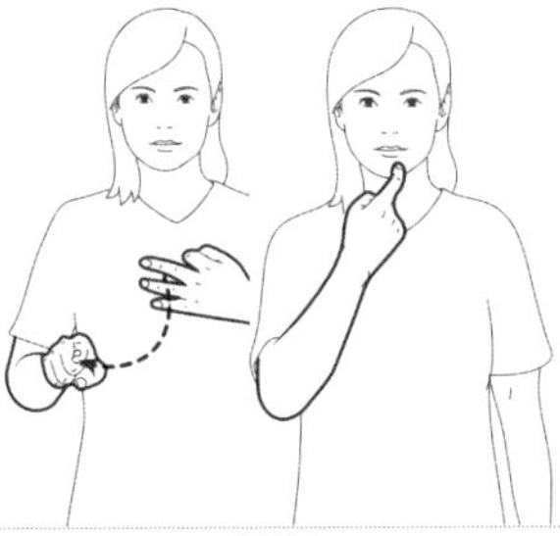

毛泽东

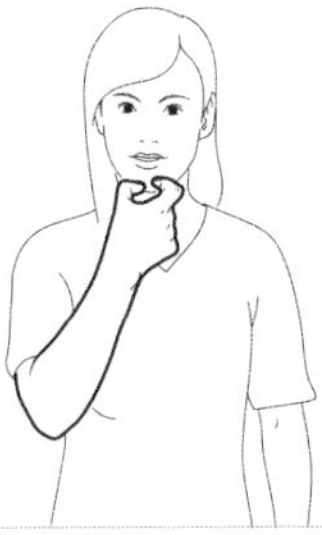

李

刘

张

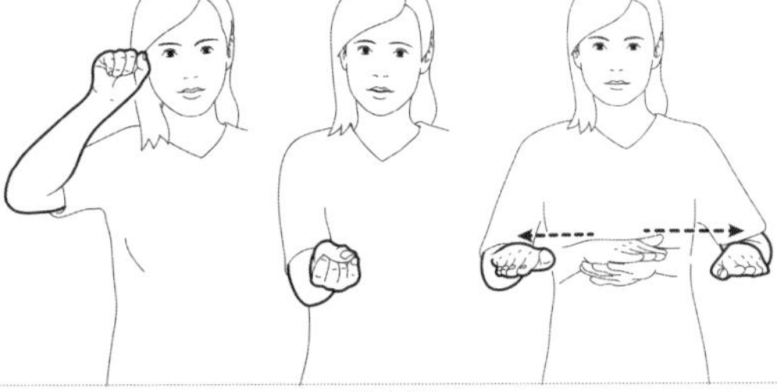

邓小平

6 我今年十八岁。

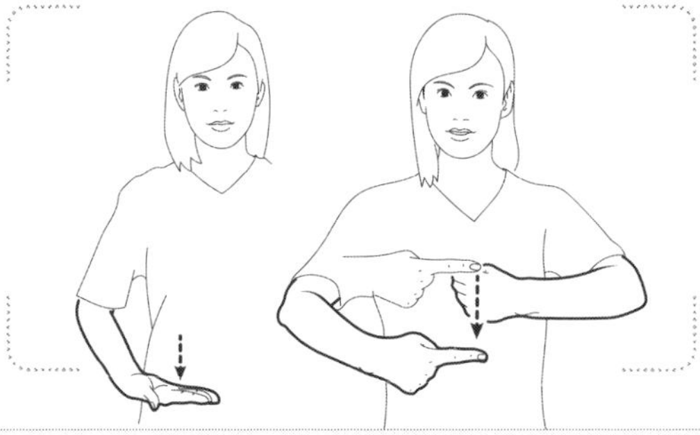

今－年 | 我

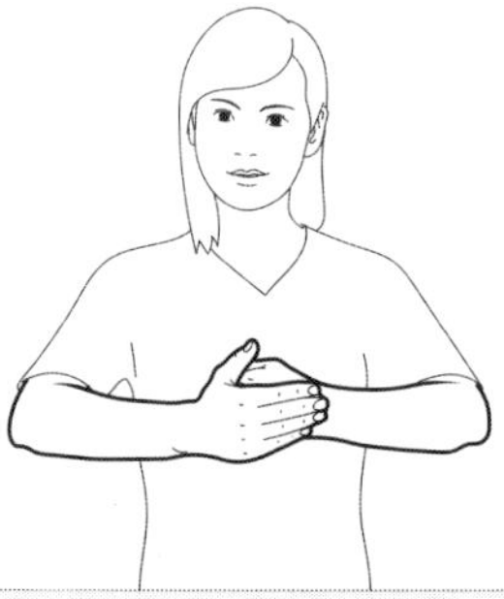

年龄［右手指尖朝左，表示一定年龄］ | 18

语法提示

【新词学习】

去年：|昨天－年|

明年：|明天－年|

前年：|前天－年|

拓展词汇

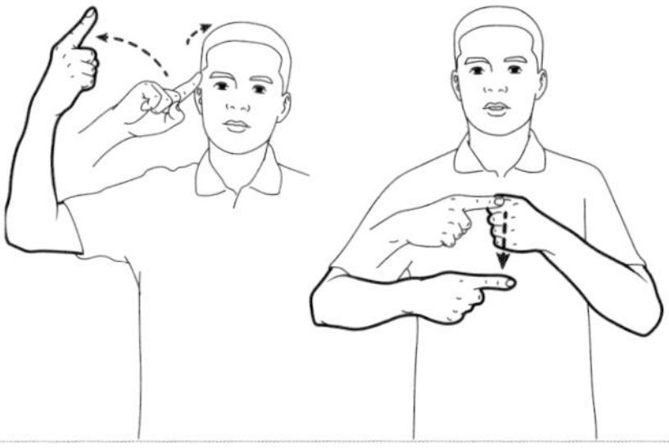

明年

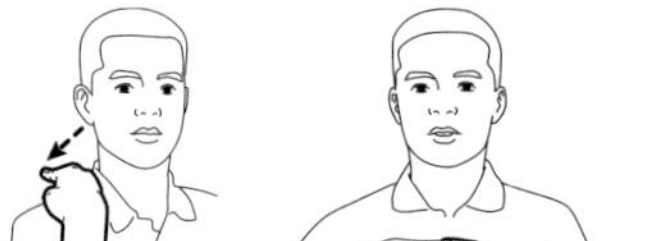

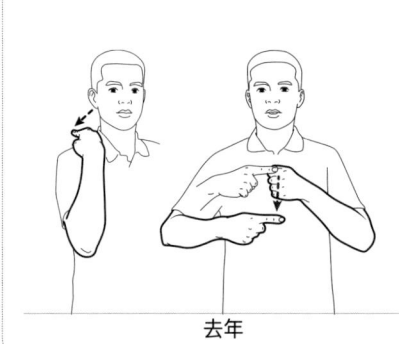

去年

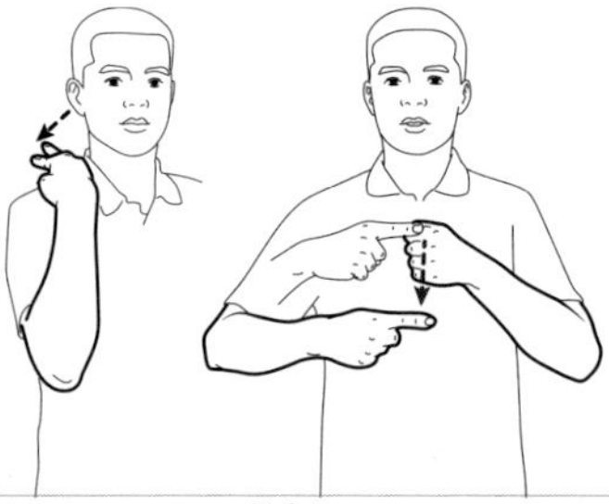

前年

7 我是贵州人。

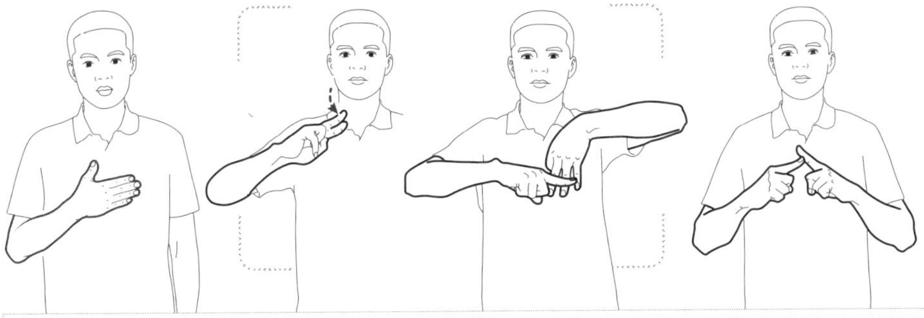

我 | 贵州 | 人

语法提示

“是”的手势在手语表达中通常可省略，需要强调时可打出。

拓展词汇

上海

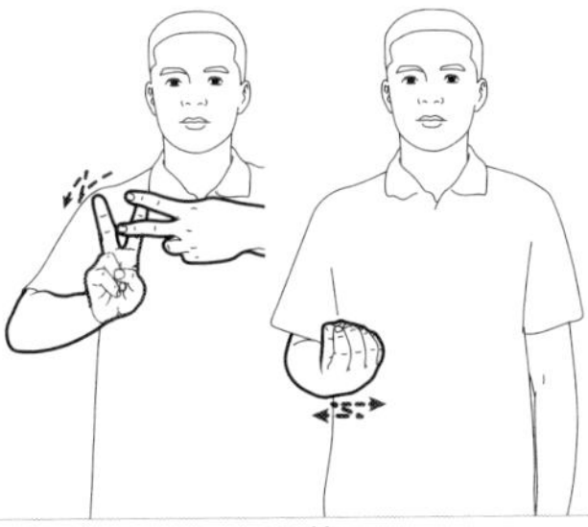

江苏

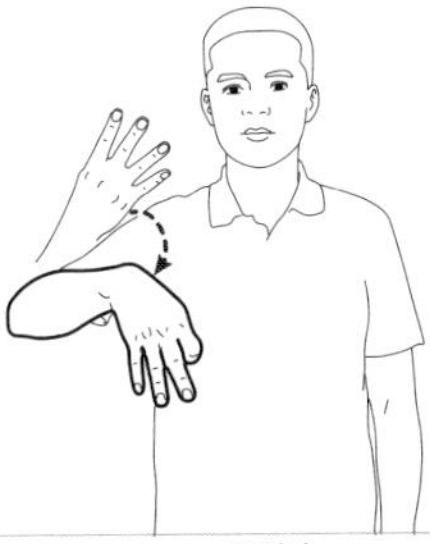

四川

8 你的这件衬衫真好看。

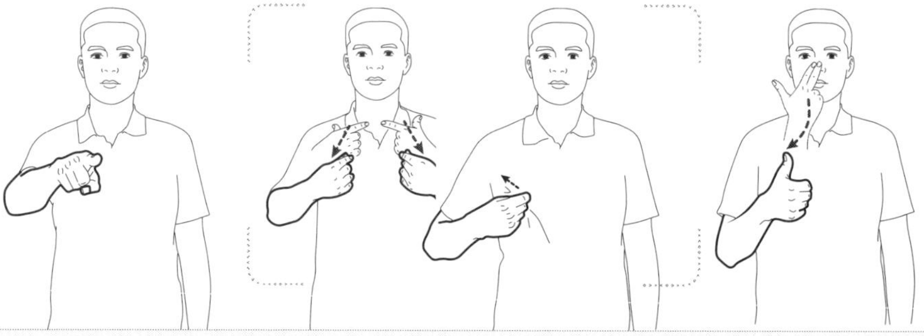

指 >[对方衣服] | 衬衣 | 好看（赞美表情）

语法提示

指示是常见的手语构词方式之一，具体有指点、画圈等。在本句中，用食指直接指向对方身上的衣服，表示“你穿的衬衣”。

拓展词汇

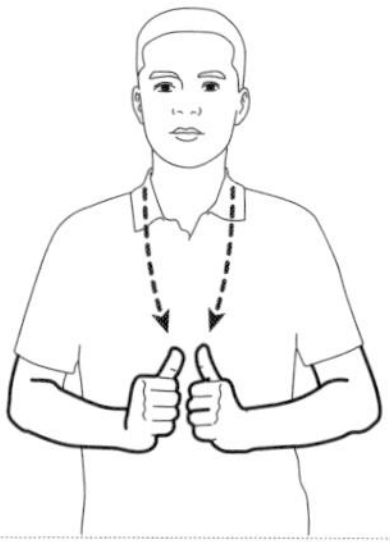

西服

帽子

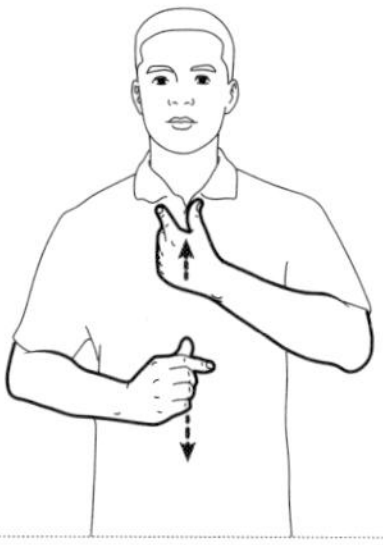

领带

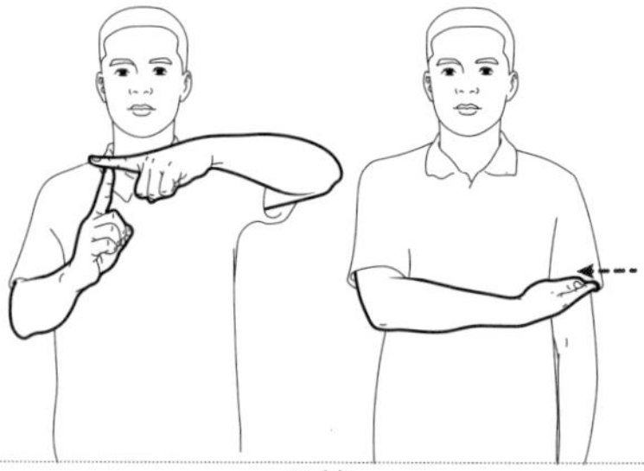

T 恤

9 这条围巾哪儿买的？

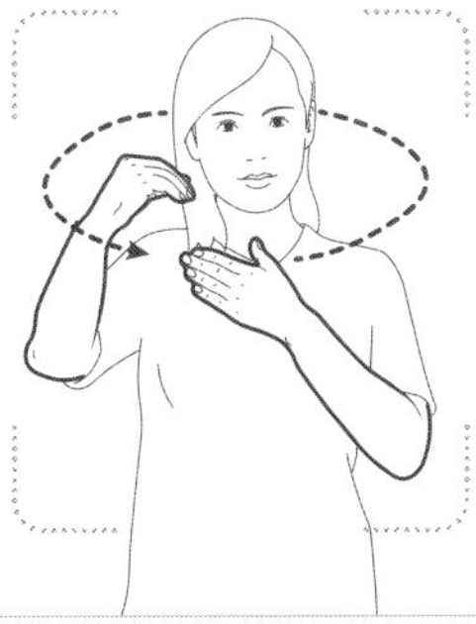

指 >[围巾] | 围巾

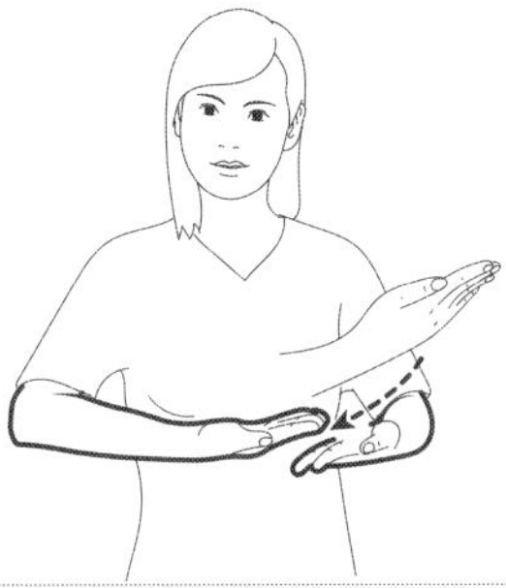

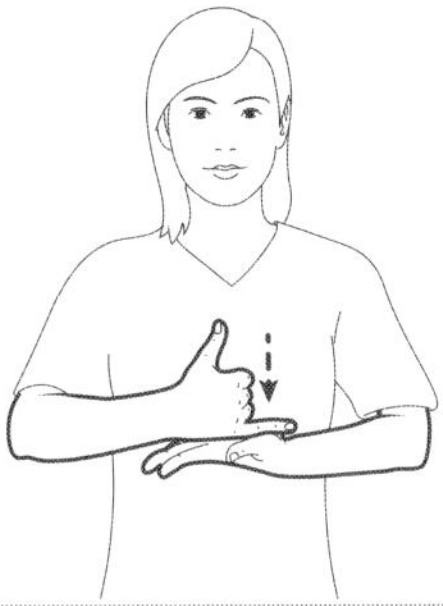

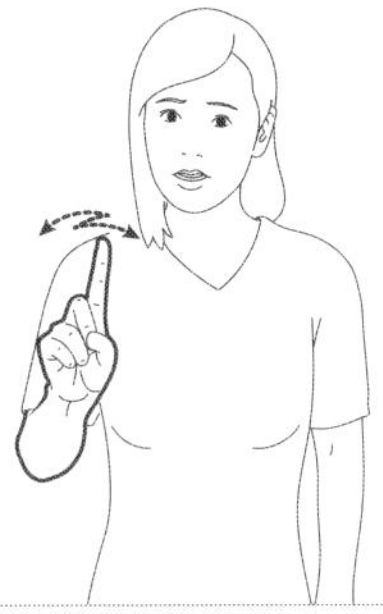

买 | 在 | 哪里（询问表情）

语法提示

“什么”“哪里”在手语中一般出现在句末，并配以询问的表情。

拓展词汇

口罩

眼镜

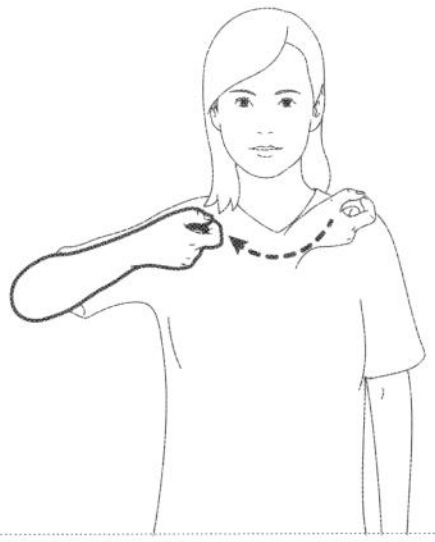

项链

10 今天降温，要多穿一点儿。

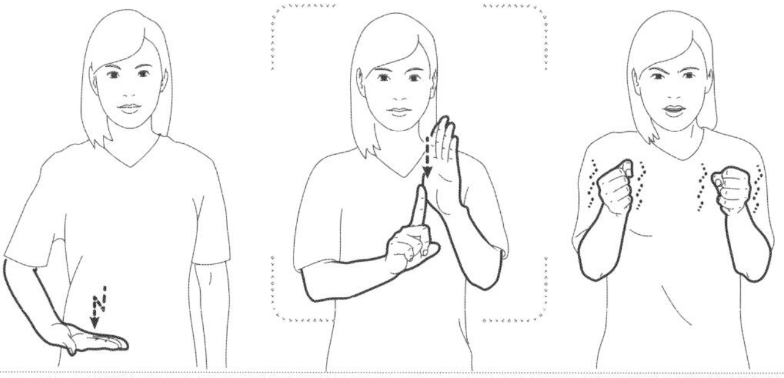

今天 | 降 | 冷

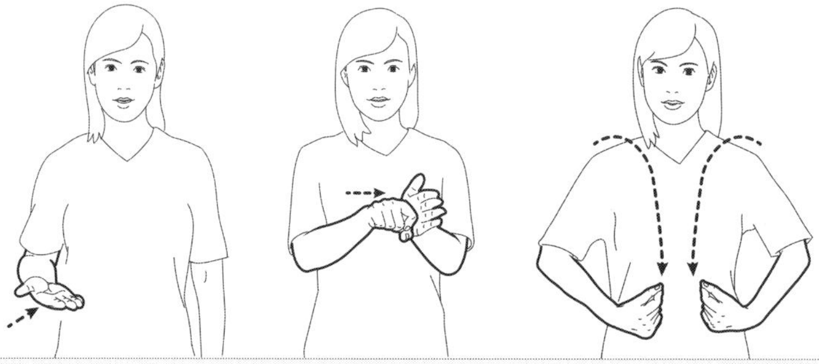

要 | 增加 | 穿

语法提示

“多”在本句中是增加的意思，不是指数量多。“增加 | 穿”意指多穿衣服。

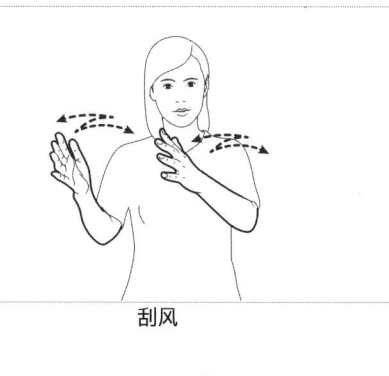

拓展词汇

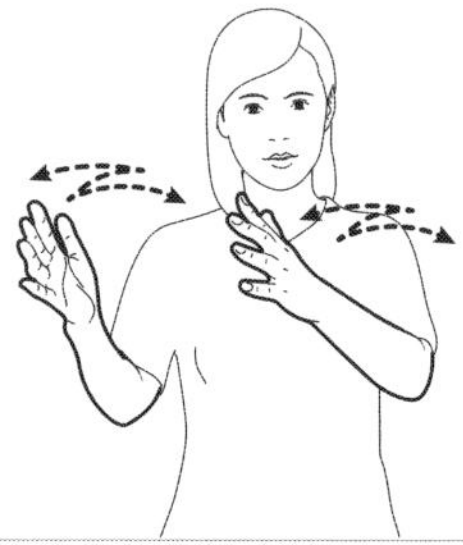

刮风

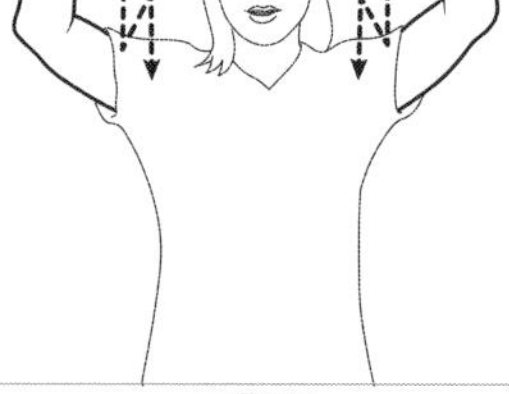

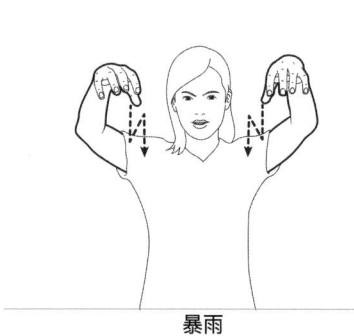

暴雨

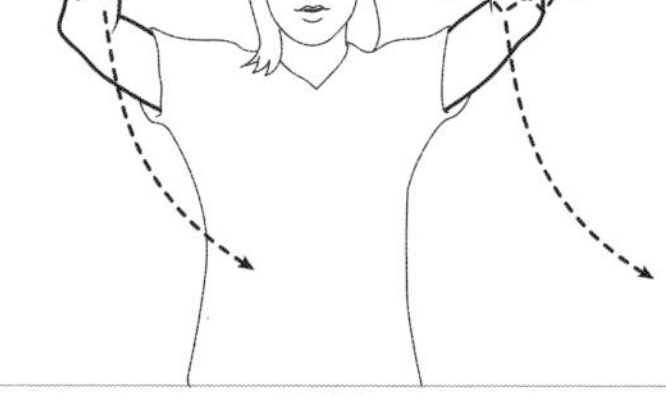

下雪

11 你现在住哪儿？

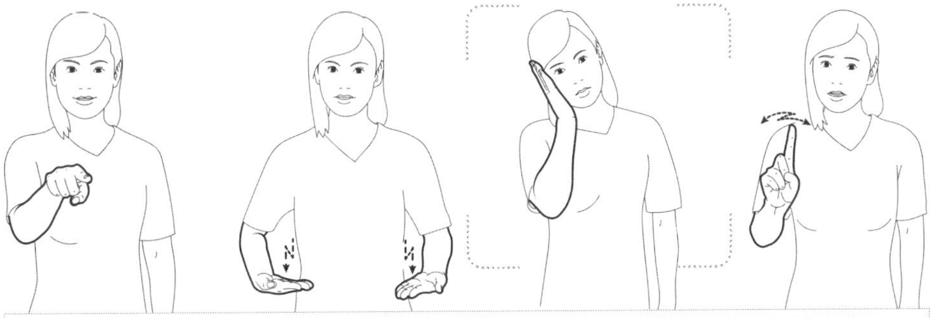

你 | 现在 | 居住 | 哪里（询问表情）

语法提示

“住”“居住”“睡觉”是同一个手语打法。

【新词学习】

住：|居住|

拓展词汇

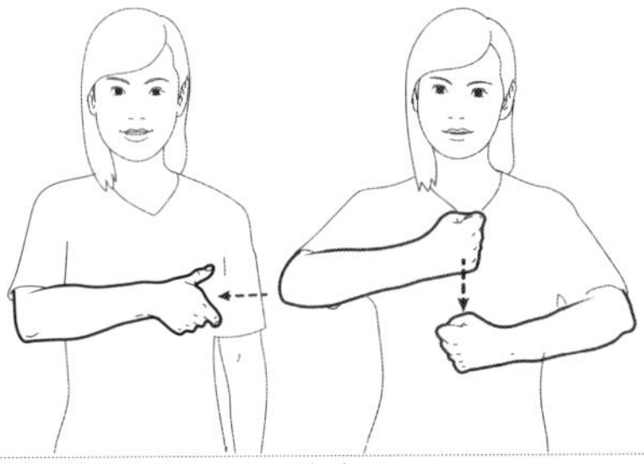

值班

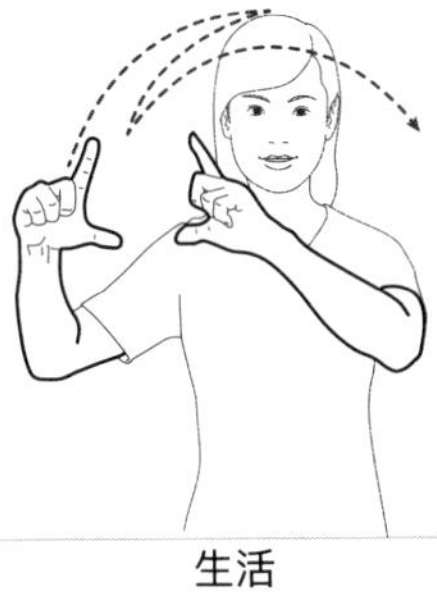

生活

学习

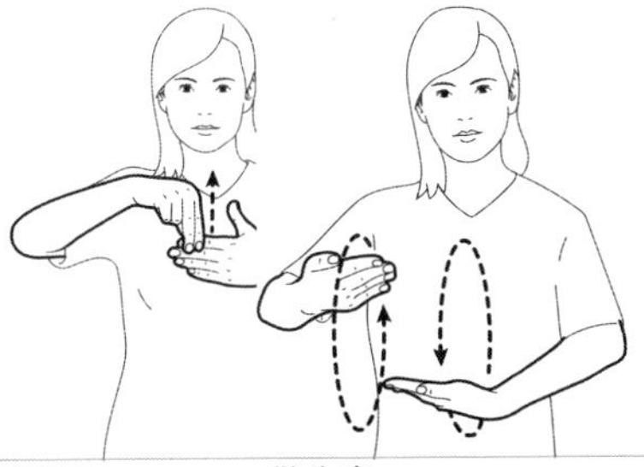

做生意

12 你看上去状态不错。

打量 >[你] | 状态 | 好（赞美表情）

语法提示

表达“看上去”的手势时，手指指向对方，同时眼睛注视对方，表示看的是对方。

【新词学习】

看上去：|打量|

拓展词汇

心情

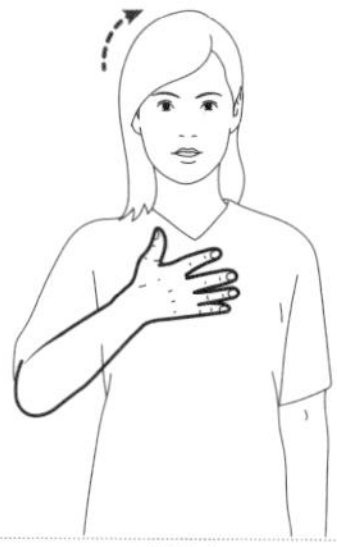

精神

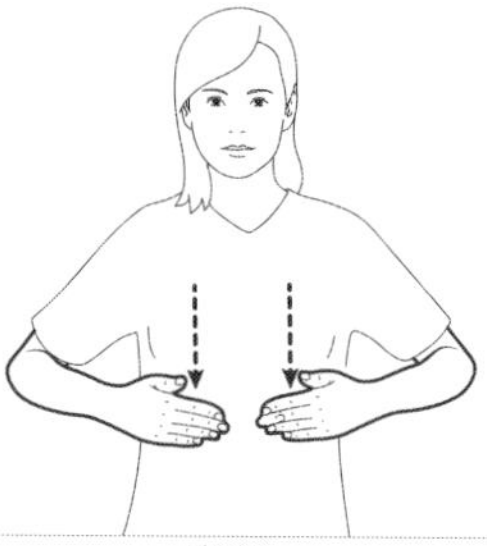

身体

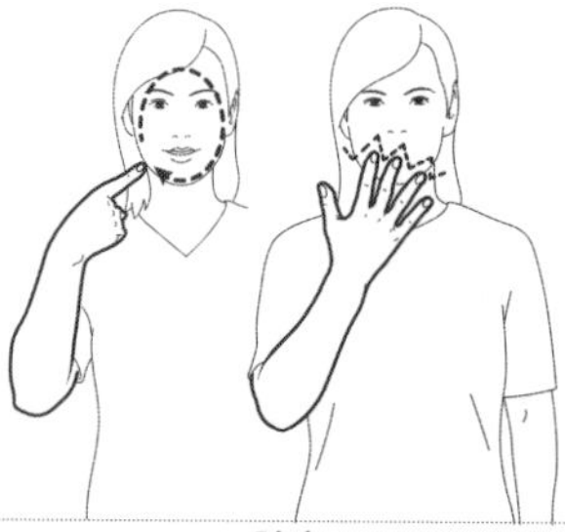

脸色

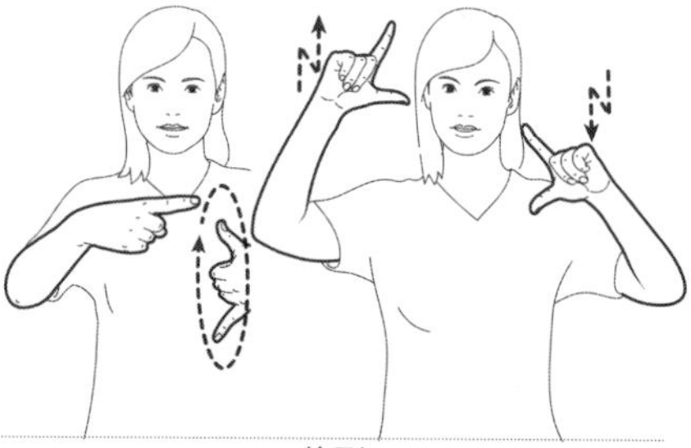

体形

13 我的家乡在新疆，盛产哈密瓜和葡萄。

我 | 家 | 在

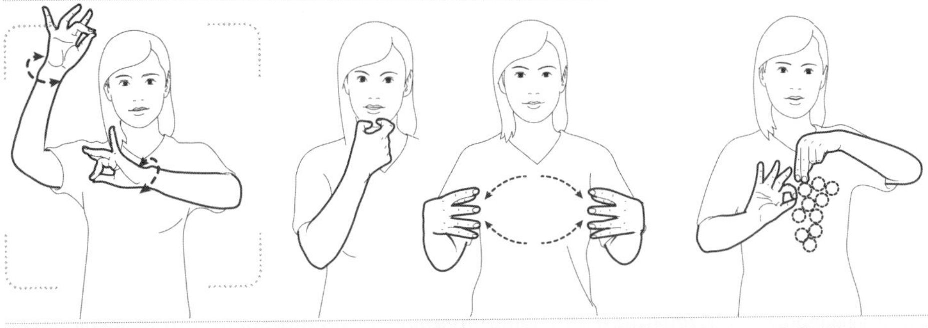

新疆 || 哈密瓜 | 葡萄

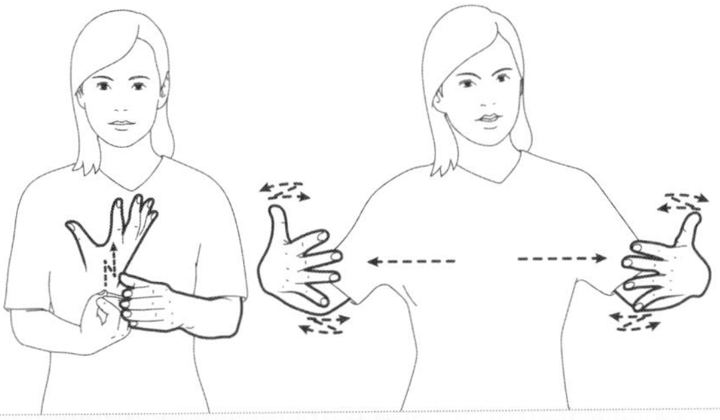

盛产

语法提示

“家乡”指自己的家庭世代居住的地方，手势同“家”，也有聋人用“老家”的手势表示“家乡”。

拓展词汇

宁夏

1 请问这附近哪里有餐馆？

附近 | 饭店

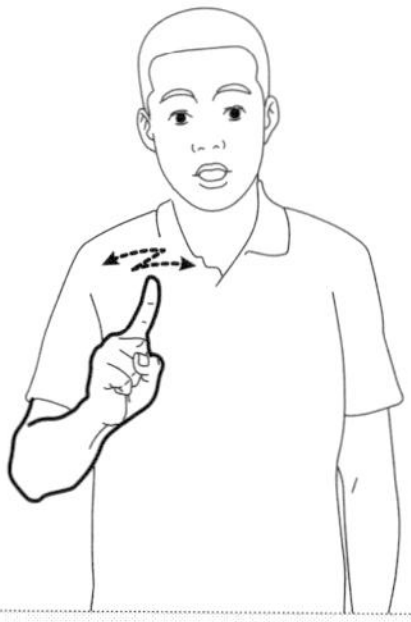

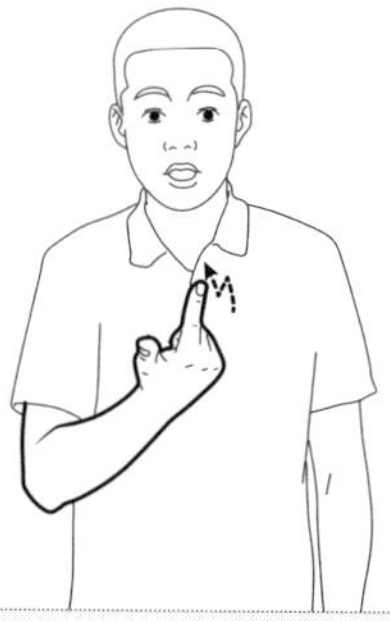

哪里 | 有（询问表情）

语法提示

“餐馆”“饭店”“饭馆”“食堂”等是同一个手语打法，表示供人们吃饭的场所。

【新词学习】

餐馆：|饭店|

拓展词汇

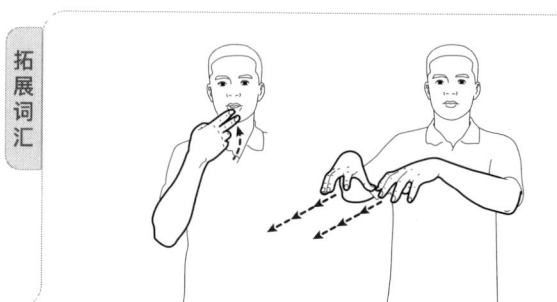

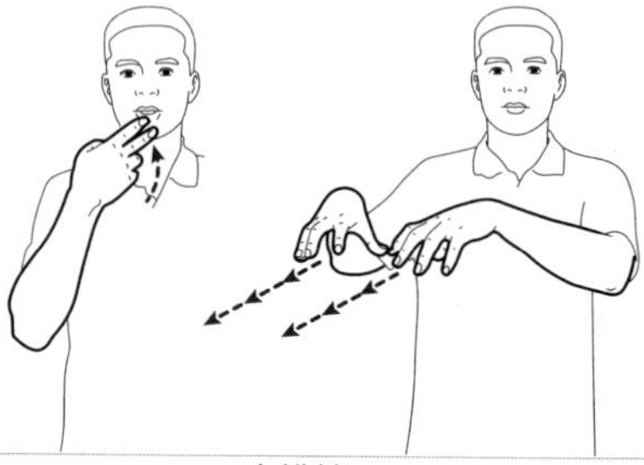

大排档

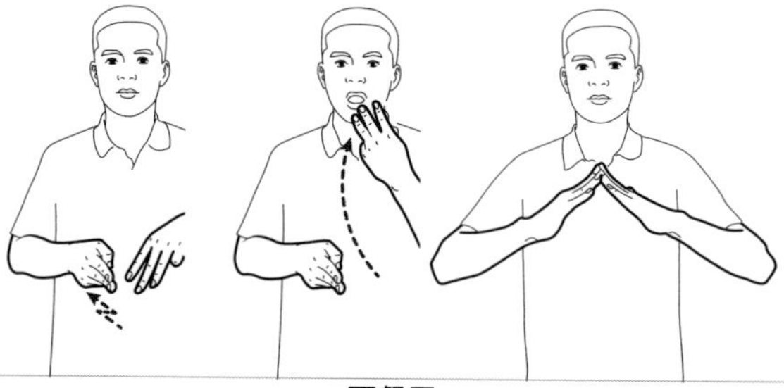

西餐厅

2　今天我请客。

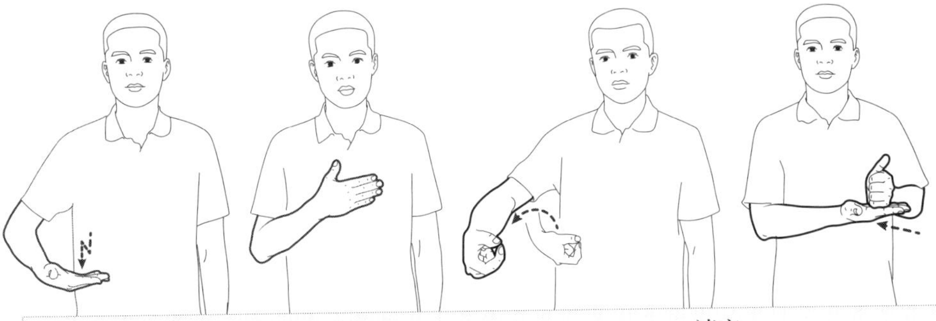

今天 | 我 | 请客

语法提示

“请”的手势在本句中双手向内移动，表示自己付钱请对方吃饭；如果双手向外移动，则是他人请自己吃饭。

此处拓展词汇列出一些常见食物的手语打法。

拓展词汇

包子

馒头

火锅

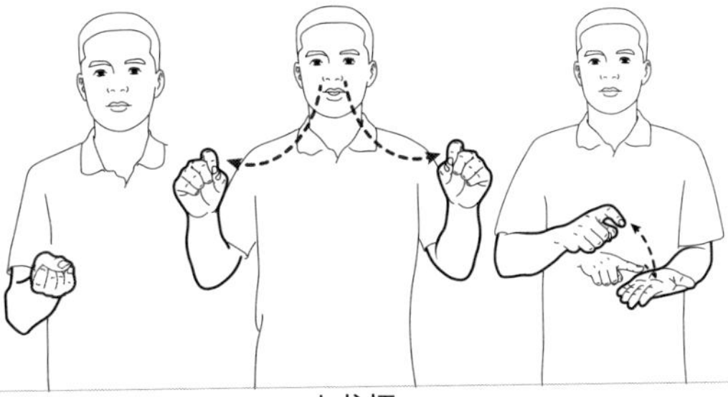

小龙虾

3 你们有没有包间？

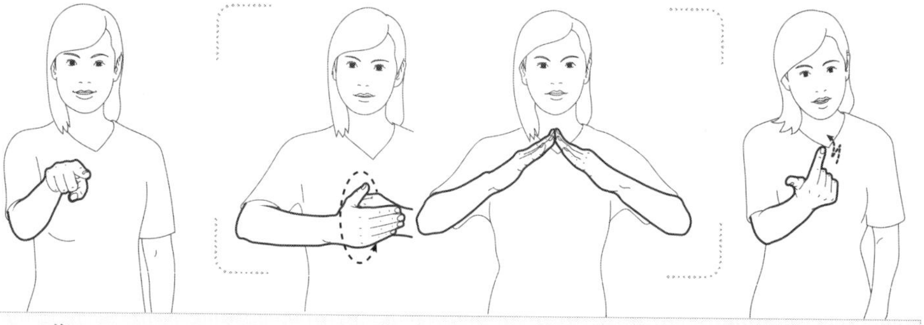

指 >[对方] | 包间 | 有（询问表情）

语法提示

“你们”在日常手语表达中，通常用指示的方式表示。“有”的手势置于句末，配以询问的表情，表示“有没有”的含义。

拓展词汇

酒

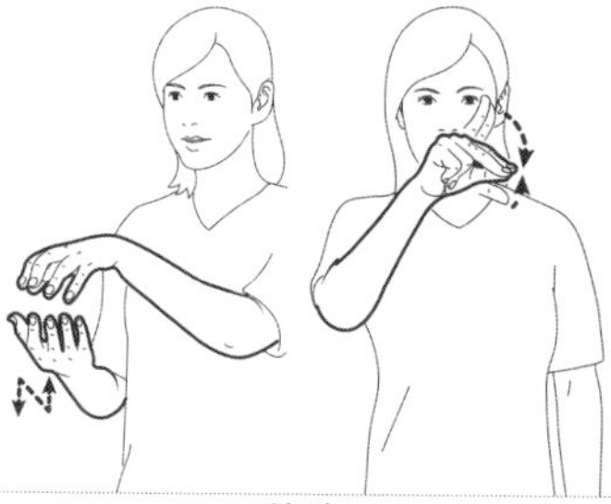

烤鸭

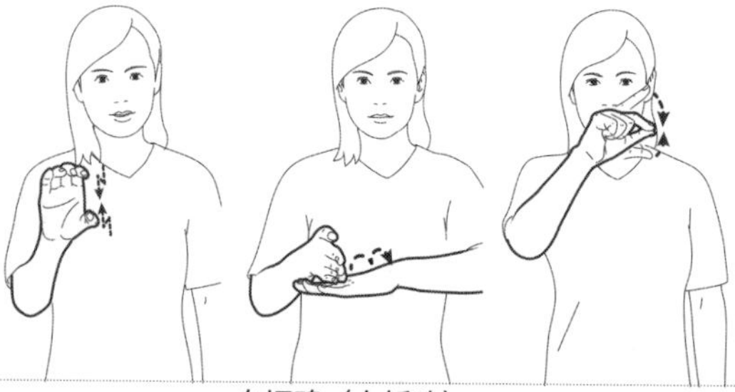

白切鸡（白斩鸡）

4 请把菜单给我看一下。

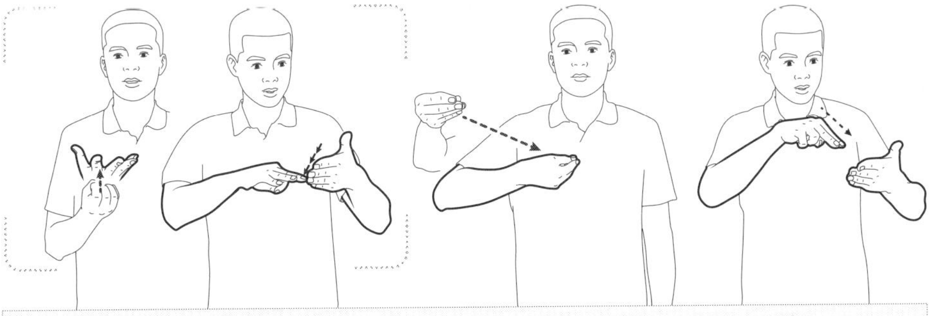

菜单❷ | 给>[我]（礼貌表情） | 看>[左手]

语法提示

“给”在本句中表示让服务员把菜单给自己的意思，因此右手向内移动；如果表示把菜单给服务员的意思，右手则向外移动。

拓展词汇

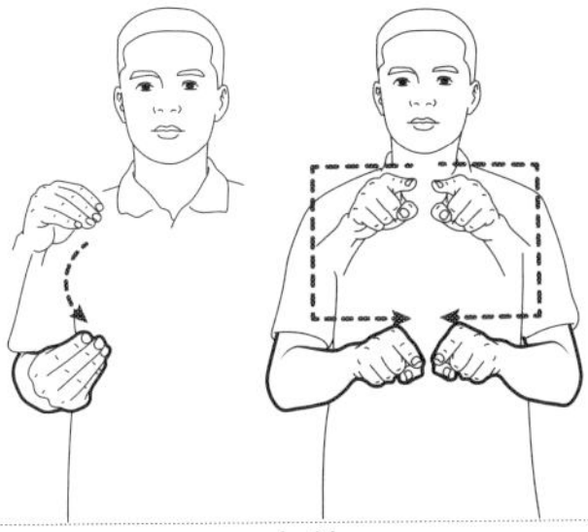

文件

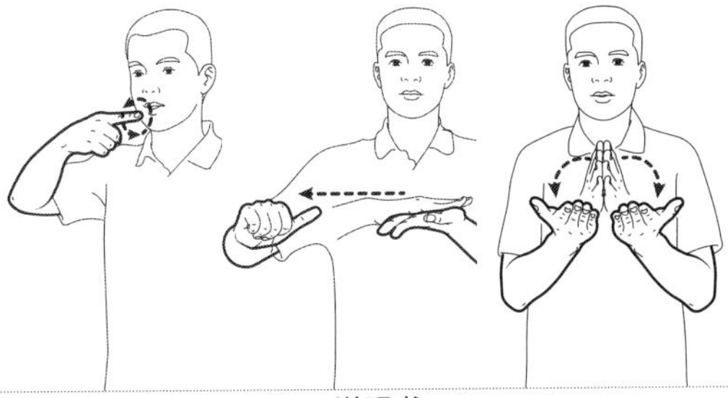

说明书

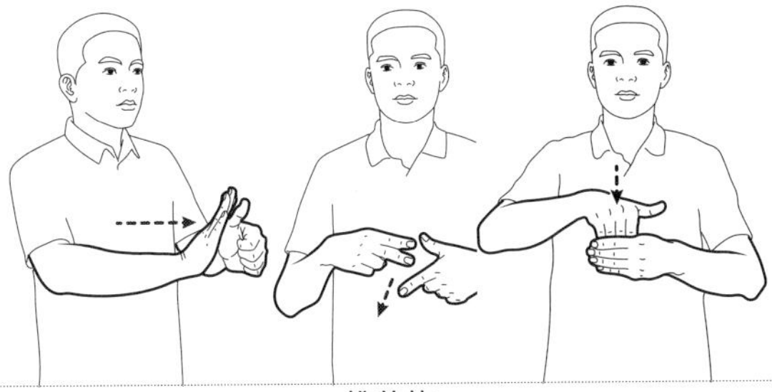

推荐信

5 这里都有什么特色菜？

指 >[饭店] | 特-色-菜

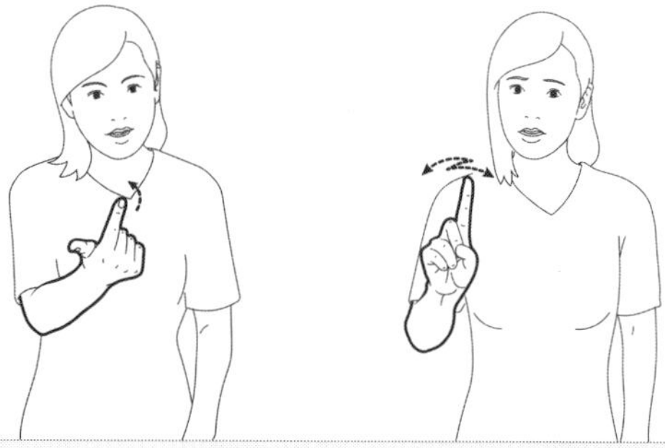

有 | 什么（询问表情）

语法提示

“特色菜”的手势表示特别的菜。

此处拓展词汇列出两个菜名的手语打法。

拓展词汇

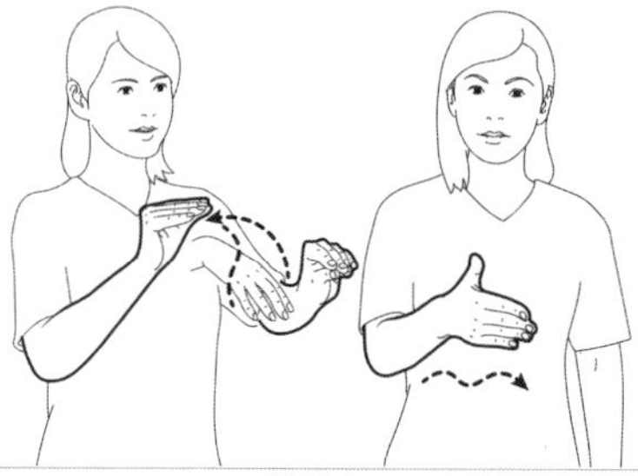

松鼠鱼

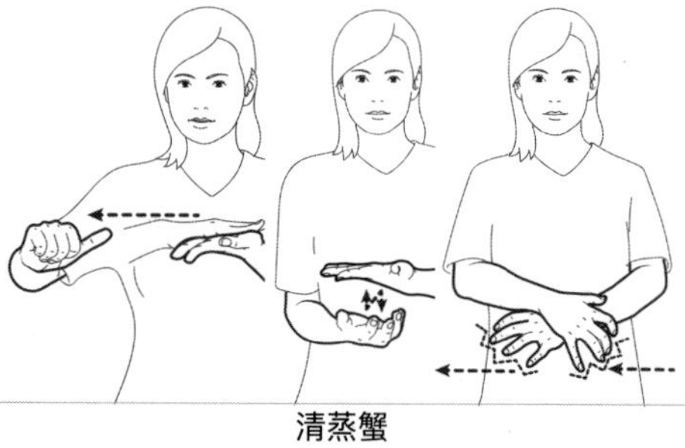

清蒸蟹

6 有什么忌口的吗？

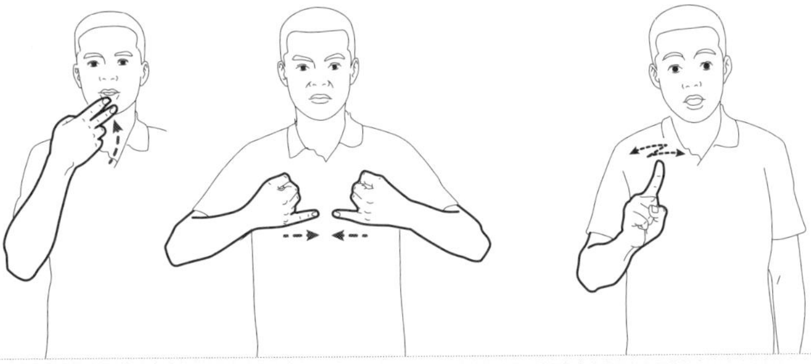

忌口 | 什么（询问表情）

语法提示

“忌口”的第二个动作表示敌对的意思，在这里是指不愿或不能吃的食物、味道等。

此处拓展词汇列出一些忌口食物、味道的手语打法。

拓展词汇

辣

香菜

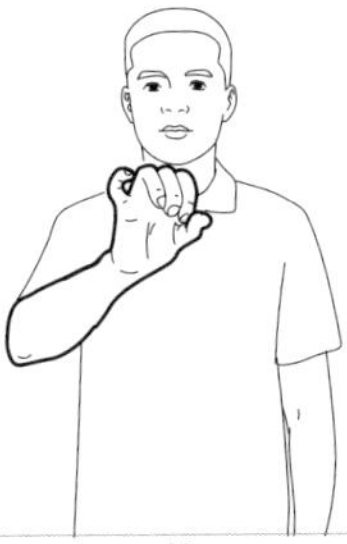

姜

7 请稍等，我去拿账单。

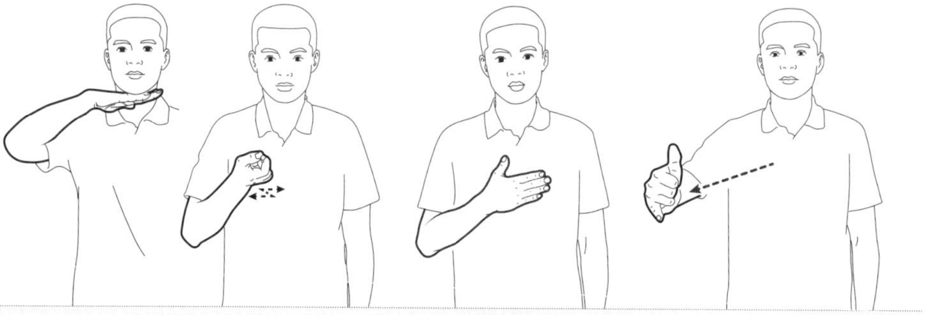

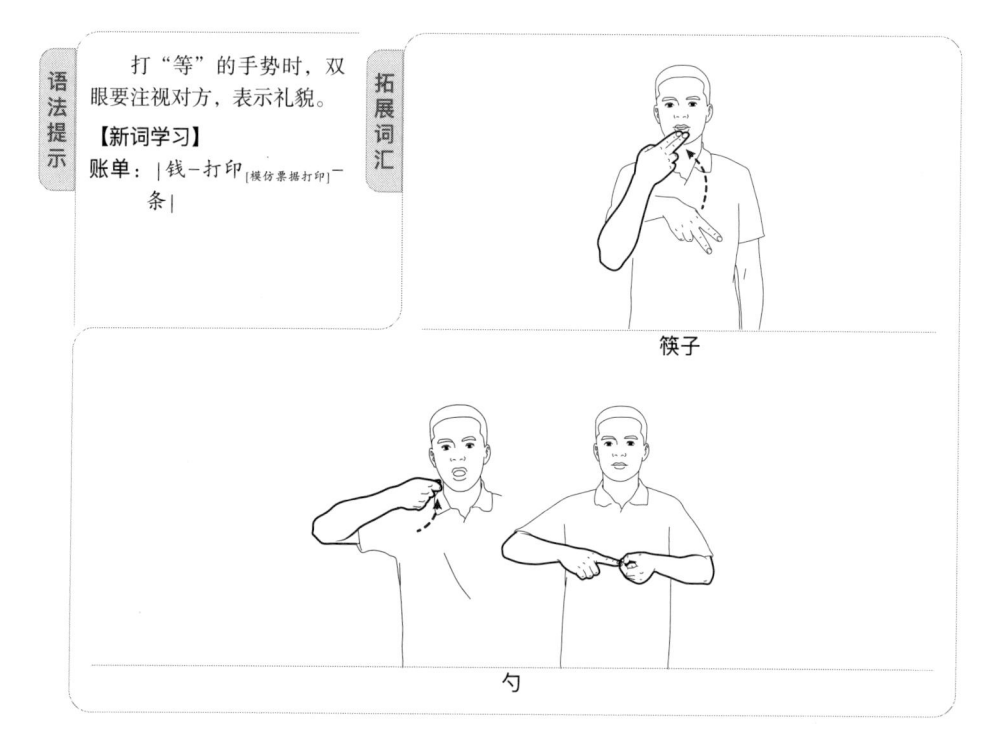

等－一会儿 ‖ 我 ｜ 去

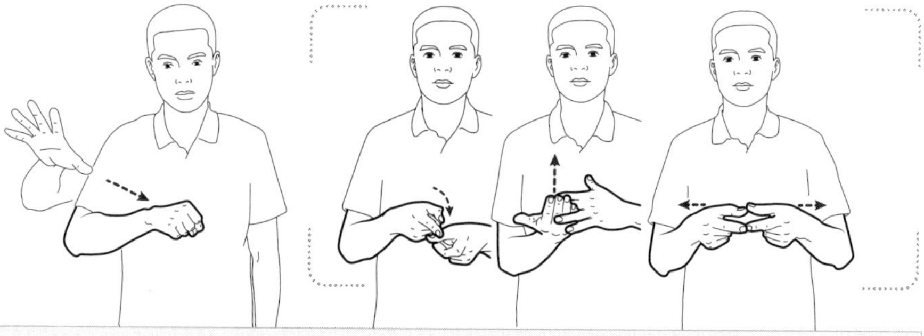

拿 ｜ 钱－打印[模仿票据打印]－条

语法提示

打“等”的手势时，双眼要注视对方，表示礼貌。

【新词学习】

账单：｜钱－打印[模仿票据打印]－条｜

拓展词汇

筷子

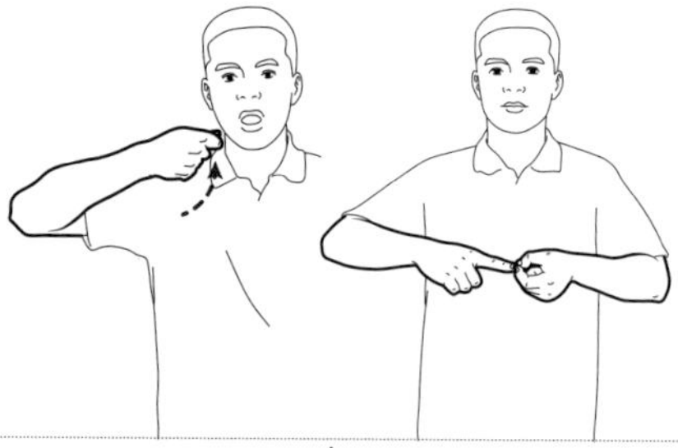

勺

8 可以用手机支付吗？

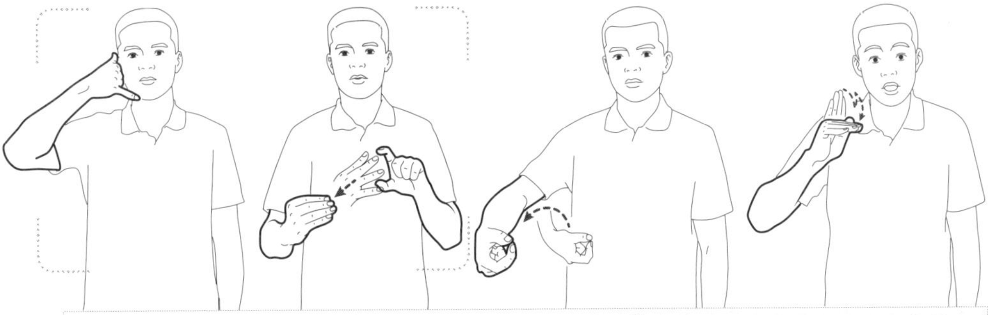

手机－二维码（二） | 支出① | 可以（询问表情）

语法提示

“支付”是手语动词，具有方向性，向外移动表示付给对方，向内移动表示付给己方。

【新词学习】

支付：|支出①|

拓展词汇

支付宝

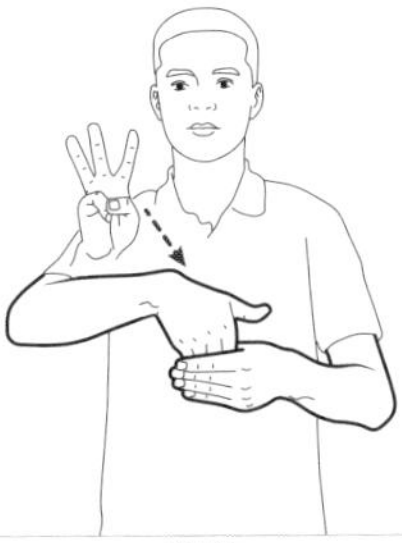

微信

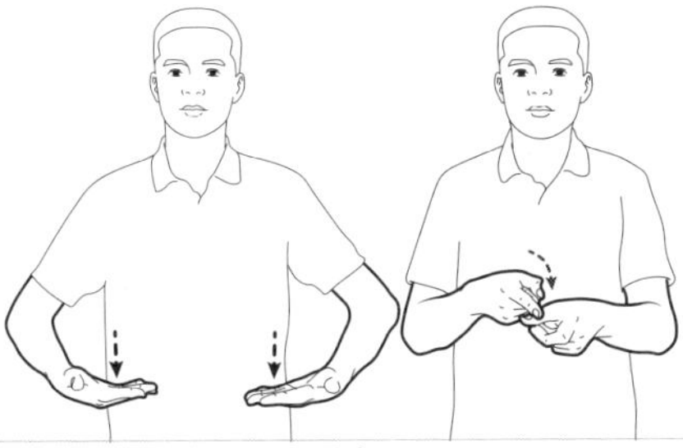

现金

9 帮我把这两个菜打包。

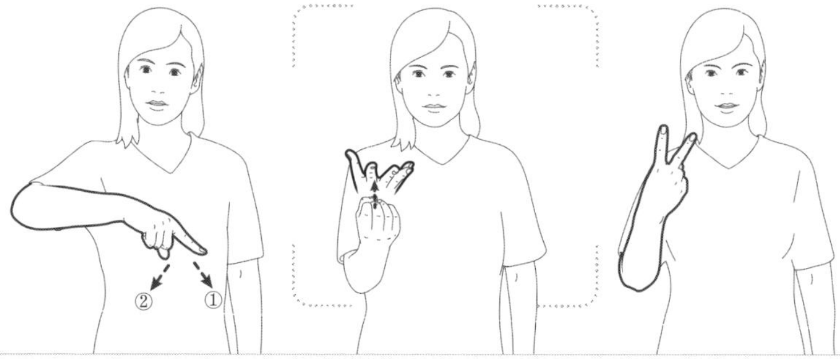

指 >[两个菜] | 菜 | 2

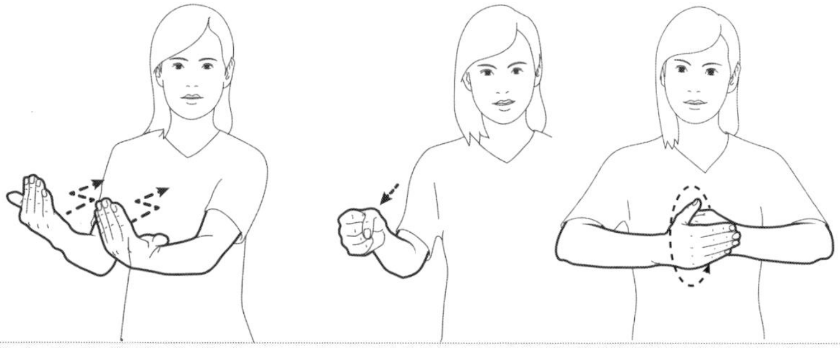

帮助 >[我] | 打－包❶

语法提示

“帮助”的手势具有方向性，双手从外向内移动，表示让对方帮助己方。“打包”的手势也可以根据实际情况模仿其他打包的动作。

【新词学习】

打包：|打－包❶|

拓展词汇

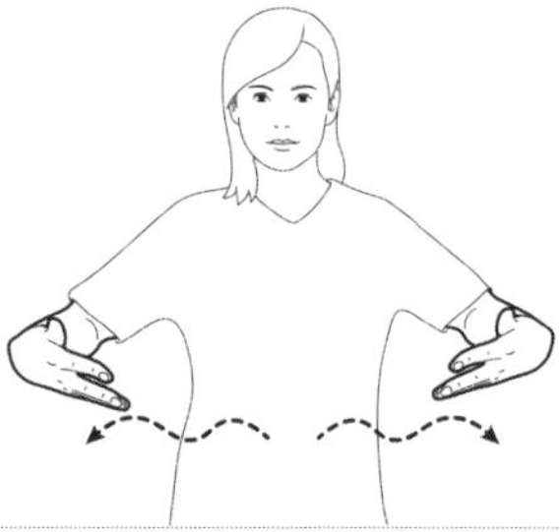

拉面

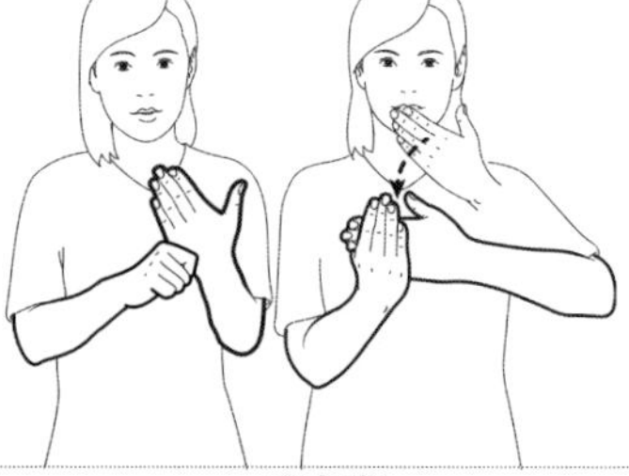

肉夹馍

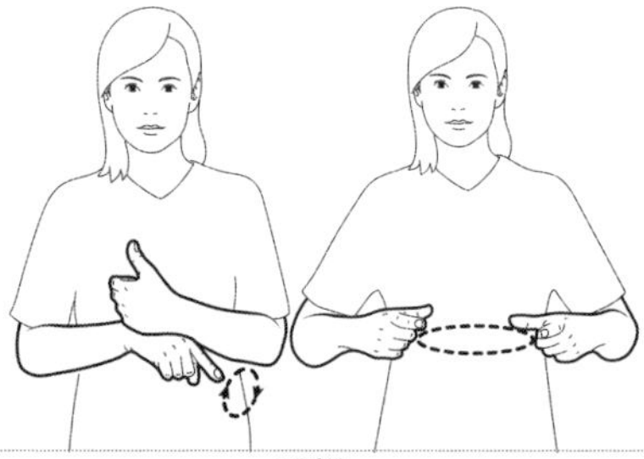

蛋糕

1 您有会员卡吗？

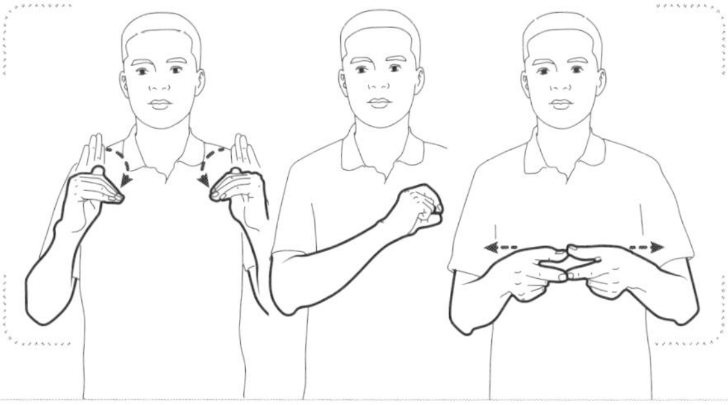

会－员－卡

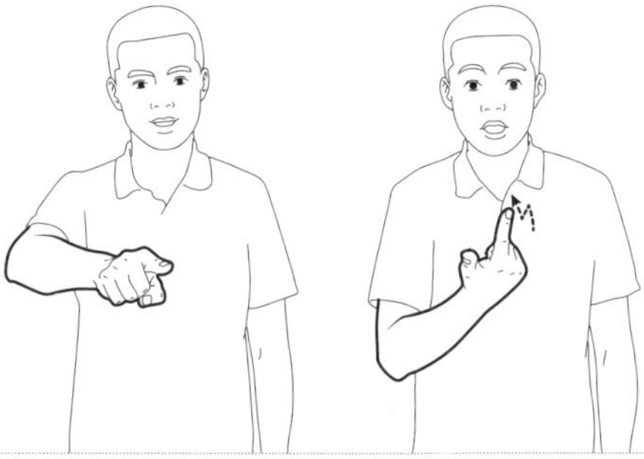

你 | 有（询问表情）

语法提示

“卡”“券”“票”等手势可模仿外形或使用动作。

拓展词汇

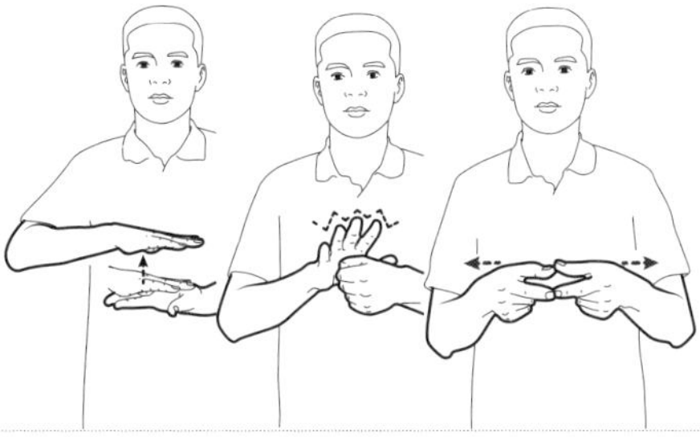

积分卡

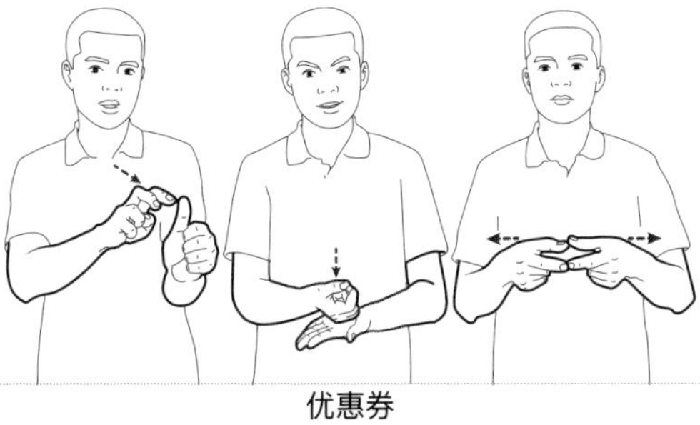

优惠券

2 会员卡可以打折，还可以积分。

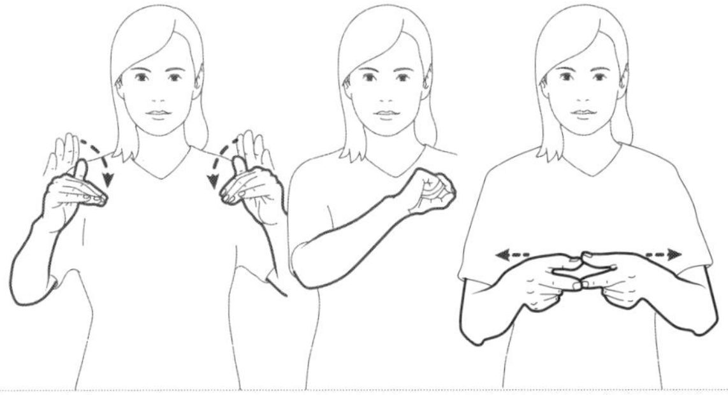

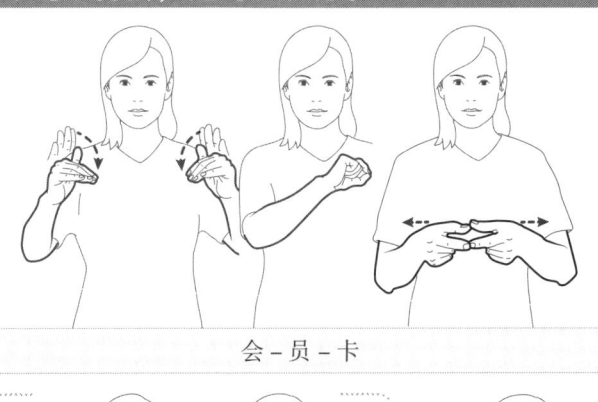

会–员–卡

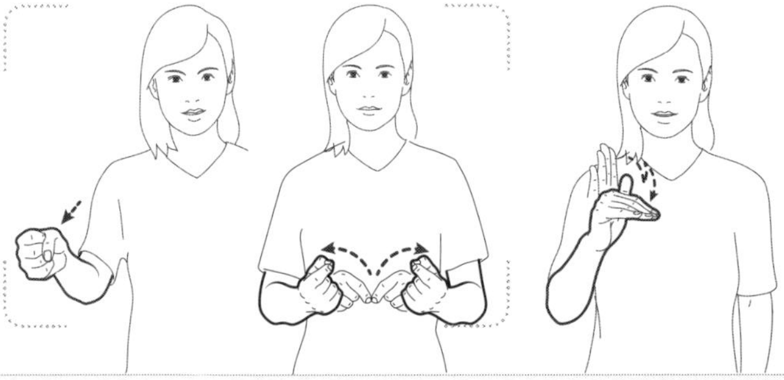

打折 | 可以

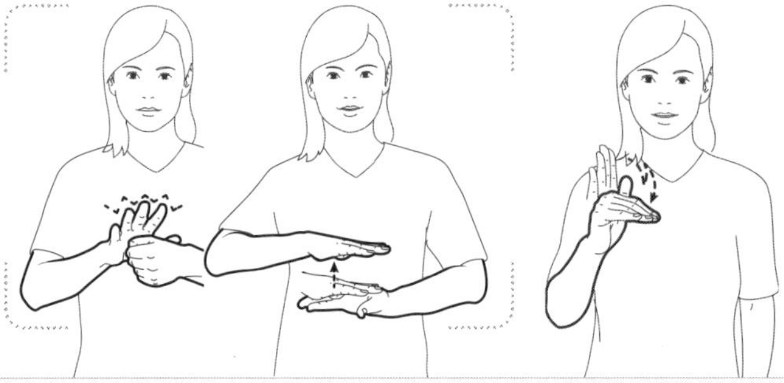

分数❶–公积金（二） | 可以

语法提示

“积分”的手势表示分数积累的意思。

【新词学习】

积分：| 分数❶–公积金（二） |

拓展词汇

免费

3 请问黄瓜多少钱一斤？

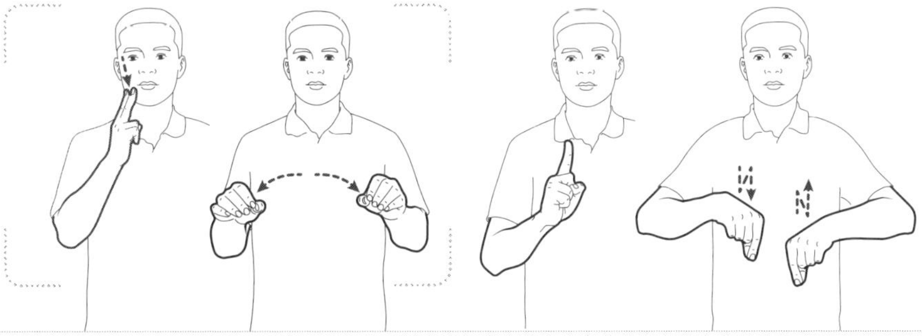

黄瓜 | 1-公斤（二）[双手交替]

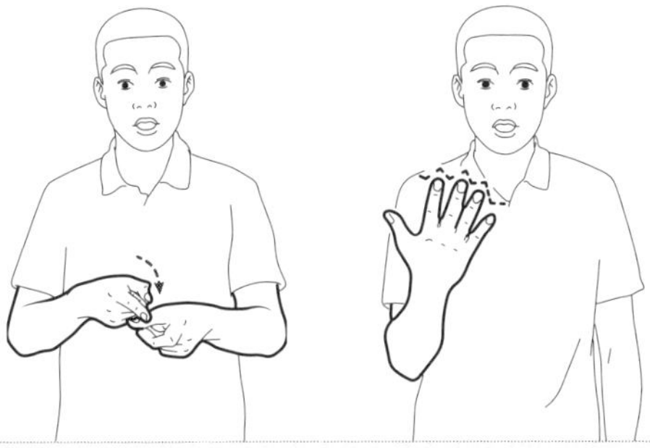

钱 | 多少（询问表情）

语法提示

“斤”的手势是模仿杆秤称量的动作，在句中表示计量单位“斤”。“多少”的手势一般置于手语名词之后，配以询问的表情，表示疑问。

【新词学习】

斤：|公斤（二）[双手交替]|

拓展词汇

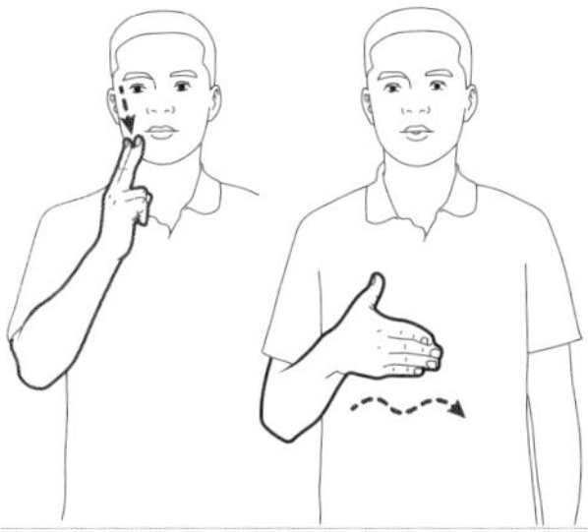

黄鱼

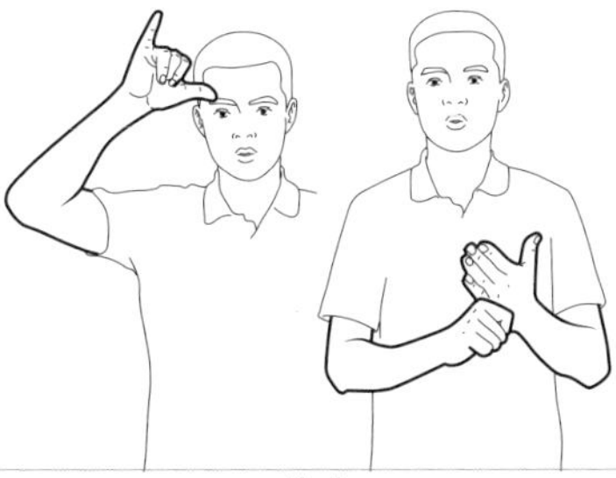

牛肉

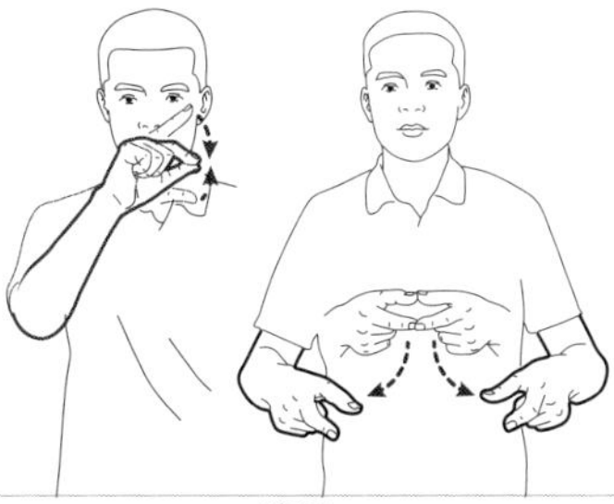

鸡蛋

4 能便宜点儿吗？

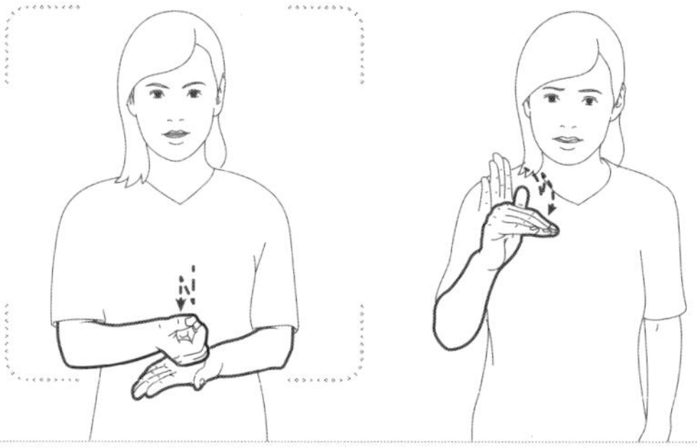

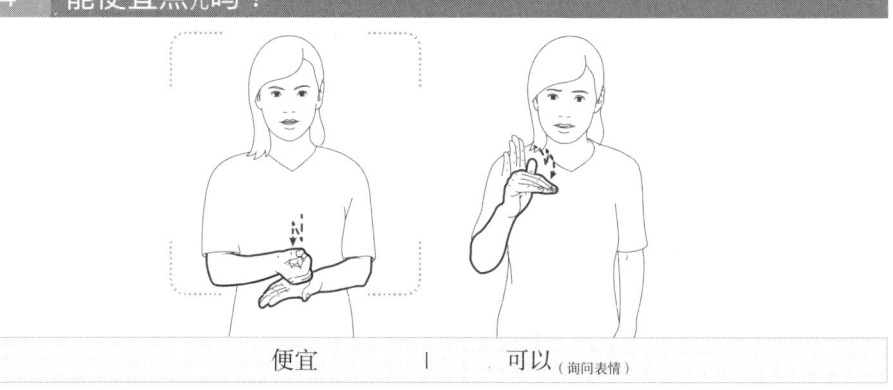

便宜 | 可以（询问表情）

语法提示

“能”的手势同“可以”，置于句末，配以询问的表情，表示疑问。

拓展词汇

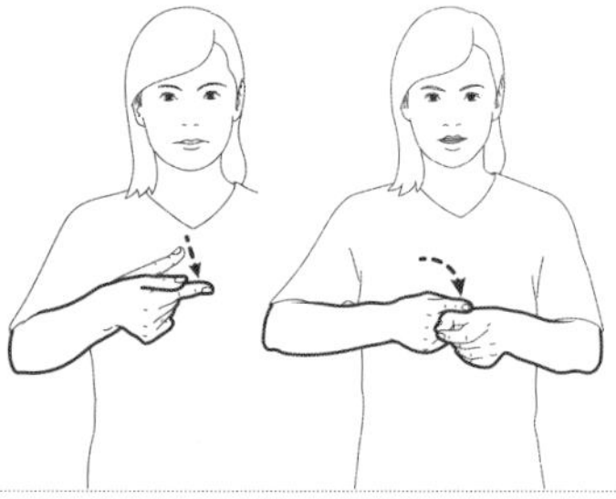

半价

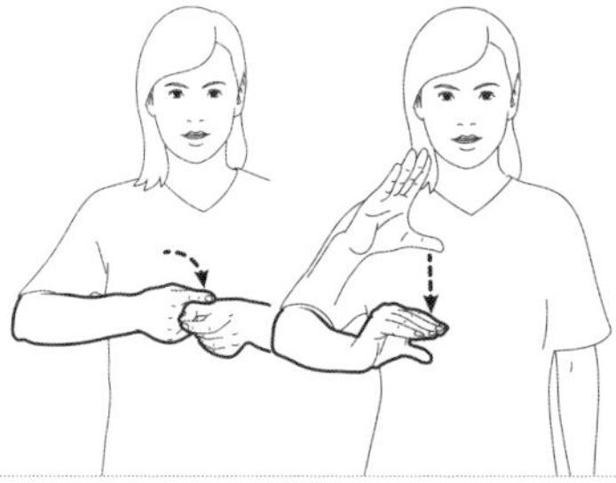

砍价

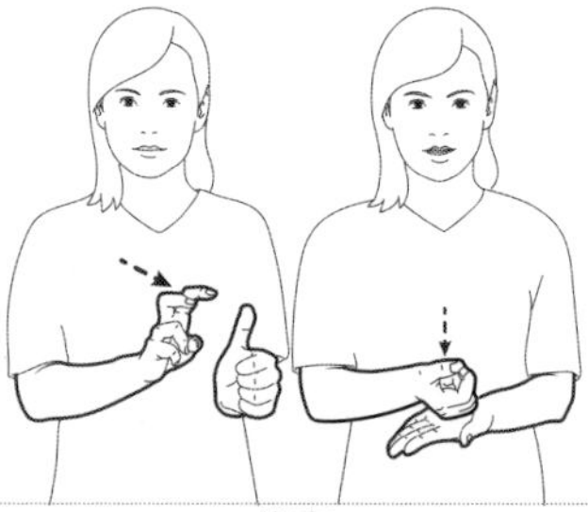

优惠

5　你们店最近有促销活动吗？

指>[对方] | 房 | 最近

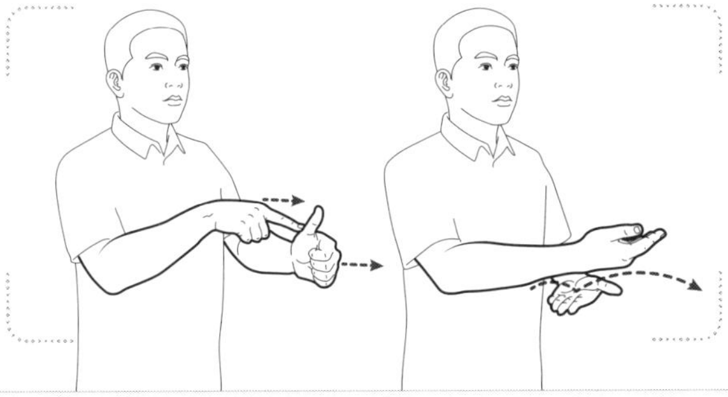

促销

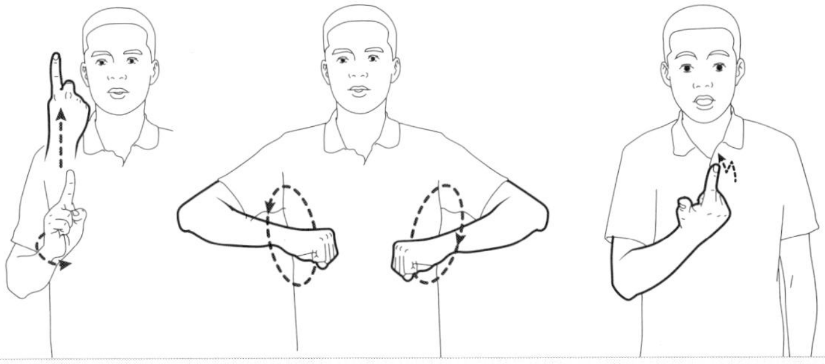

活动 | 有（询问表情）

语法提示

“店”“房”“家”“堂”等是同一个手语打法，模仿房子的样子。

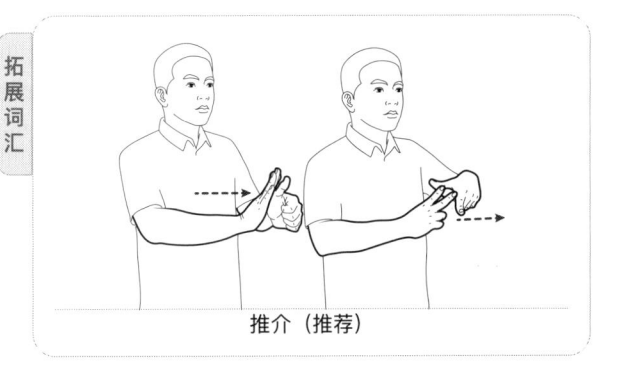

拓展词汇

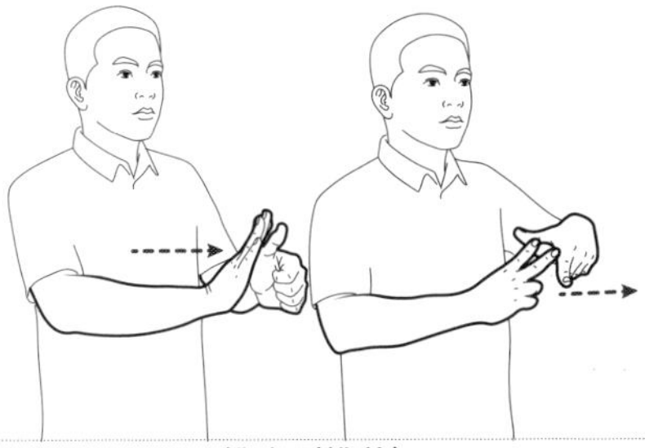

推介（推荐）

6　现在正好是十周年店庆，优惠活动挺多的。

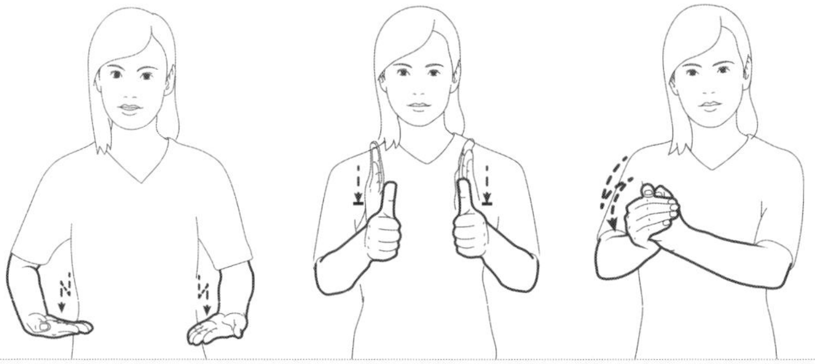

现在　|　正好　|　庆祝

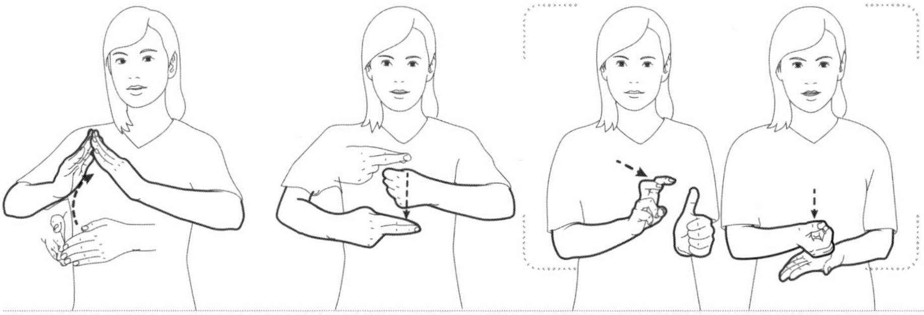

白手起家(三)　|　十年　||　优待(二)-便宜

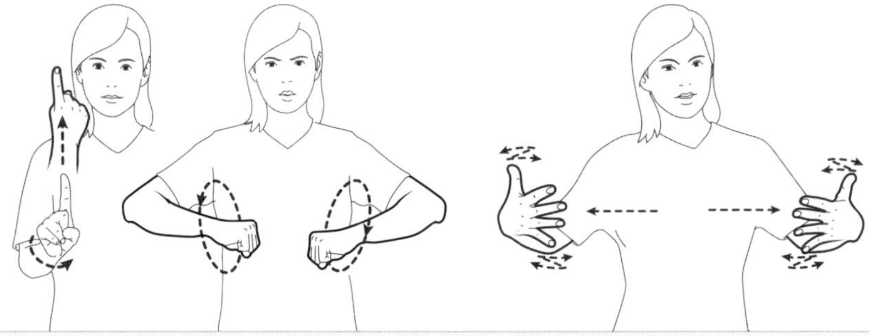

活动　|　多

语法提示

在本句中，“十周年店庆”指举行开店十周年庆祝活动的意思，因此用手语“白手起家”的第三个动作表示开店。“多”的手势可以通过加大动作幅度的方式，表示“挺多”的意思。

【新词学习】

优惠：|优待(二)-便宜|

拓展词汇

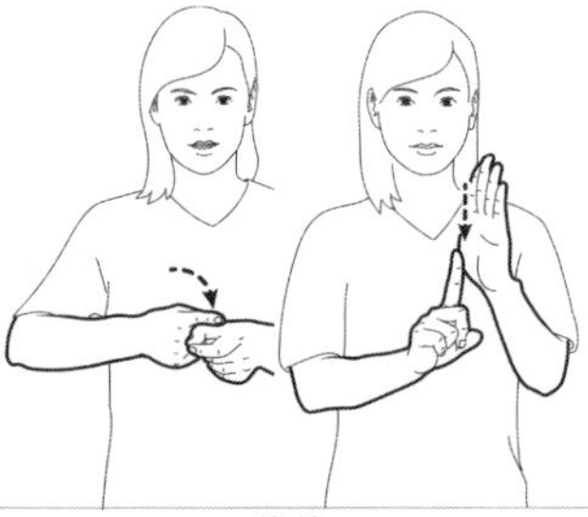

降价

7 这件毛衣有灰色或蓝色的吗？

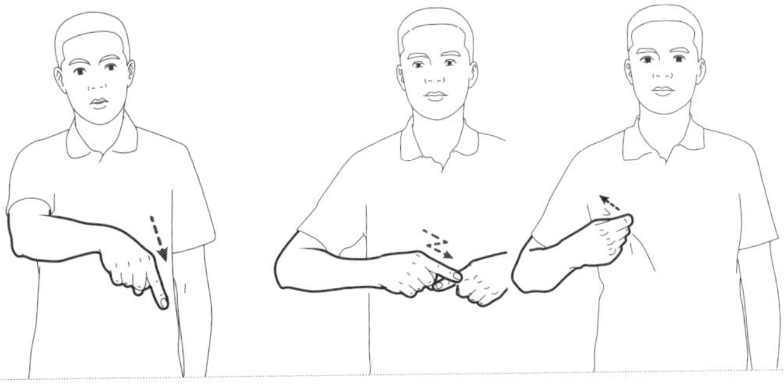

指 >[毛衣] | 毛衣

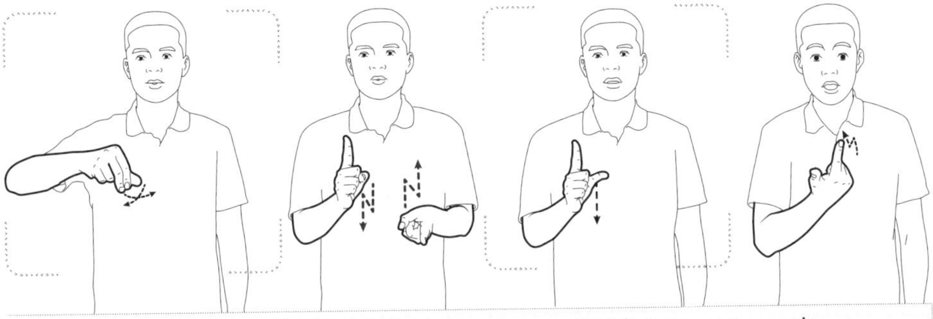

灰（色） | 或者 | 蓝（色） | 有（询问表情）

语法提示

在手语表达中，和颜色相关的手势通常置于名词之后，“色”的手势可省略。例如，“红衣服”的手语表达为“衣服|红”。

拓展词汇

红（色）

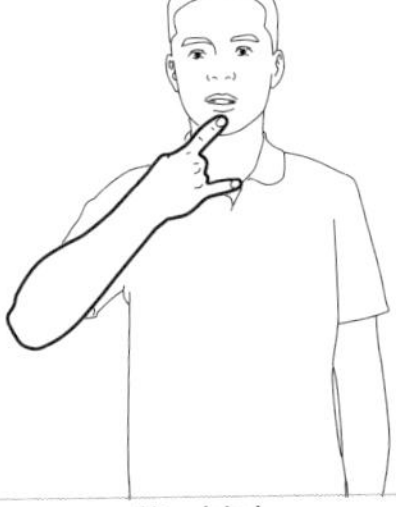

紫（色）

绿（色）

8 我再去别处转转，比较一下。

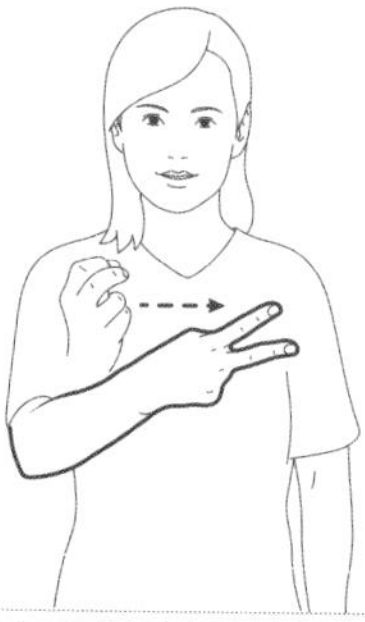

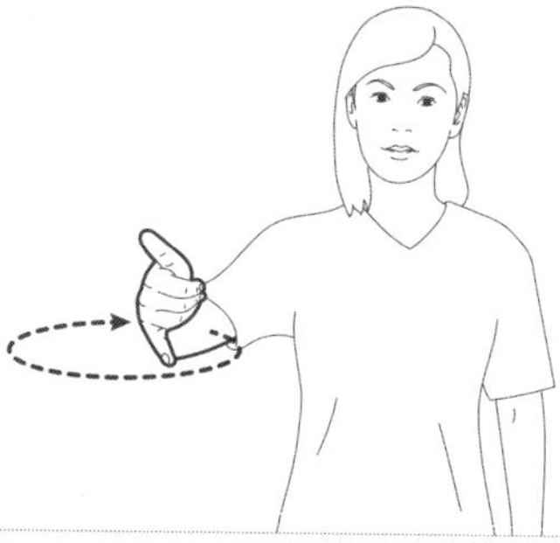

我 | 再 | 逛街（二）>[右前方]

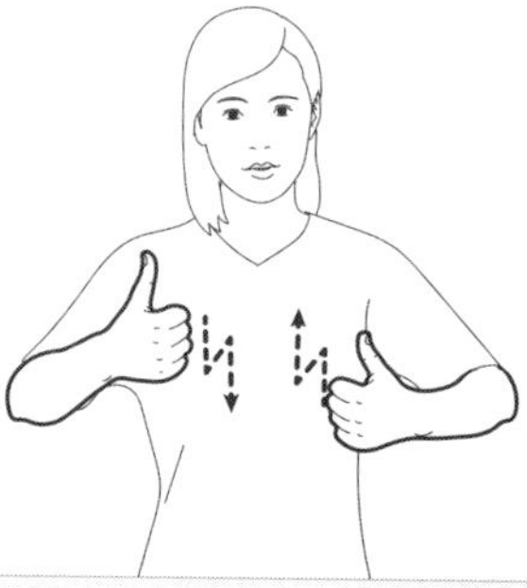

看>[右前方]++ | 比较

语法提示

在手语表达中，“去别处转转”可用一个手势表示，动作位置在身体右前方，表示去别处的意思，用转圈的方式表示“转转”。

【新词学习】

去别处转转：|逛街（二）>[右前方]|

拓展词汇

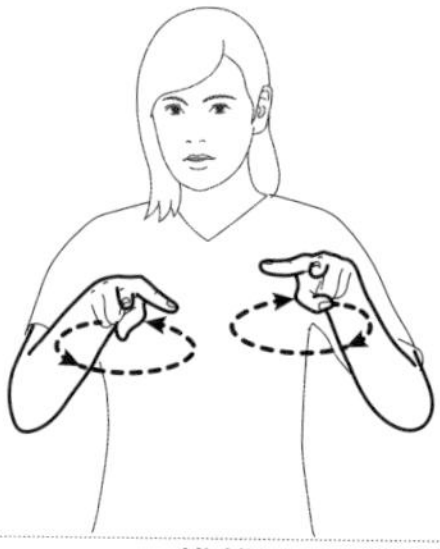

找找

搜索

问问

9　收款台在哪儿？

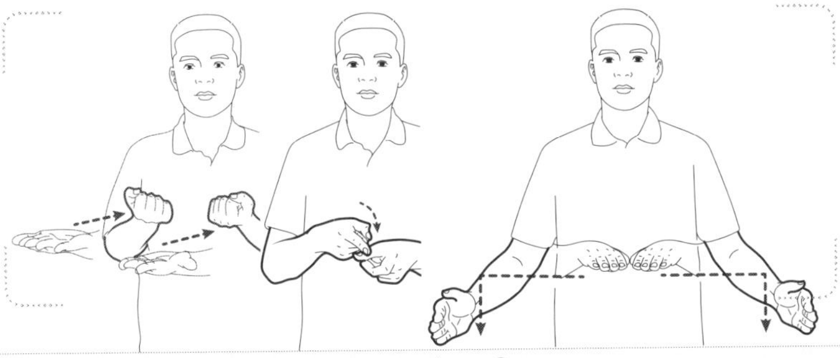

接受－钱－台❷

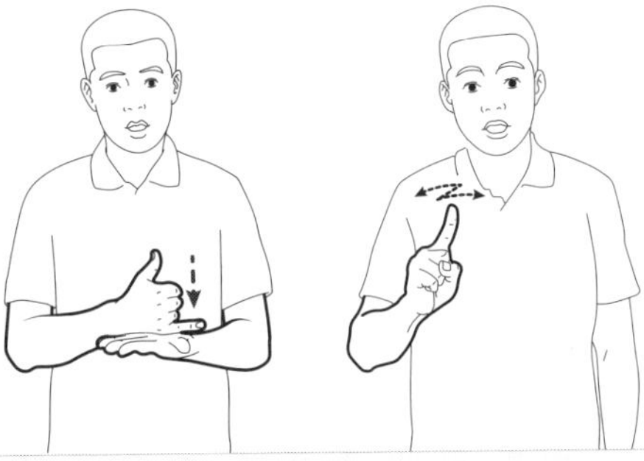

在　|　哪里（询问表情）

语法提示

在实际场景中，如果收款台的距离比较近，位置明确，表达时可直接指向其位置，不需要再打出“收款台”的手势。

【新词学习】

收款台：|接受－钱－台❷|

拓展词汇

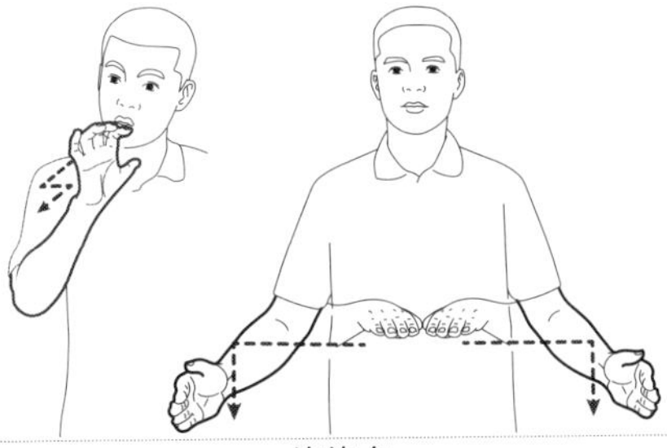

咨询台

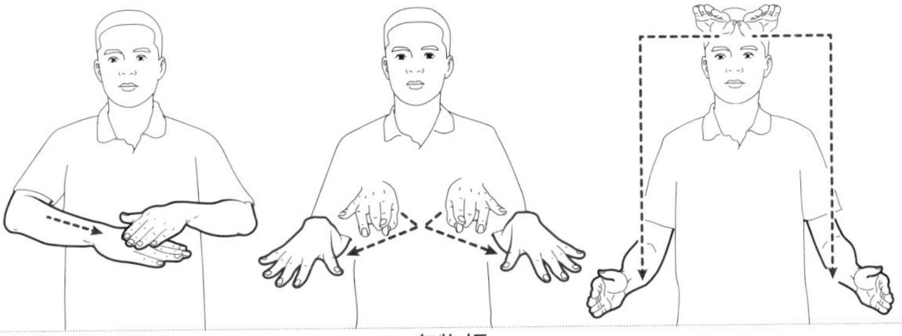

存物柜

10 往前走到电梯那儿，再向左拐就到了。

那>[前面]

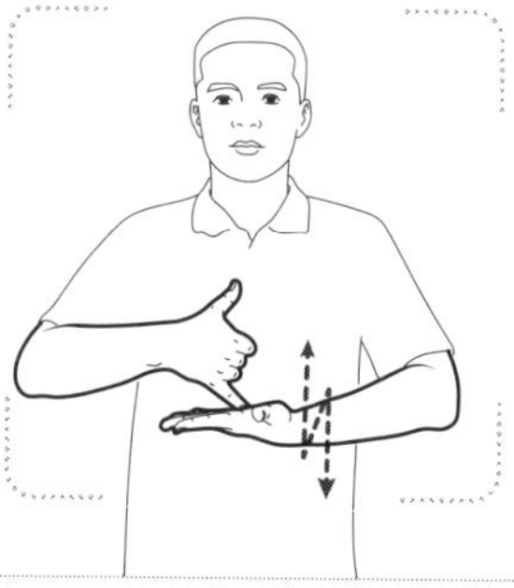

电梯

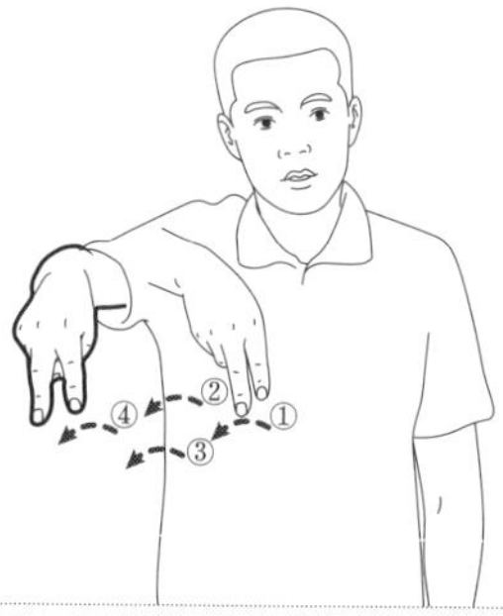

走

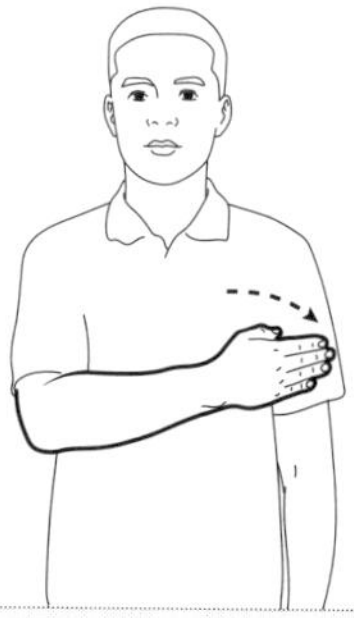

左

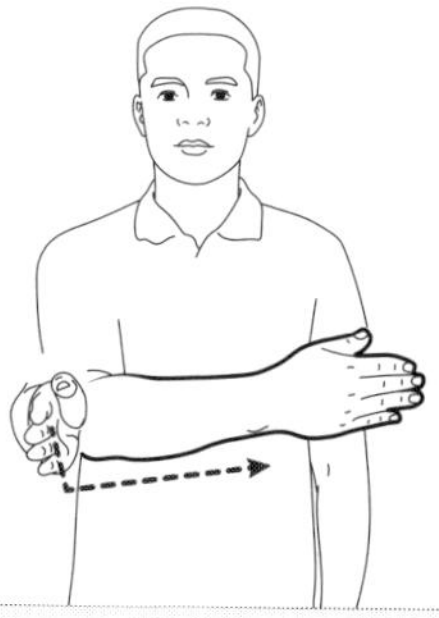

拐弯>[左]

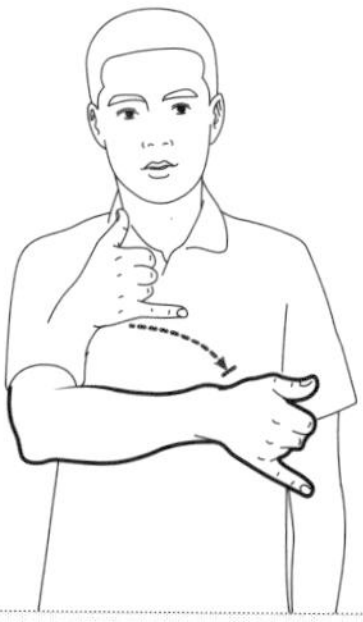

到

语法提示

“前、后、左、右、这、那”等都是空间指示词，在手语中可用直接指点的方式表示。

拓展词汇

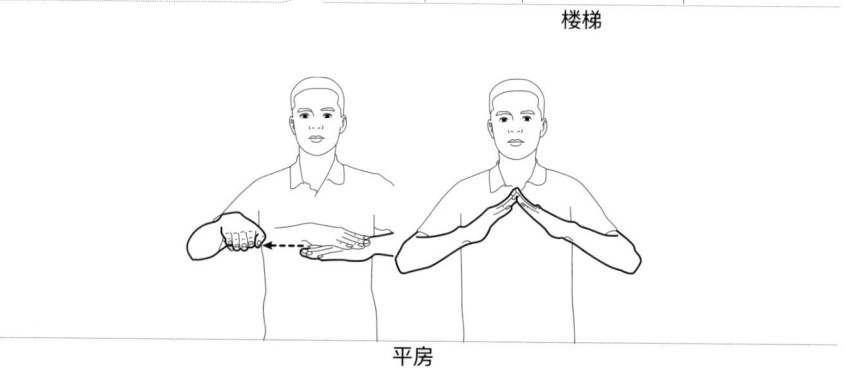

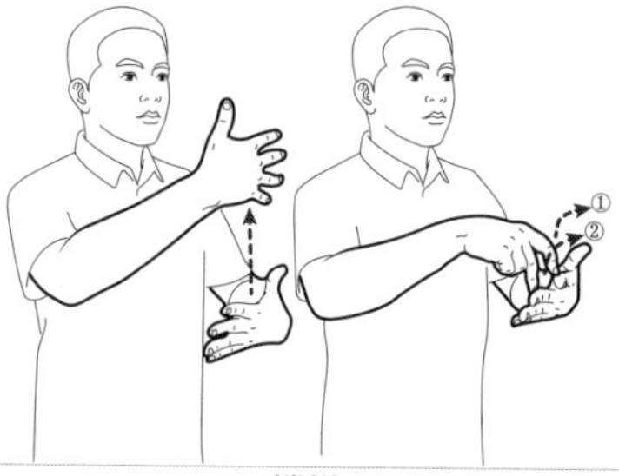

楼梯

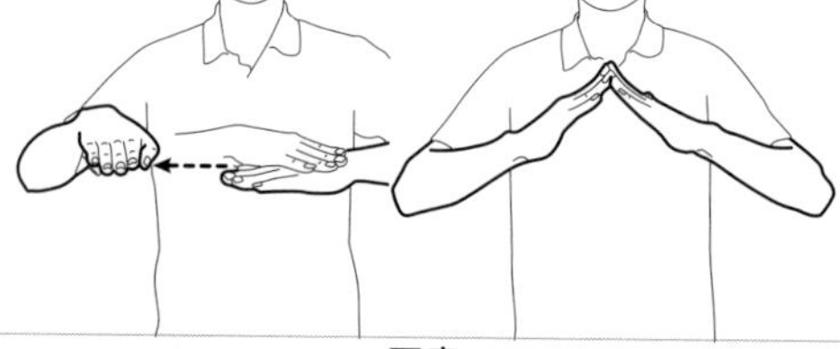

平房

11 我想退了这条裤子。

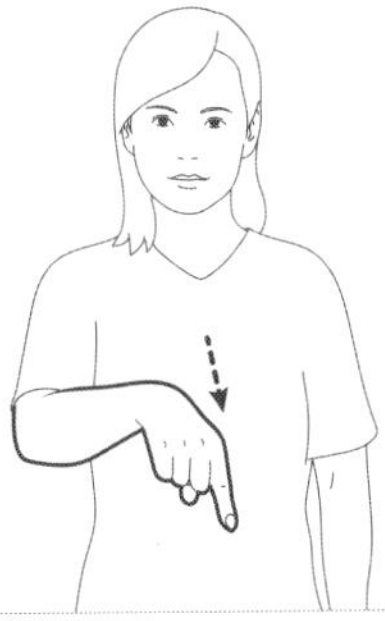
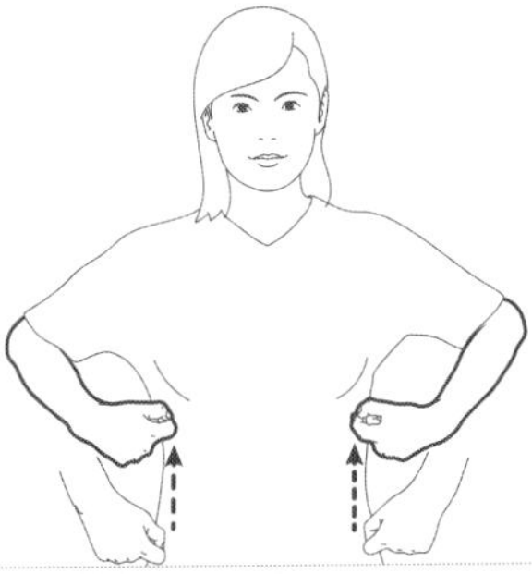

指 >[裤子] | 裤子

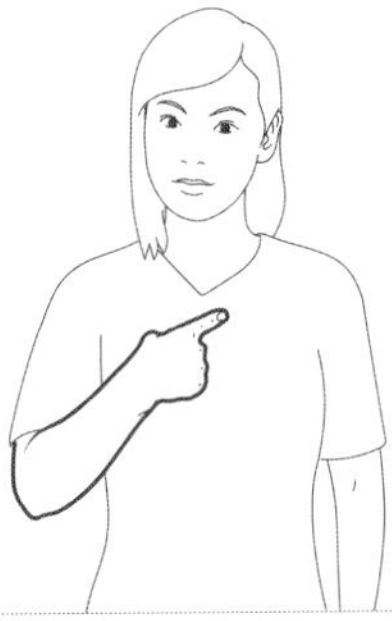

我 | 想 | 退① >[对方]

语法提示

“退”的手势向外移动，表示退给对方；向内移动，表示退给己方。

拓展词汇

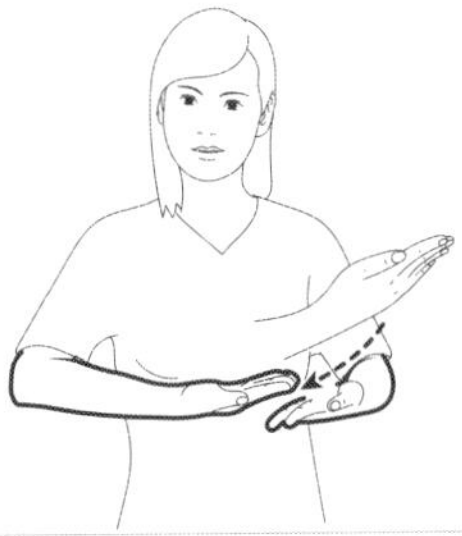

买

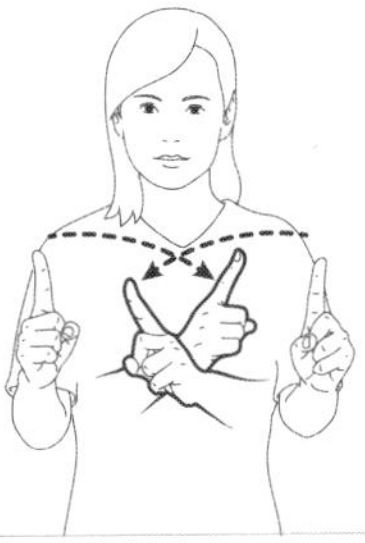

换

12 这里破了，有质量问题。

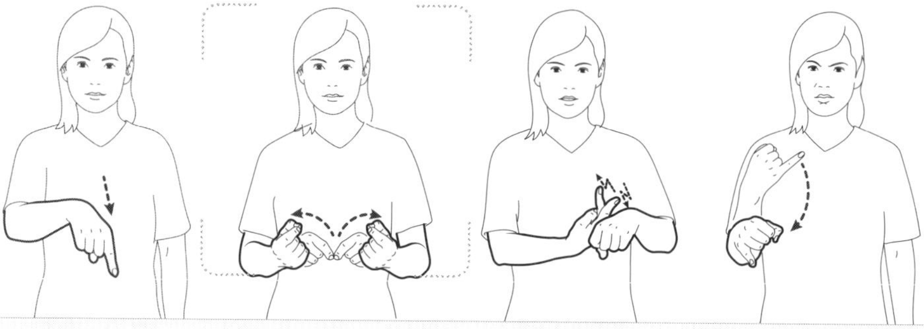

指 >[损坏处] | 破 || 质量 | 不行❷（否定表情）

语法提示

“有质量问题”用“质量|不行”的手势表达，在前面需描述具体的质量问题，如开线、掉色等。

【新词学习】

不好：|不行❷（否定表情）|

拓展词汇

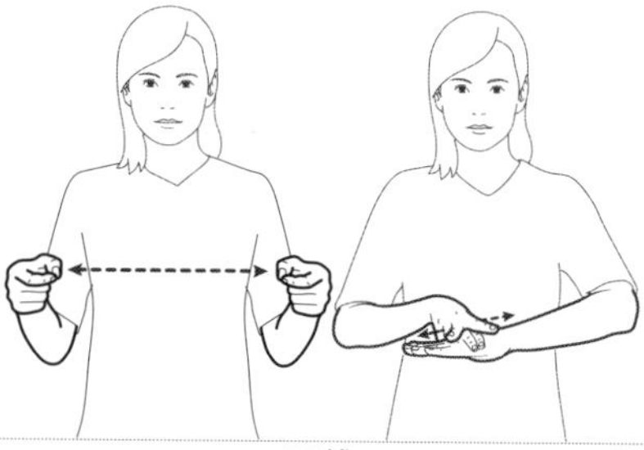

开线

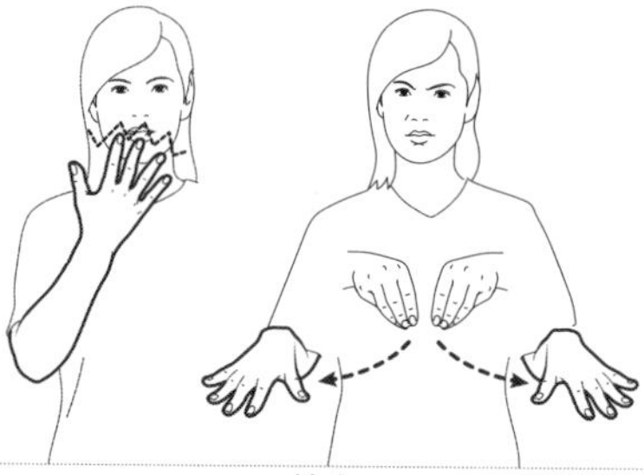

掉色

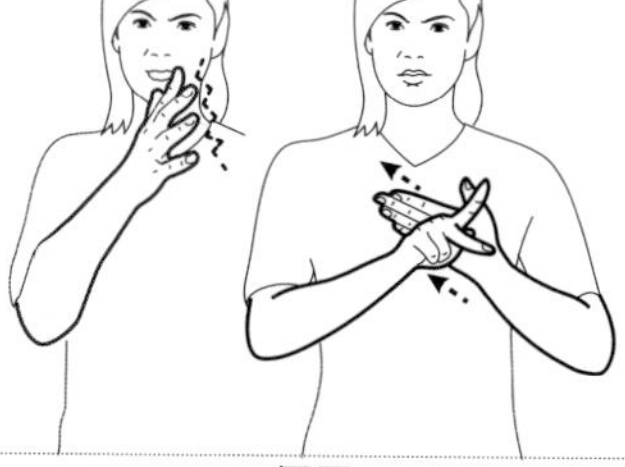

假冒

13 请把您的购物凭证给我看看。

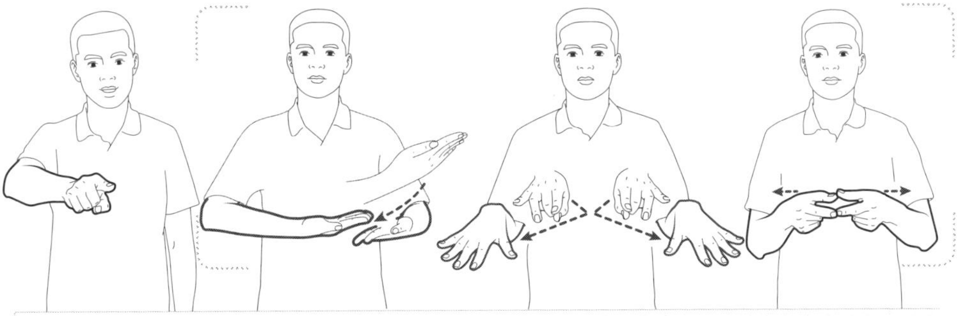

你 | 买－东西－票

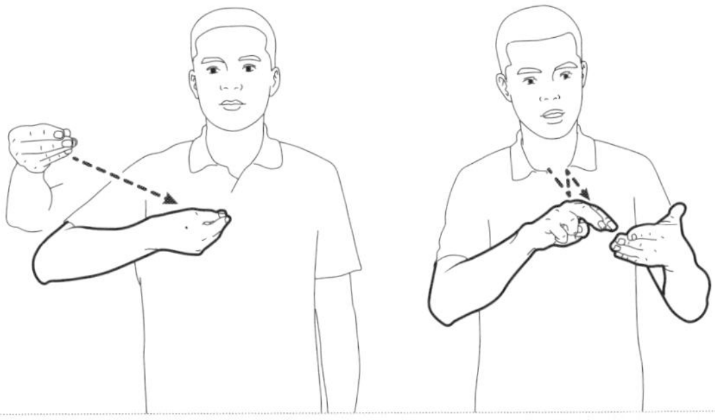

给 >[我]（礼貌表情） | 看 >[左手]++

语法提示

“请”有时可不用手势表达，而是用礼貌的表情表示。

【新词学习】

购物凭证：|买－东西－票|

拓展词汇

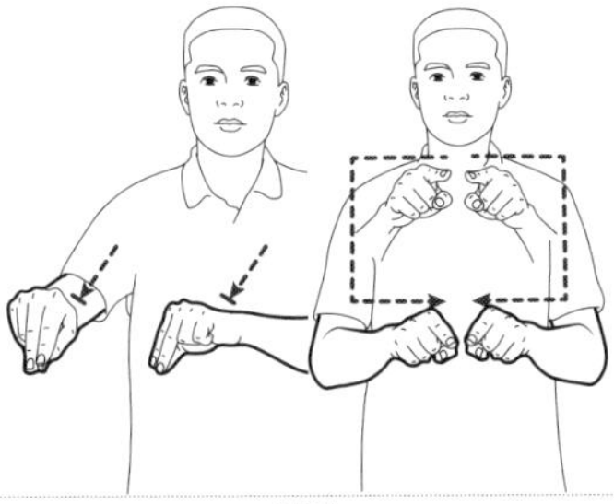

订单

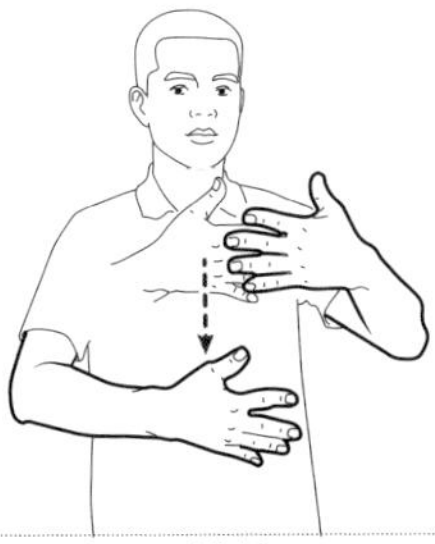

清单

发票

.14 您要退货还是换货？

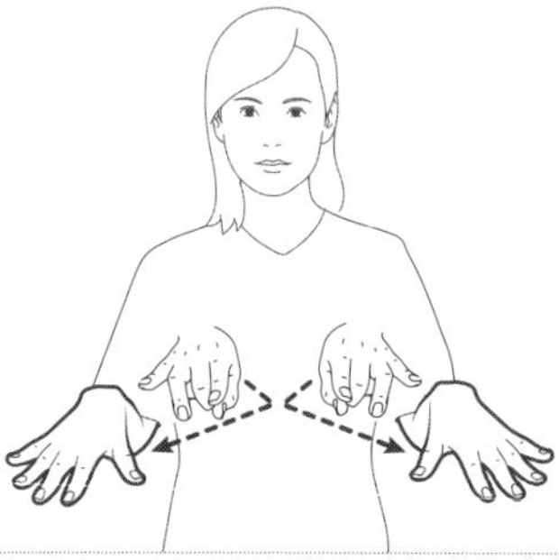

东西 | 你 | 要

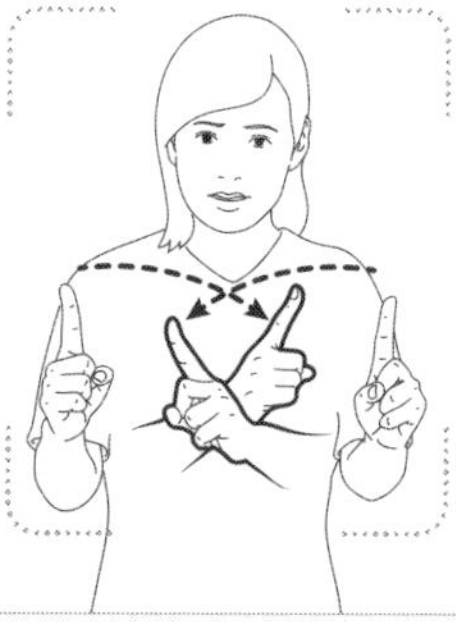

退① | 或者 | 换

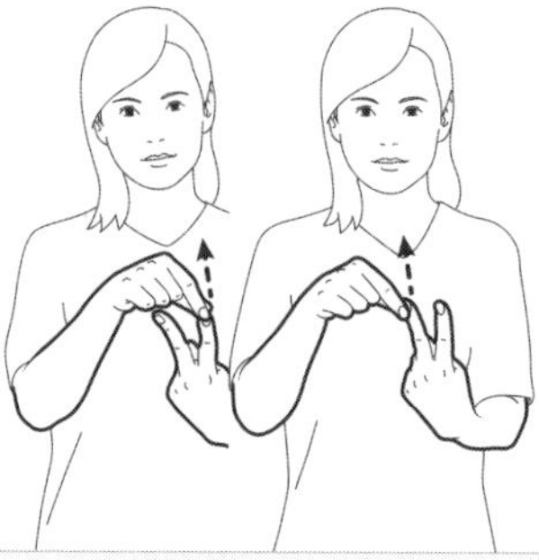

挑选[左手伸食、中指] | 哪（询问表情）

语法提示

在手语表达中，询问从两个选择中选取哪个，也可以通过指点两个手指或两个空间位置来表示。

【新词学习】

退货：|退①-东西|

换货：|换-东西|

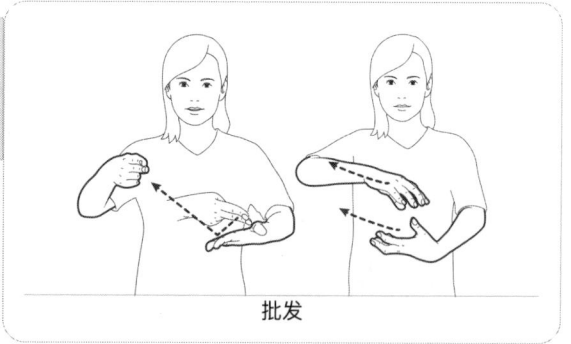

拓展词汇

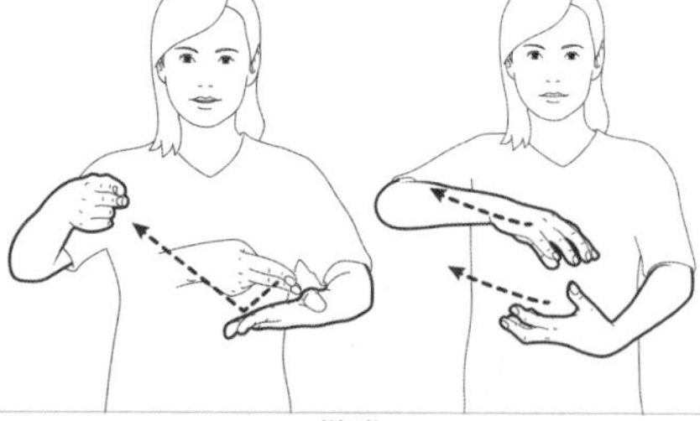

批发

15 这件运动服有点儿紧，我想换一件大号的。

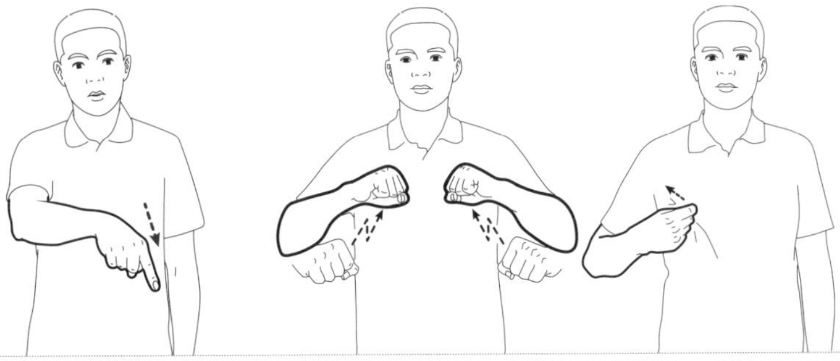

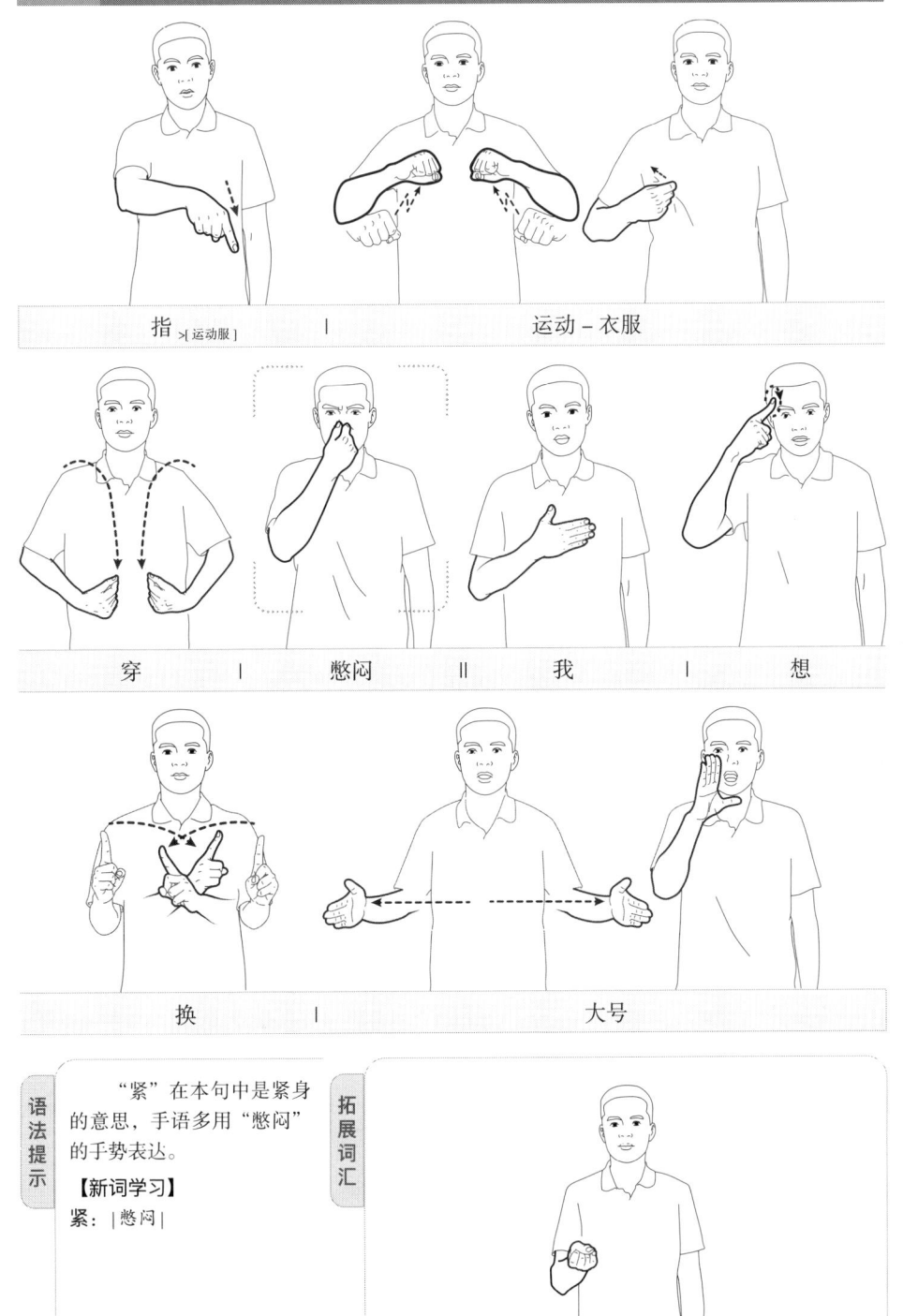

指 >[运动服] | 运动－衣服

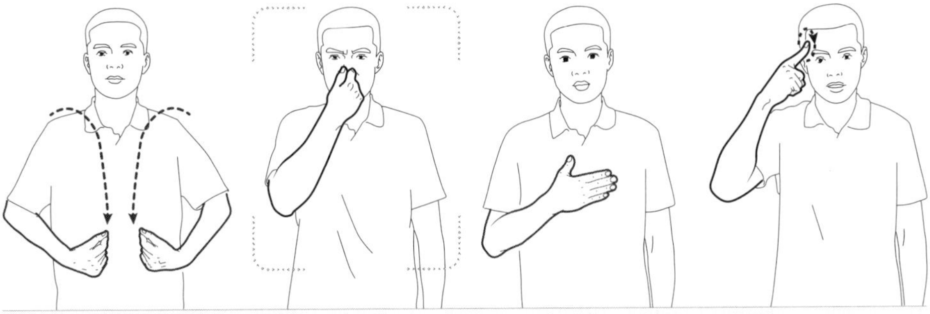

穿 | 憋闷 || 我 | 想

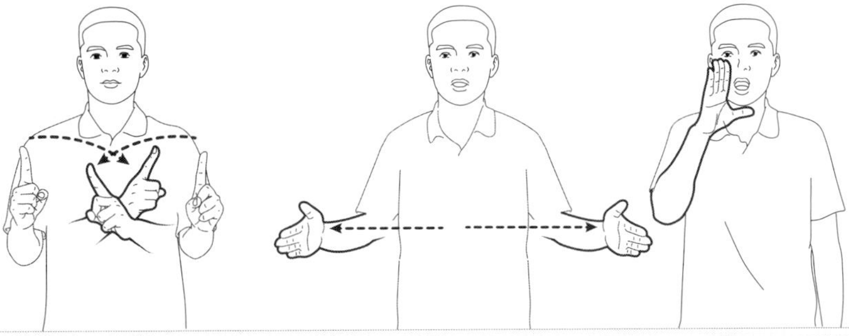

换 | 大号

语法提示

“紧”在本句中是紧身的意思，手语多用“憋闷”的手势表达。

【新词学习】

紧：|憋闷|

拓展词汇

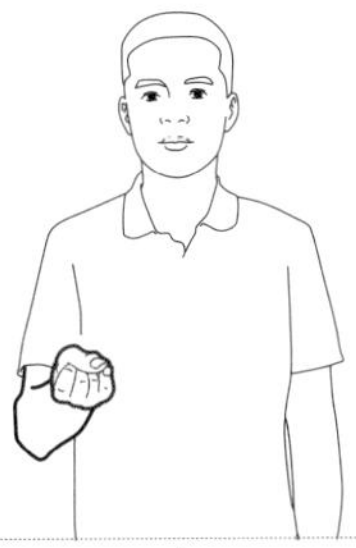

小

16 这种款式的没有了，要不然您看看其他的？

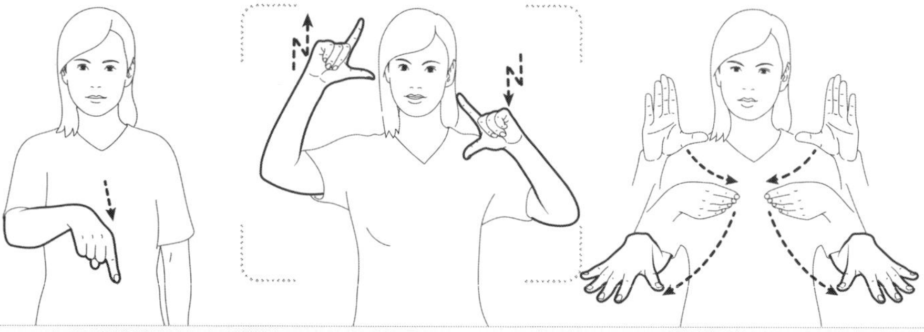

指 >[衣服] | 样子 | 完了

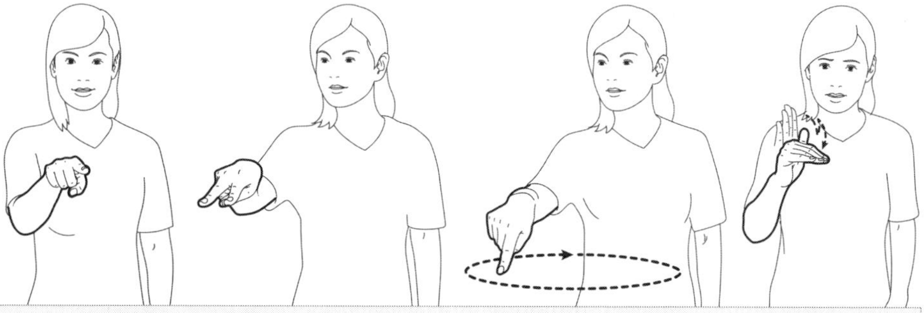

你 | 看 >[其他] | 指 >[其他] | 可以（询问表情）

语法提示

“没有了”的意思是东西卖完了，手语多用“完了（wánliǎo）”的手势表达。

【新词学习】

款式：|样子|

拓展词汇

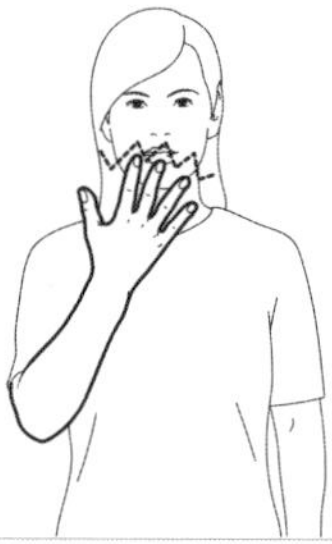

颜色

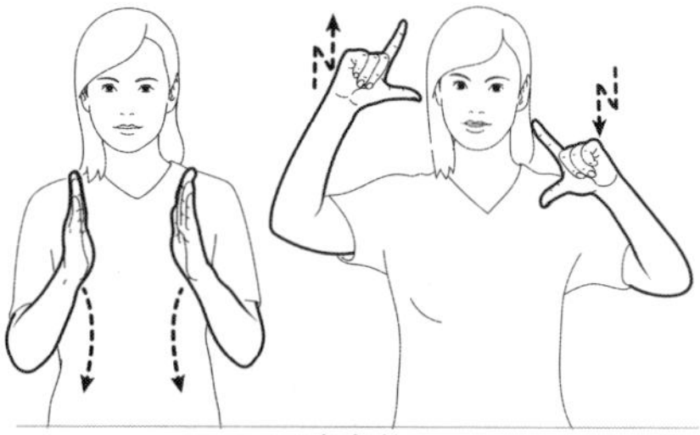

瘦身款

圆领款

1　我经常跑步，有时打乒乓球。

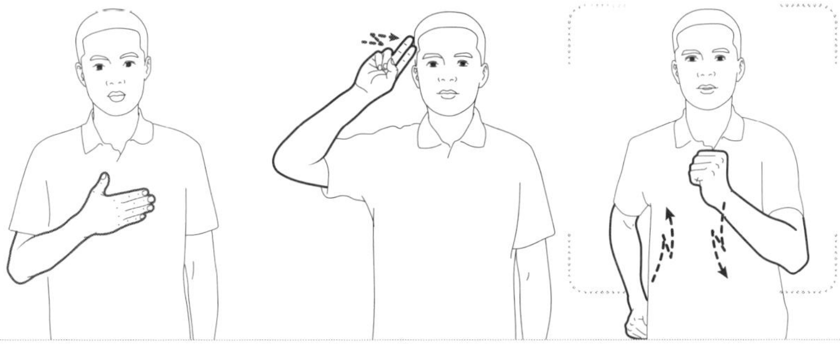

我 | 经常 | 跑步

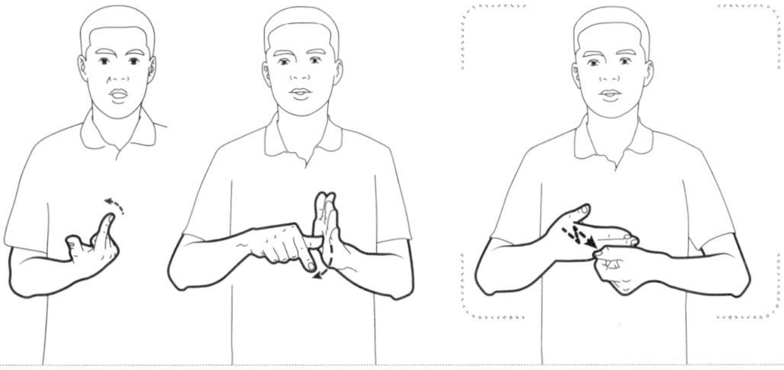

有-时候 | 乒乓球

语法提示

很多体育项目在手语表达中是直接模仿实际动作，如“跑步”“乒乓球”“羽毛球”“网球”等。

【新词学习】

有时：|有-时候|

拓展词汇

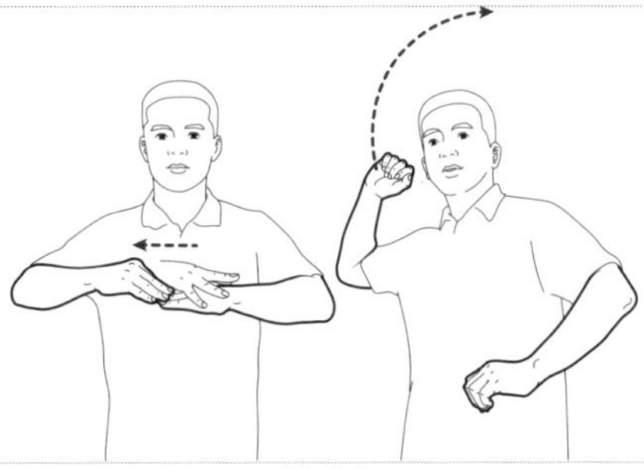

羽毛球

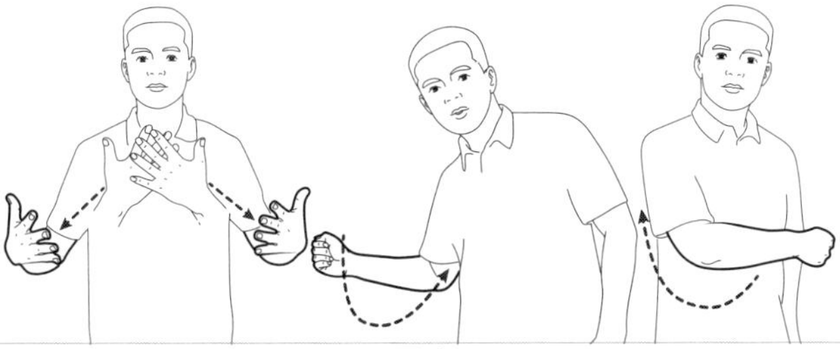

网球

2 饭后不宜剧烈运动。

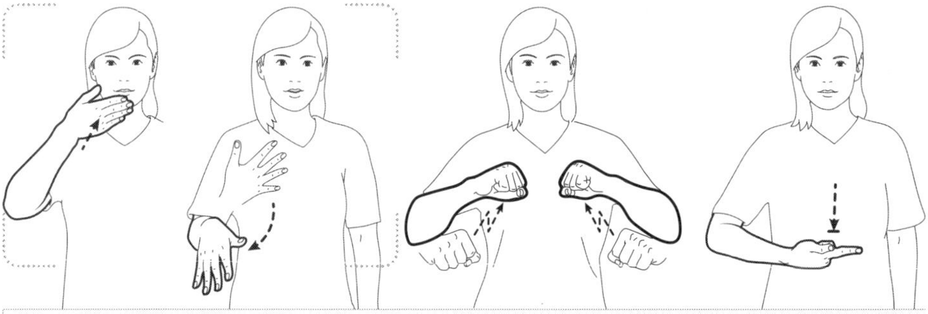

饭－完了 | 运动 | 更①

不（否定表情）

语法提示

《国家通用手语词典》中“剧烈”的手势主要用于表达和感觉相关的强烈程度，如疼痛剧烈等。而“剧烈运动”一般是指运动超过了必要的限度，运动过量了，因此用“更①”的手势进行表达。

拓展词汇

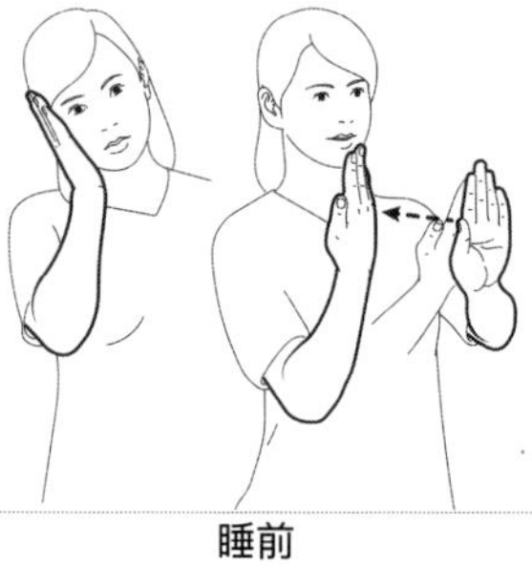

睡前

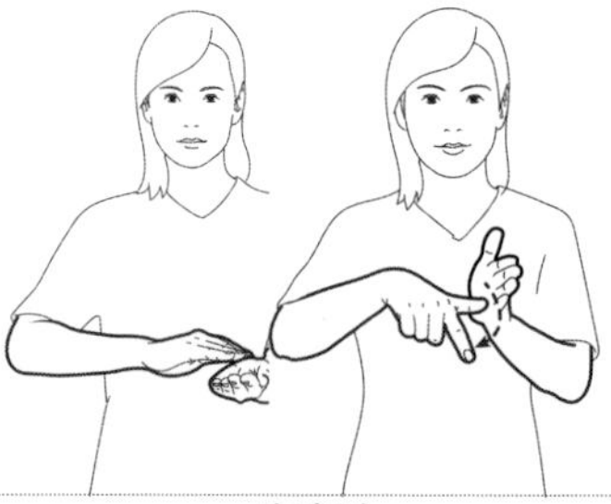

生病时

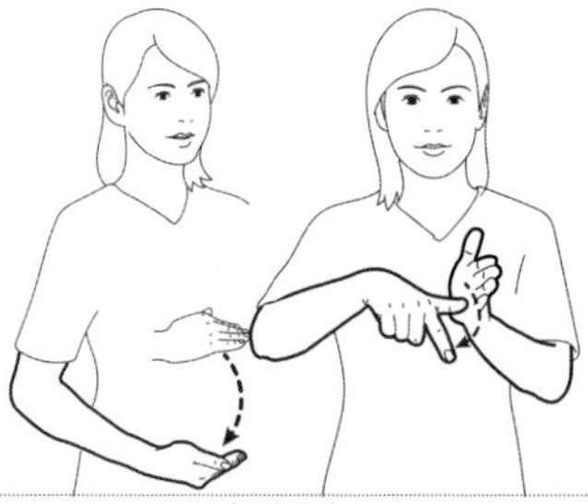

怀孕时

3 我每个周末都去爬山。

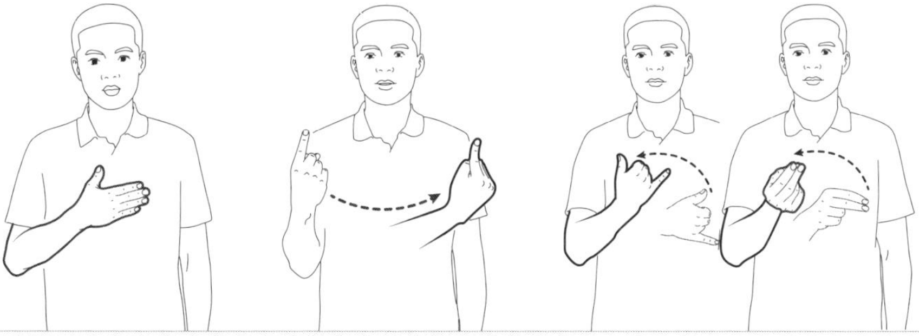

我 | 每 | 星期六 - 星期日

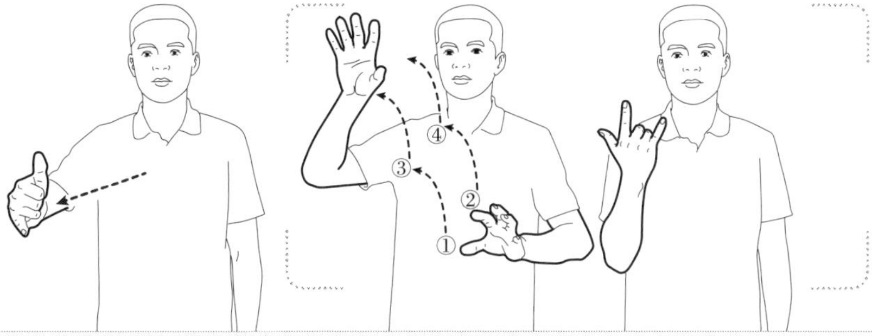

去 | 爬山

语法提示

手语时间词有时可置于句首，不影响表达。手语用“星期六”“星期日”两个手势表示“周末”。

拓展词汇

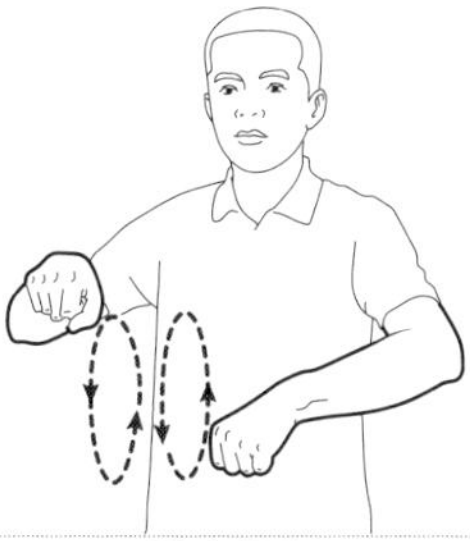

骑自行车

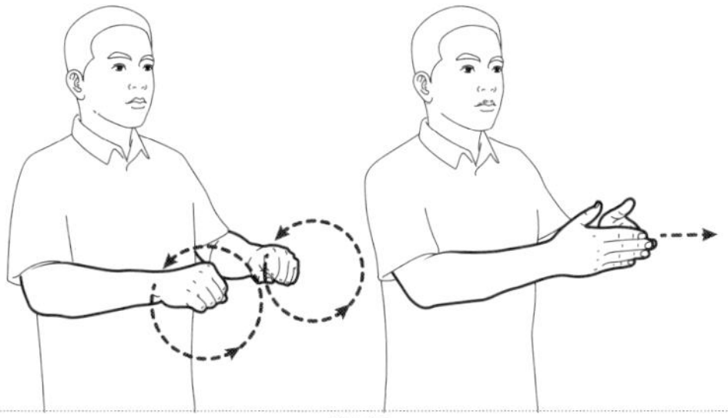

划船

4 我更愿意在健身房锻炼。

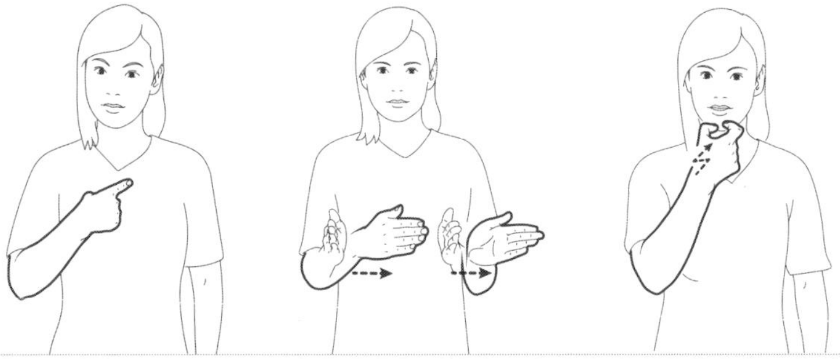

我 | 倾向 | 愿意

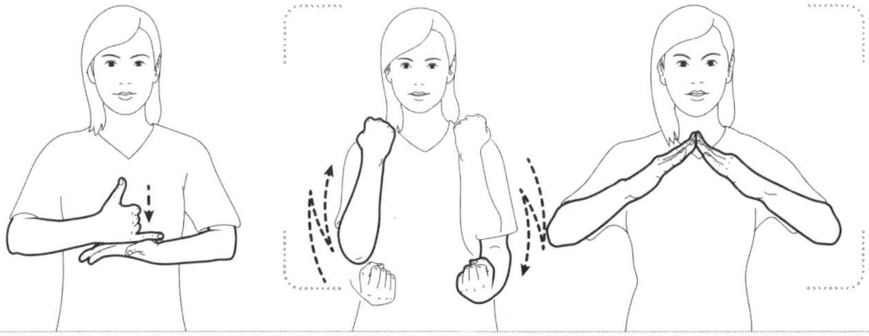

在 | 健身房

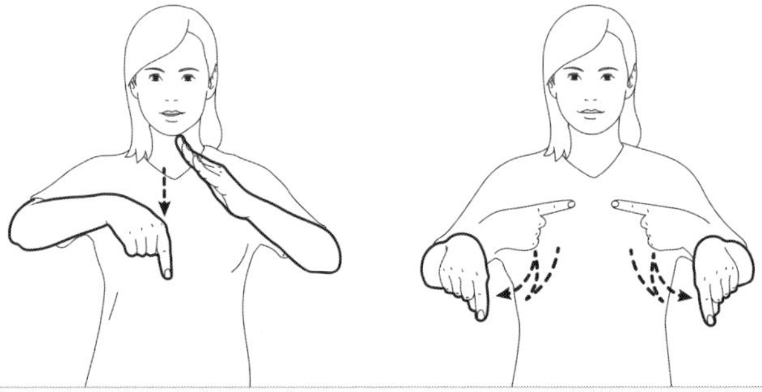

指 >[健身房] | 锻炼①

语法提示

“更”在本句中表达的是倾向的意思，聋人用“倾向”的手势表示更愿意做某个选择。

拓展词汇

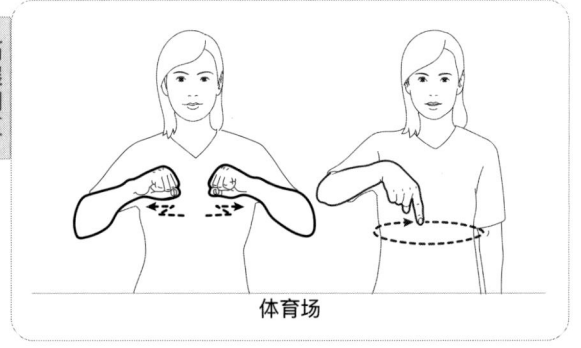

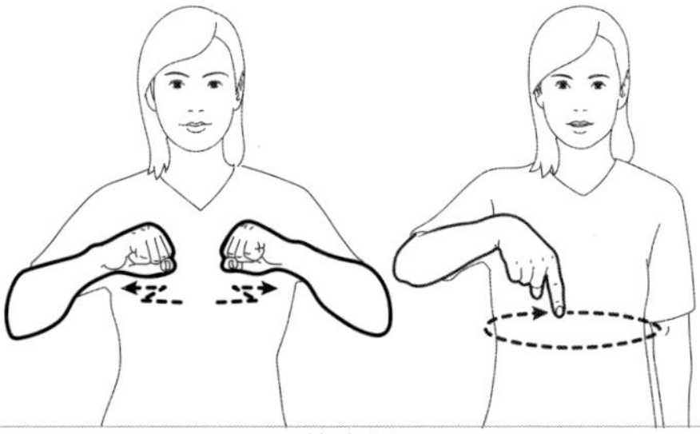

体育场

5 你可以在电视或网上看直播。

你 | 电视 | 或者

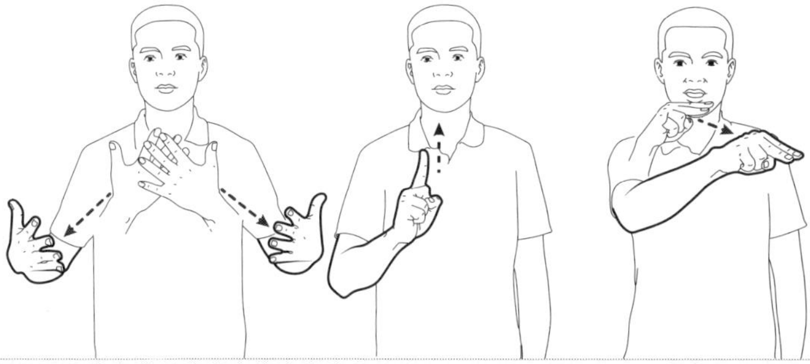

网－上 | 看[1]

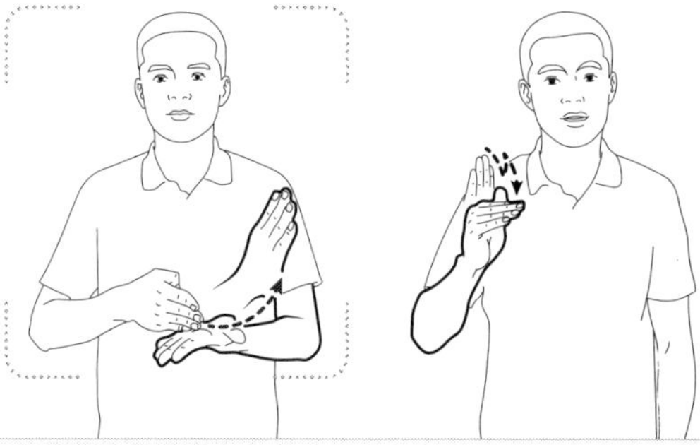

直播 | 可以

语法提示

“可以”的手势置于句末时，通常表示疑问或肯定。

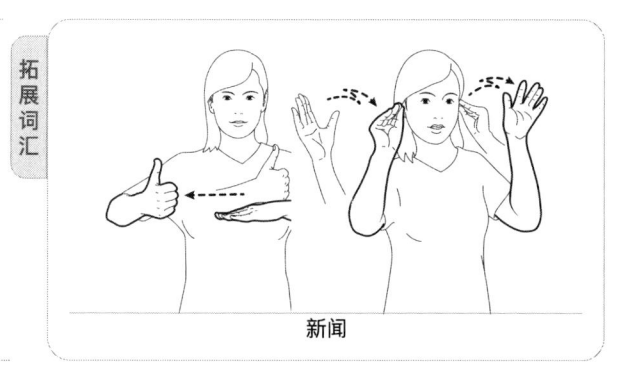

拓展词汇

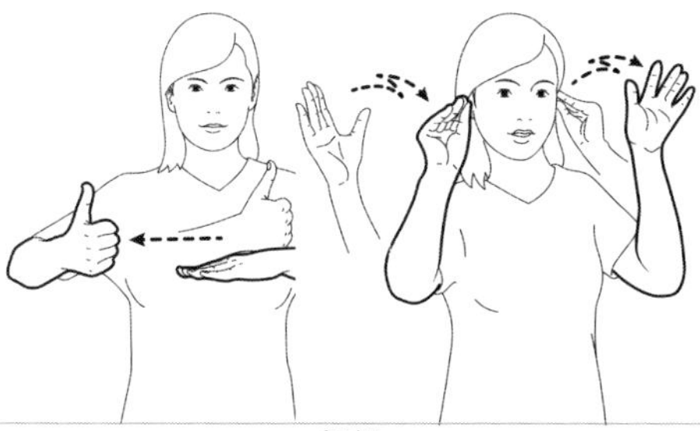

新闻

1 请问在哪儿挂号？

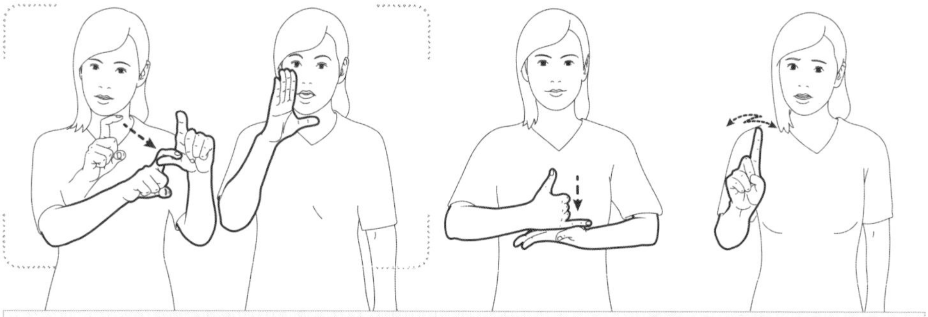

挂号 | 在 | 哪里（询问表情）

语法提示

表情在手语中的作用非常重要，不同的表情会表达不同的意思。例如，“哪里”的手势配以丰富的表情，不但可以表达出疑问的语气，还可以展现出亲和的态度。

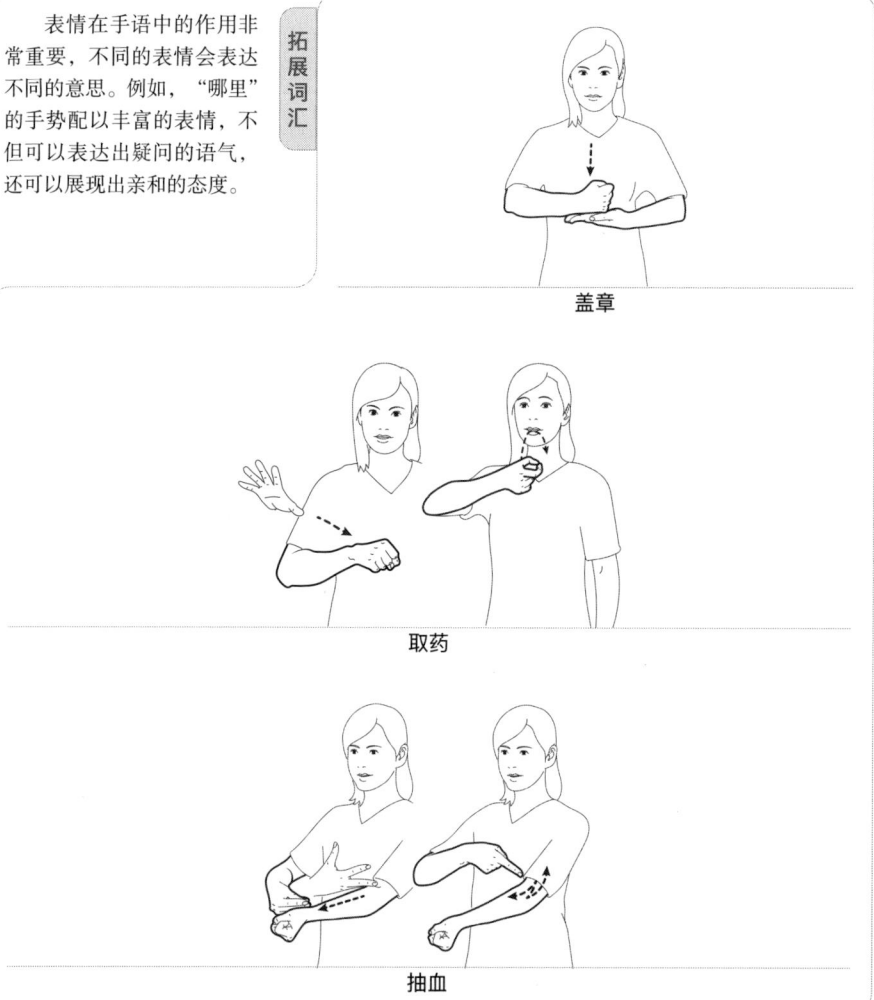

拓展词汇

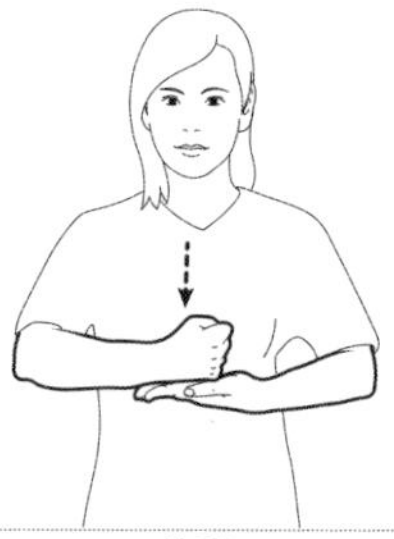

盖章

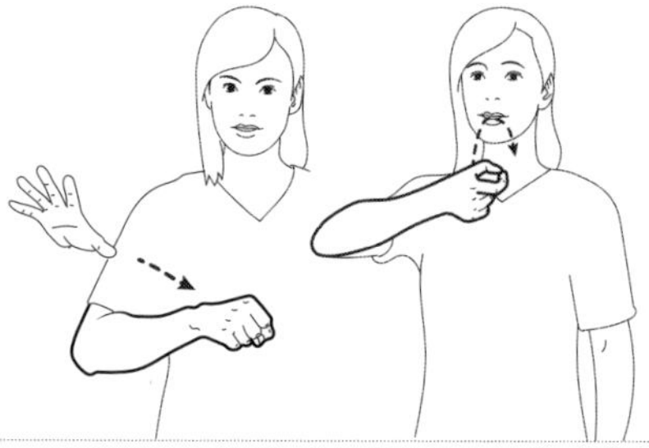

取药

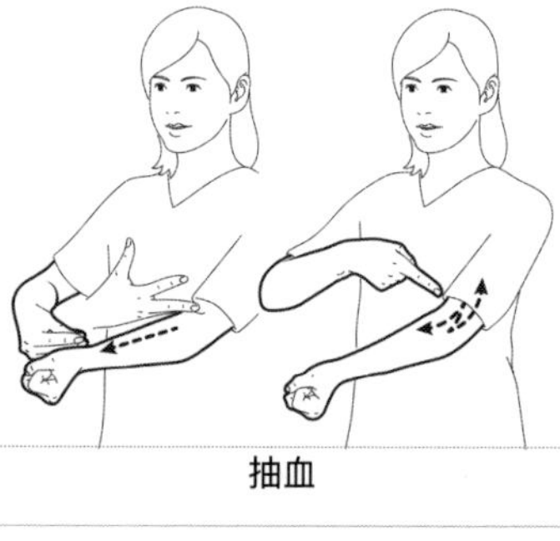

抽血

2 我要挂一个专家号。

专－家－号

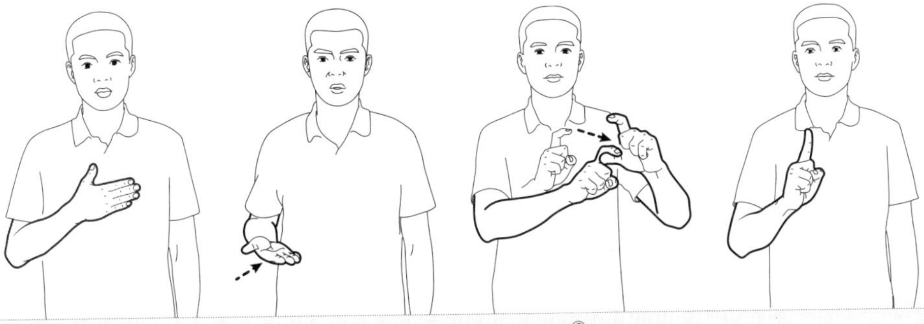

我 | 要 | 挂[2] | 1

语法提示

在手语表达中，宾语通常置于主语、谓语的前面，数词置于句末。在本句中，“专家号”的手势在主语前面，购买的数量在句末。

拓展词汇

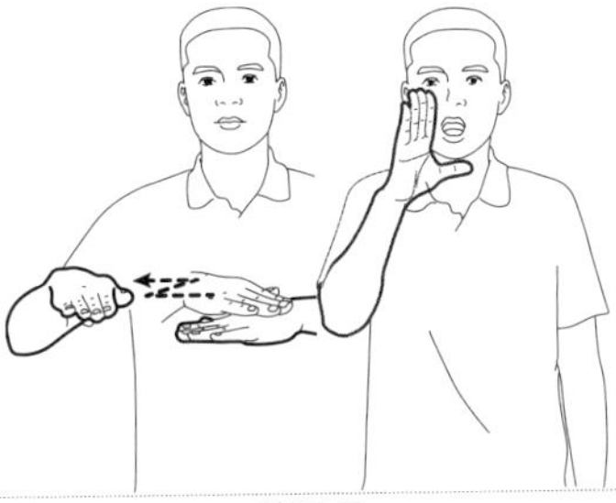

普通号

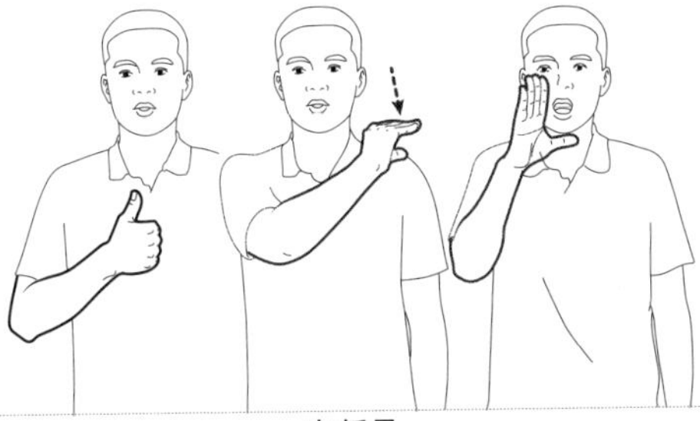

主任号

3 你哪里不舒服？

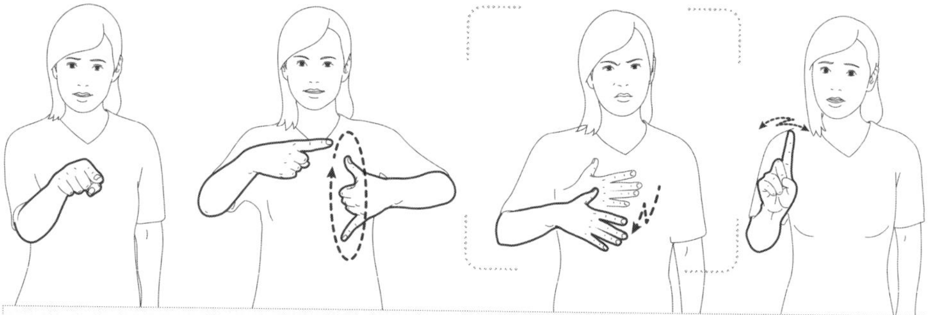

你 | 模特儿❶（一） | 不舒服 | 哪里（询问表情）

语法提示

在本句中，“哪里”的手势配以询问的表情，同时观察对方的身体，这样表达更为明确。“模特儿❶（一）”的手势为“全身”的意思。

拓展词汇

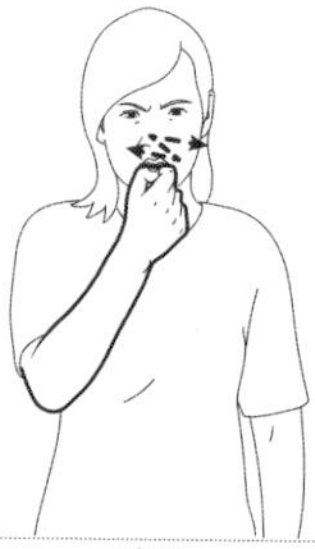

疼痛

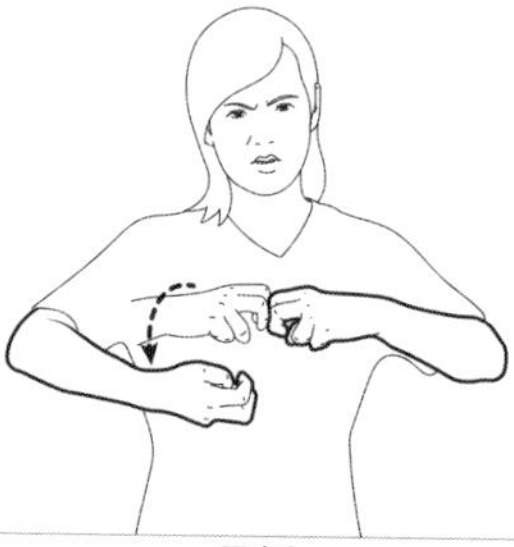

骨折

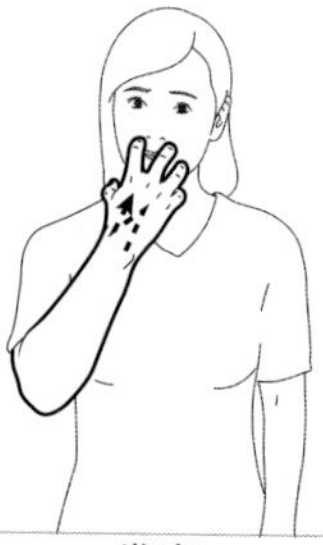

发麻

4 早上起来感觉喘不过气来，还恶心想吐。

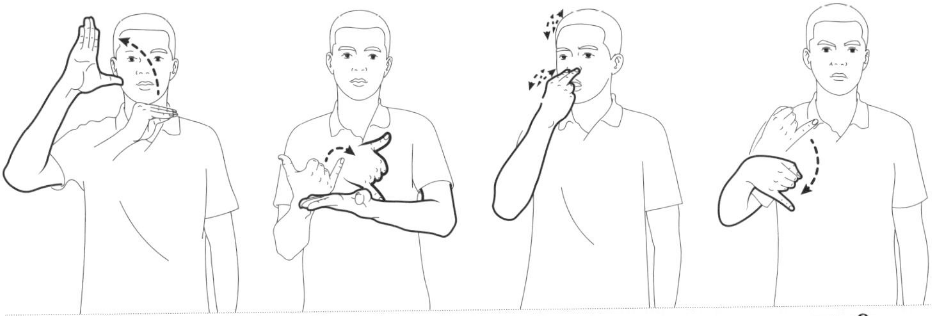

早上① | 起床 | 呼吸（急促表情） | 不行❷

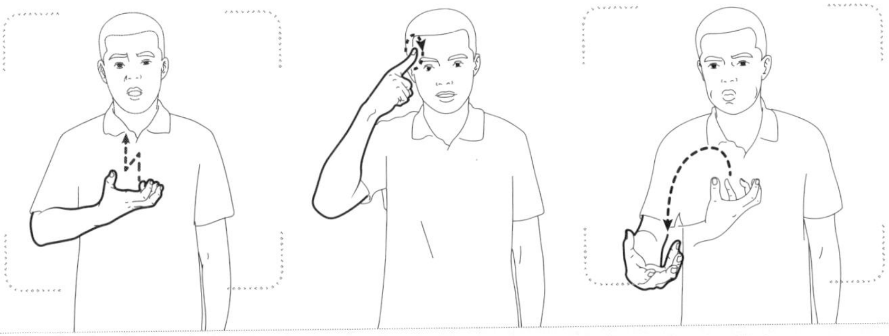

恶心 | 想 | 呕吐

语法提示

在描述病情时，可直接模仿实际症状的表现来表达身体不舒服。例如：表示头晕时，可模仿头晕时晃头的动作；表示喘不过来气时，可模仿呼吸困难的动作。

【新词学习】

喘气：|呼吸（急促表情）|

拓展词汇

头晕

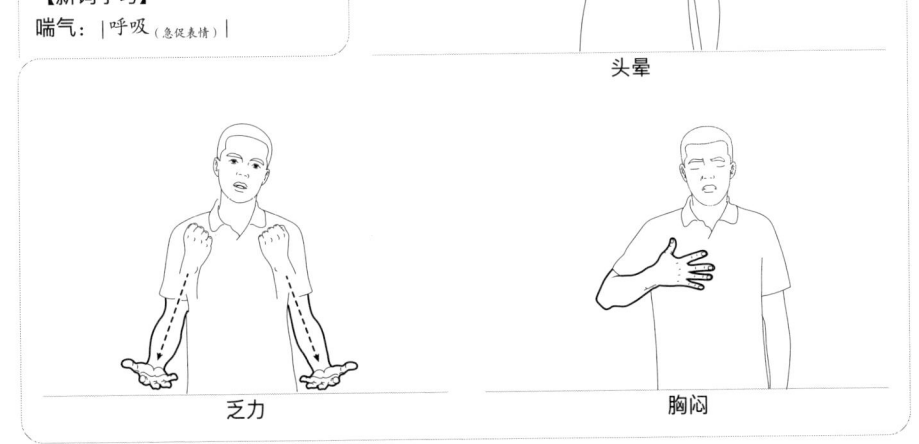

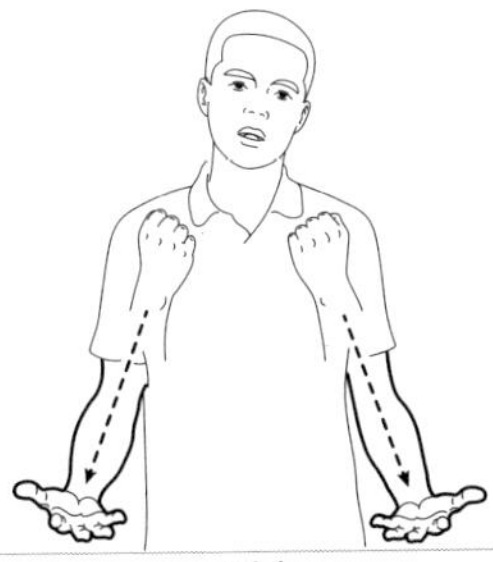

乏力

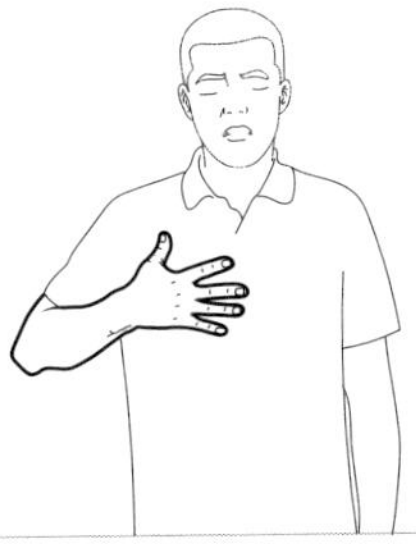

胸闷

5 先检查一下血压，然后验血，拍片子。

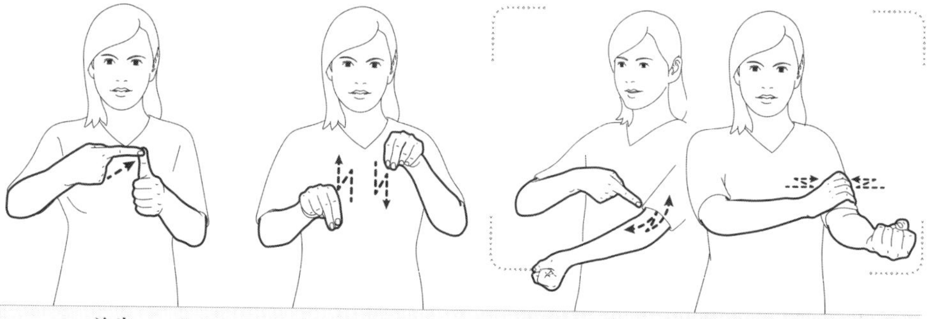

首先 | 检查 | 血压

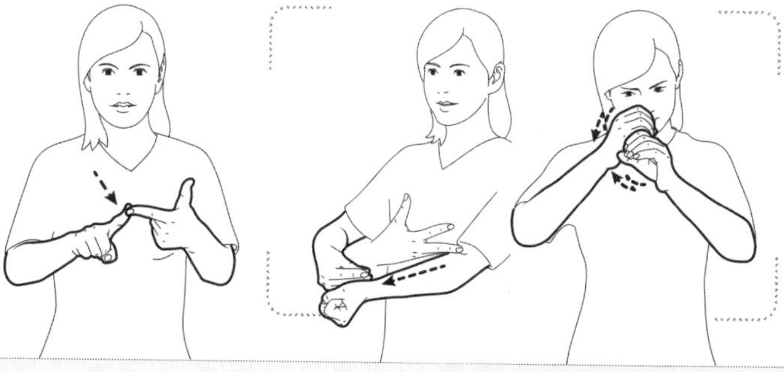

其次 | 抽血(一)-化验

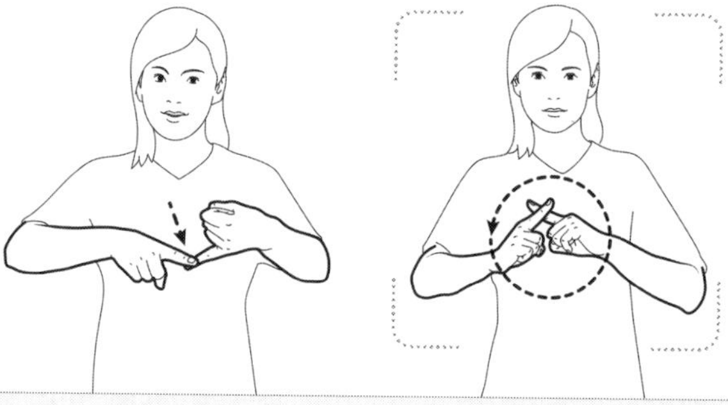

最后 | X光科(一)

语法提示

手语通常使用“首先”“其次”和“最后”的手势描述几件事的先后顺序，这样表达更为清楚。

【新词学习】

验血：|抽血(一)–化验|

拍片子：|X光科(一)|

拓展词汇

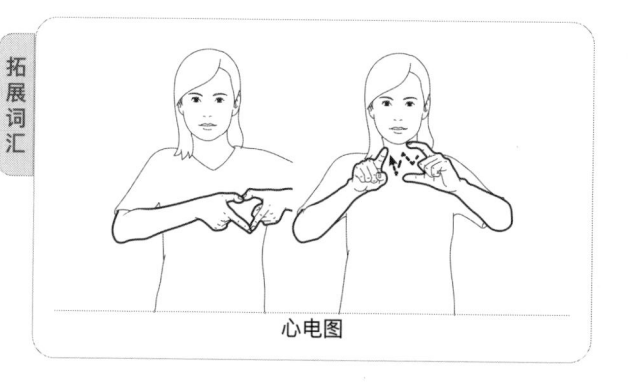

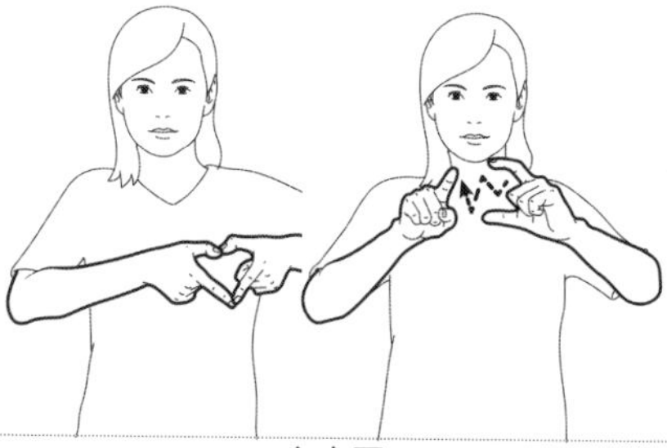

心电图

6 大夫，我的病严重吗？

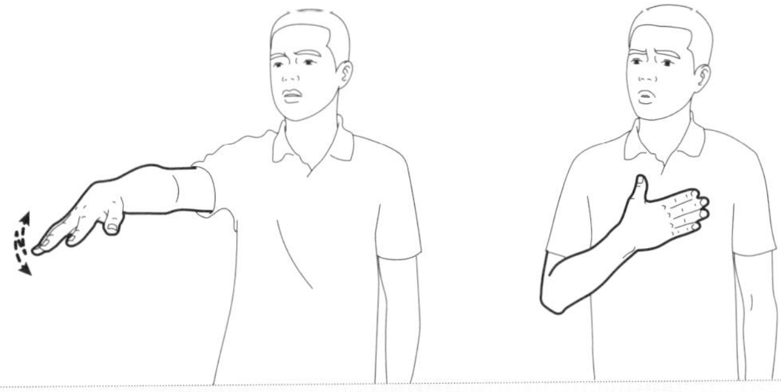

招呼 >[大夫] ‖ 我

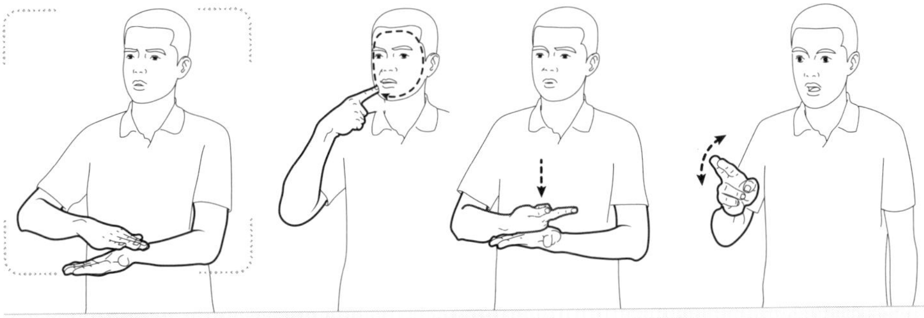

病 | 严重 | 是[上下晃动，询问表情]

语法提示

在手语表达中，可通过摆手招呼的方式引起对方的注意。手语没有助词“吗”，可使用“是”的手势，上下晃动，并配以询问的表情，表示进一步的确认。

拓展词汇

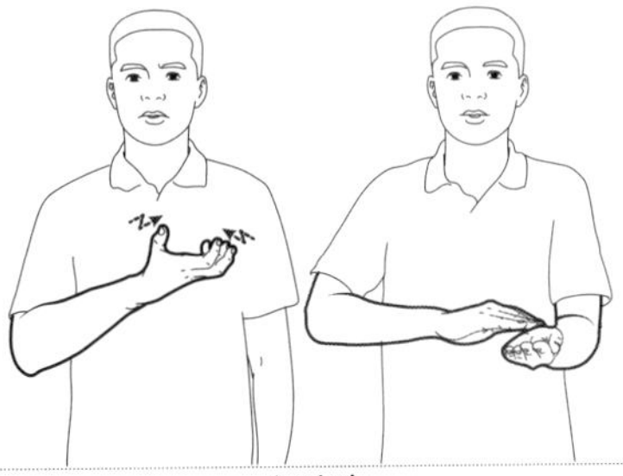

心脏病

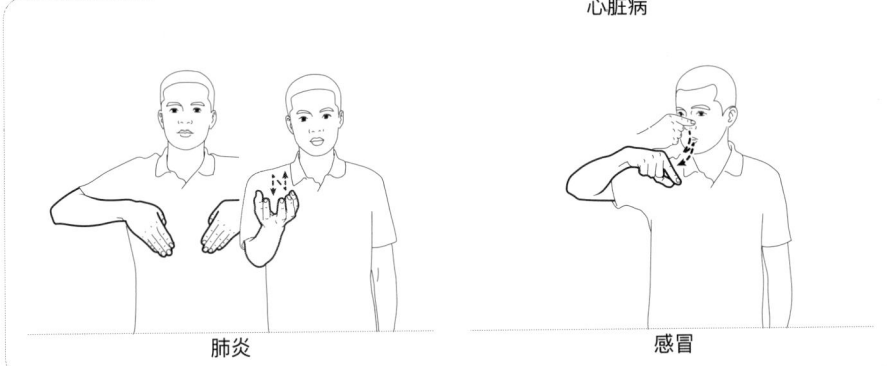

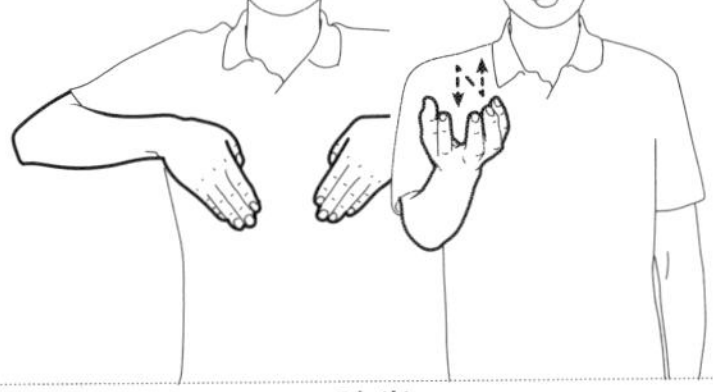

肺炎

感冒

7 你以前有过药物过敏吗？

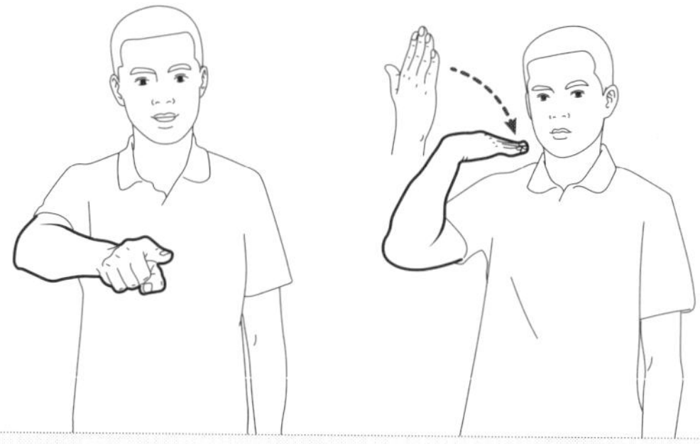

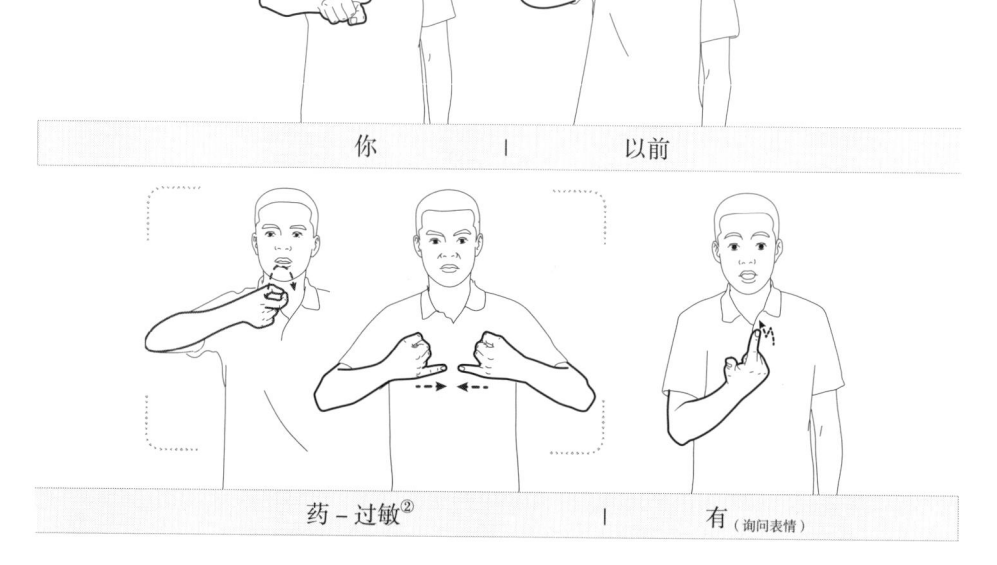

你 | 以前

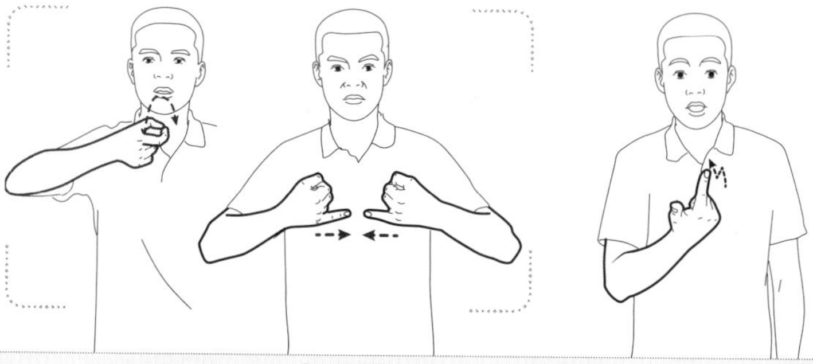

药－过敏② | 有（询问表情）

语法提示

“过敏”在《国家通用手语词典》中有两种手语打法，在本句中用第二种打法，表示对某物有禁忌。

拓展词汇

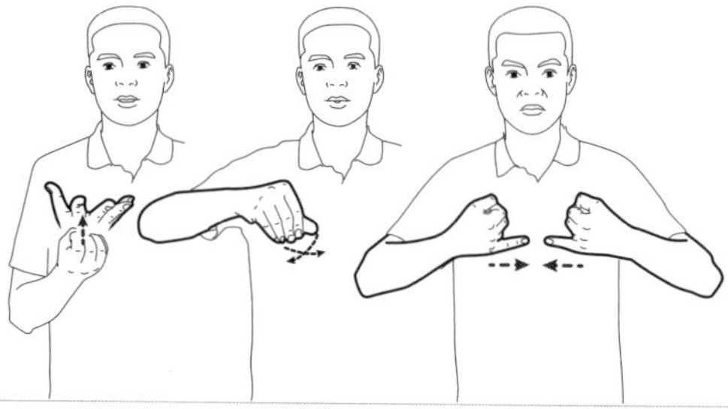

花粉过敏

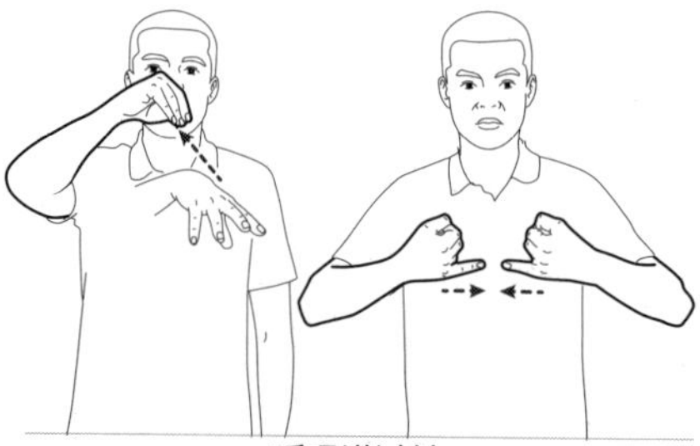

呼吸道过敏

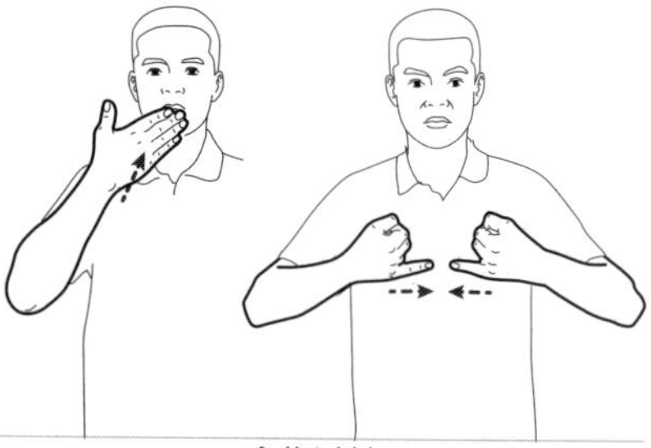

食物过敏

8 给你开了三天的药，记得按时吃。

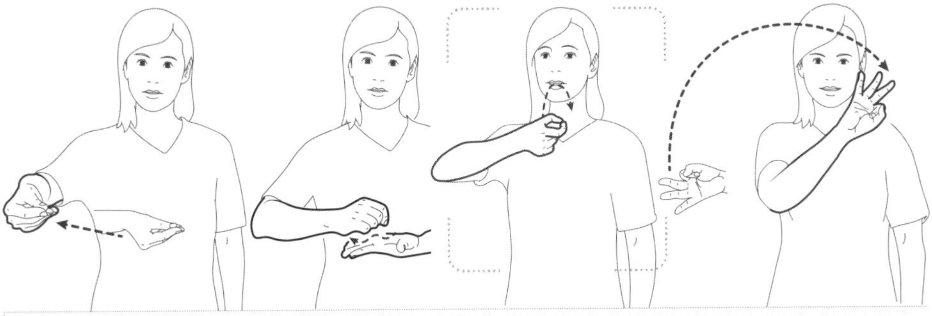

给$_{>[你]}$ | 写－药 | 3天

按时 | 吃药 | 记忆

语法提示

“给”的手势具有方向性，在本句中，向外移动表示医生给病人。“记得”的手势置于句末，表示强调。

【新词学习】

开药：|写－药|

记得：|记忆|

拓展词汇

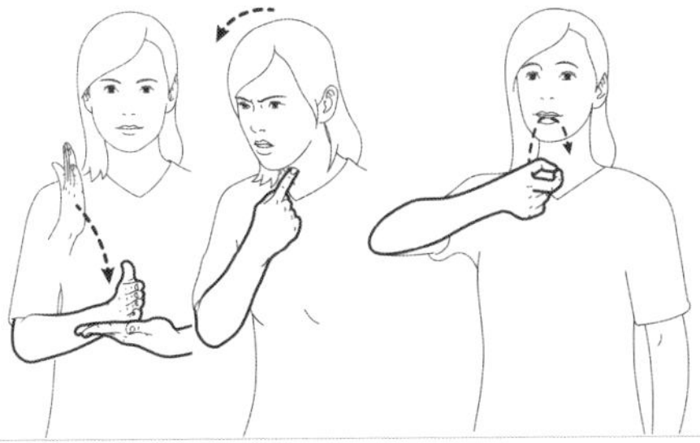

止咳药

消化药

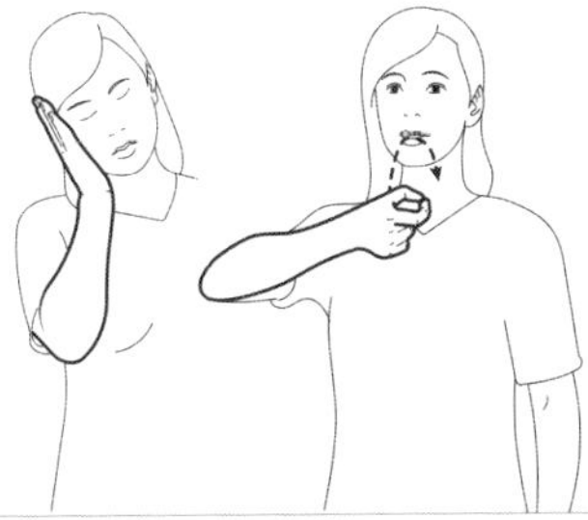

安眠药

9 我买治咳嗽的药。

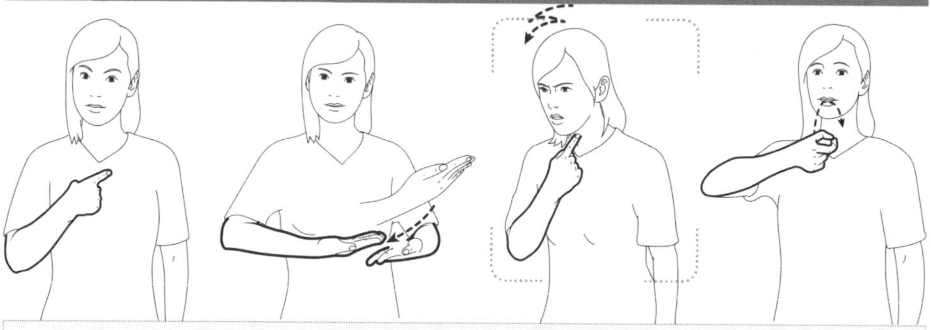

我 | 买 | 咳嗽 | 药

语法提示

“药”的手势已包含治疗的意思，所以“治疗”有时可以省略，不影响句意。

拓展词汇

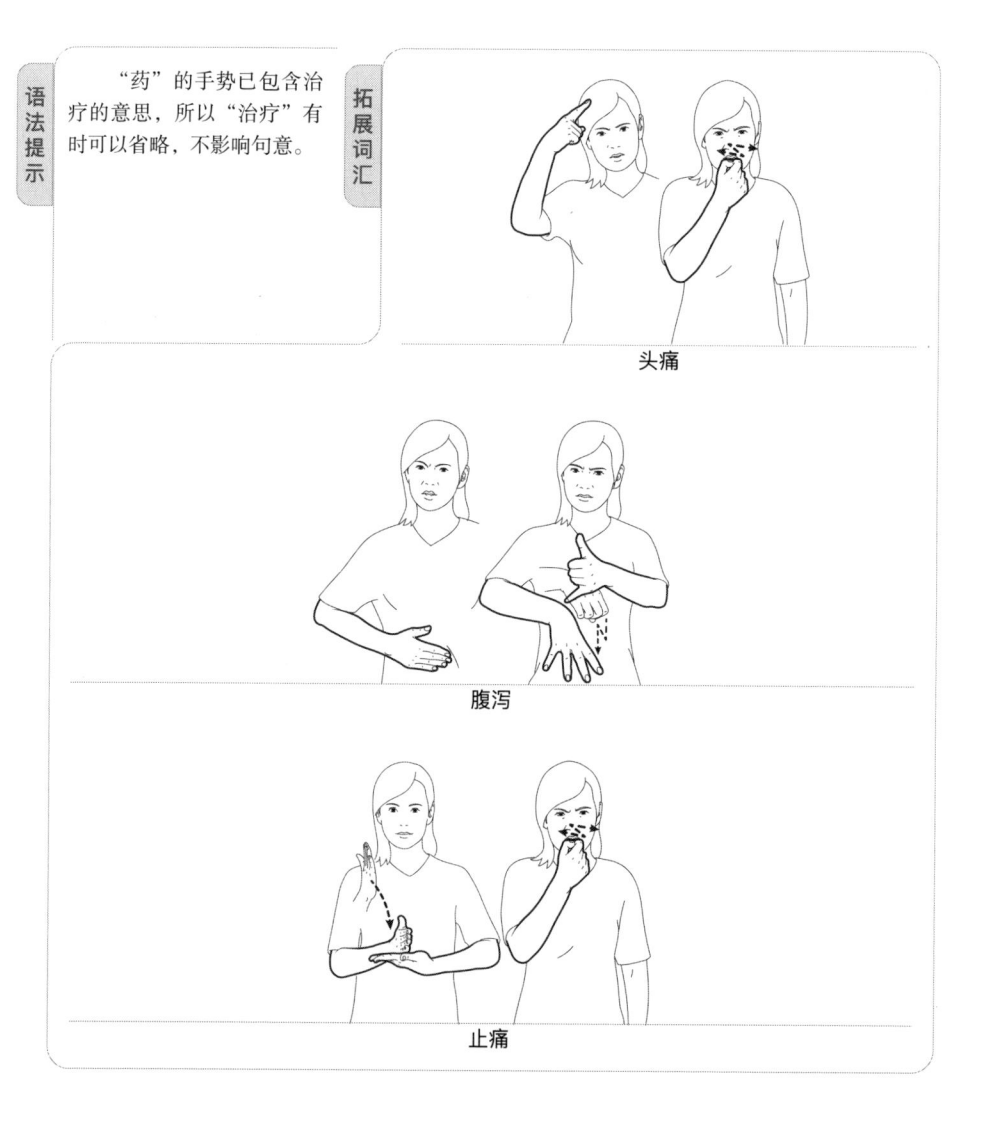

头痛

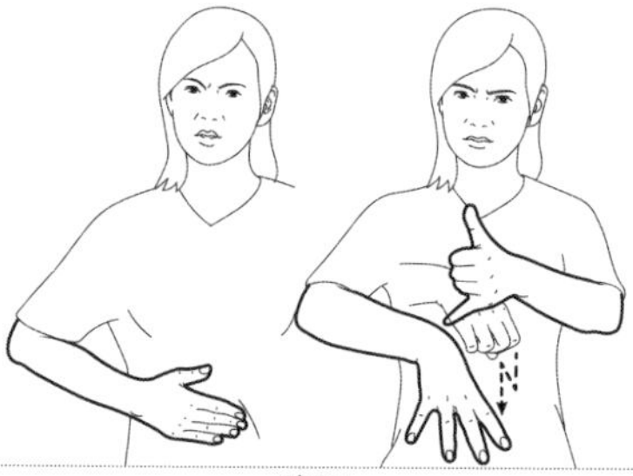

腹泻

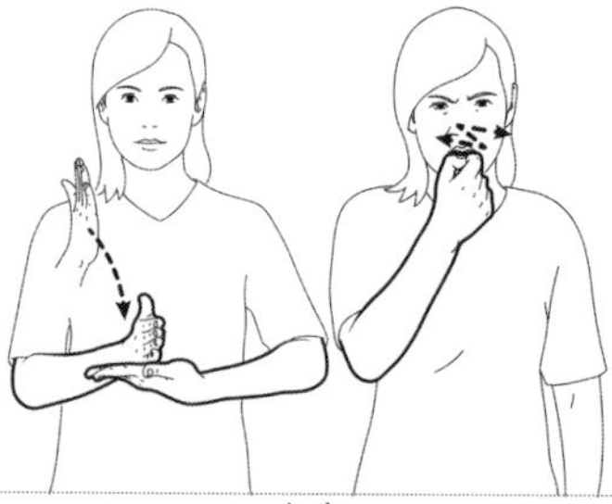

止痛

10 用哪种药见效快？

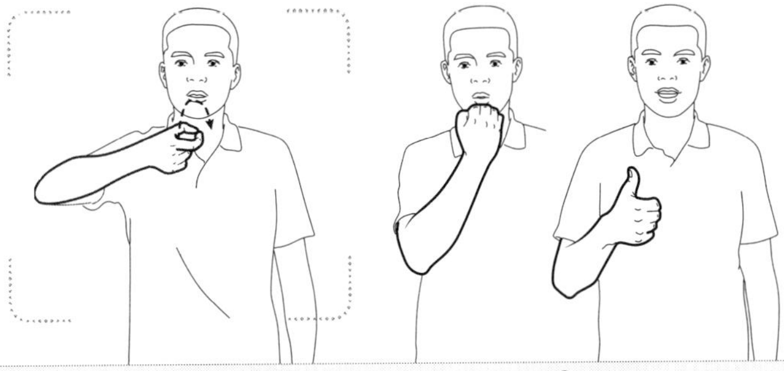

药 | 有效②(二)–好

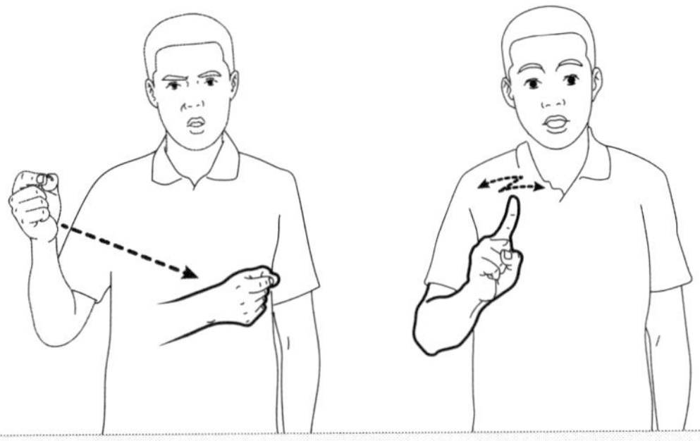

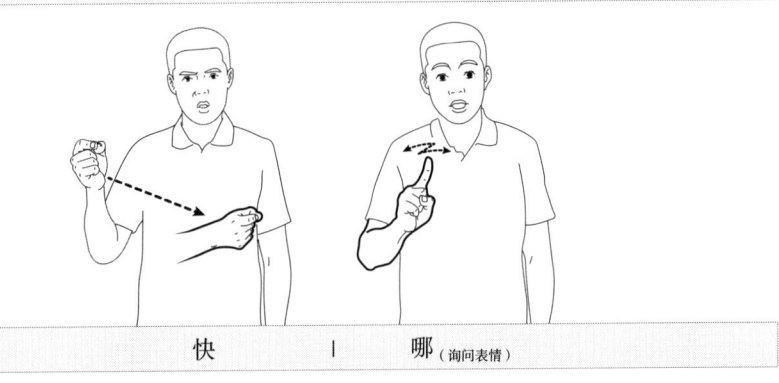

快 | 哪（询问表情）

语法提示

“见效”在本句中是指得到治疗并取得好的结果的意思。

【新词学习】

见效：|有效②(二)–好|

拓展词汇

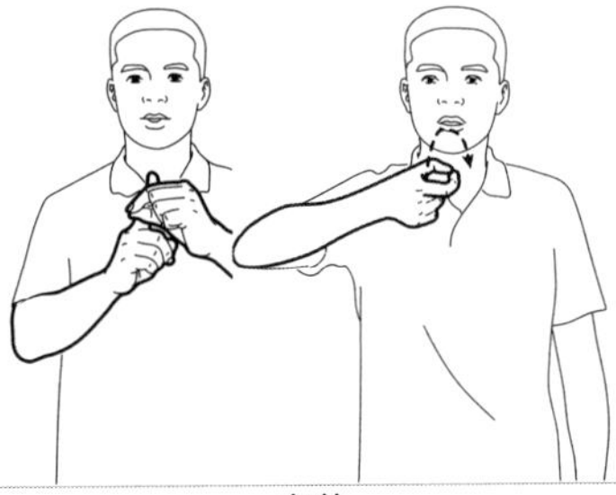

中药

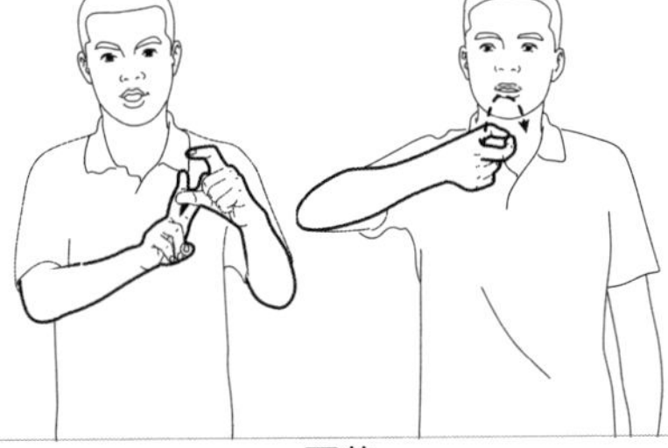

西药

11 这种药副作用小，效果也不错。

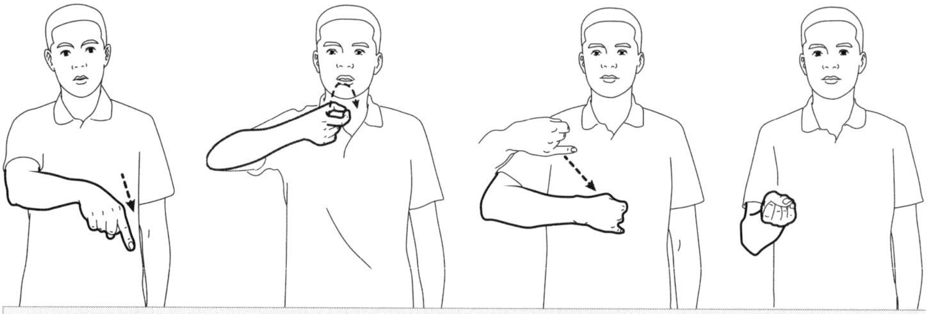

指>[药] | 药 | 伤害>[自己] | 小

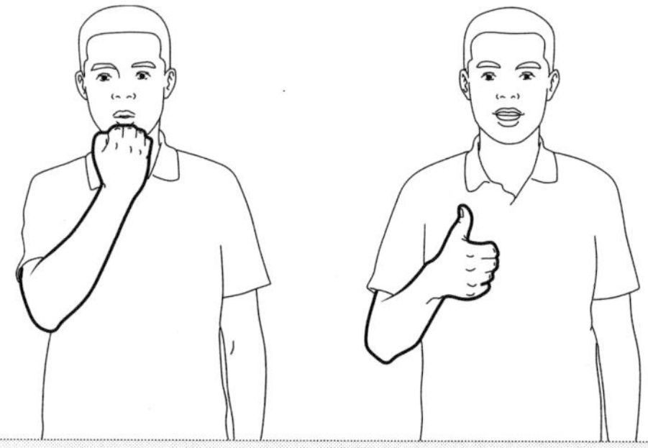

有效②（二） | 好

语法提示

“副作用”是指附带发生的不好的作用，手语用“伤害”的手势表达，向内移动，表示伤害自己的身体。

此处拓展词汇列出一些症状的手语打法。

拓展词汇

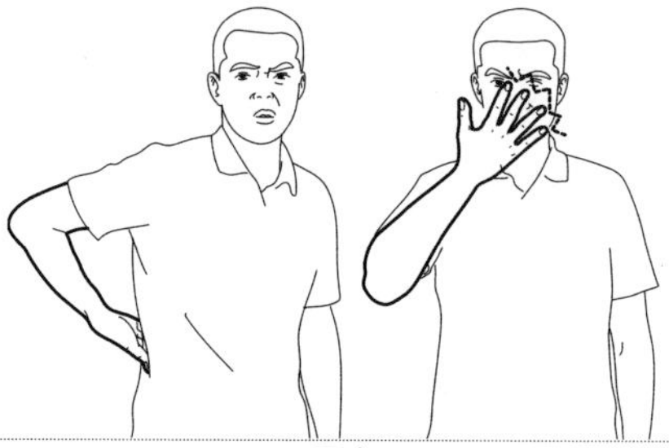

腰痛

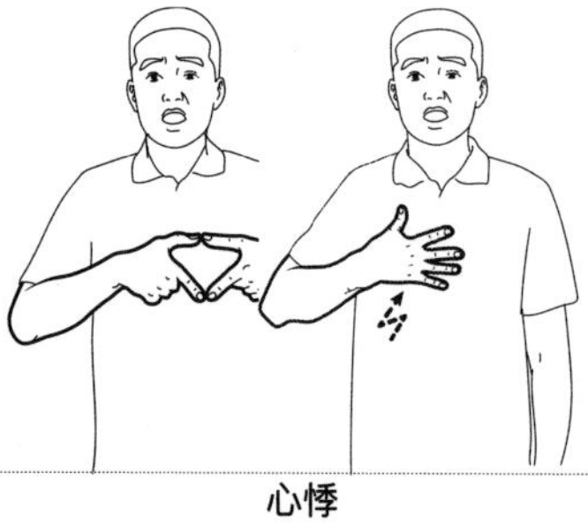

心悸

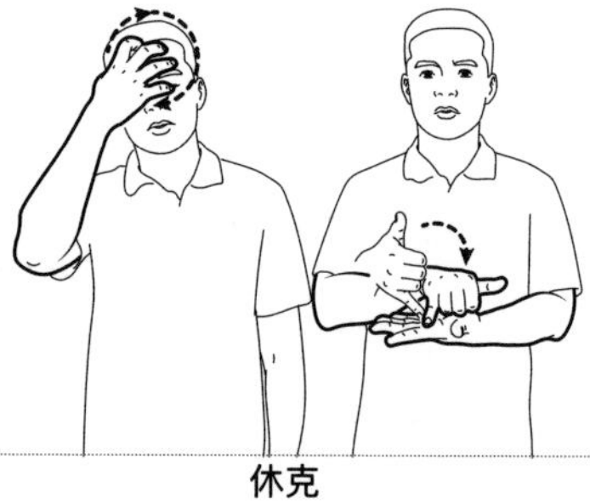

休克

12 这药怎么吃？

指 >[药] | 怎么（一）（询问表情） | 吃药

语法提示

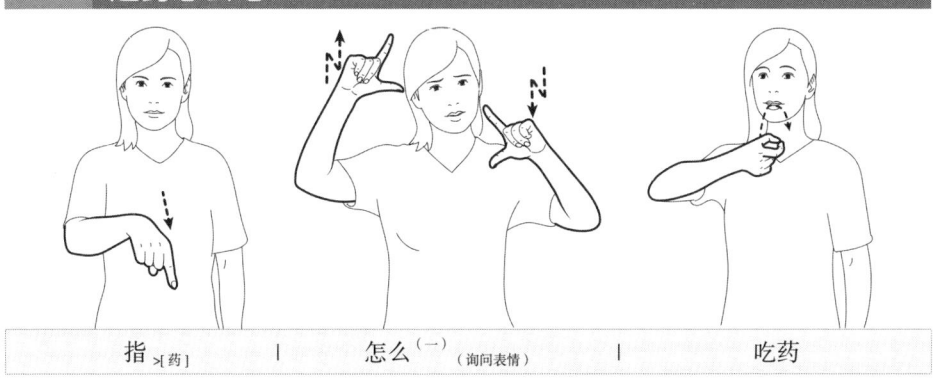

“怎么”的手势在句子表达中，可进行简化，即双手置于脸颊两侧，上下交替移动，并配以询问的表情。

此处拓展词汇列出一些服药方法的手语打法。

拓展词汇

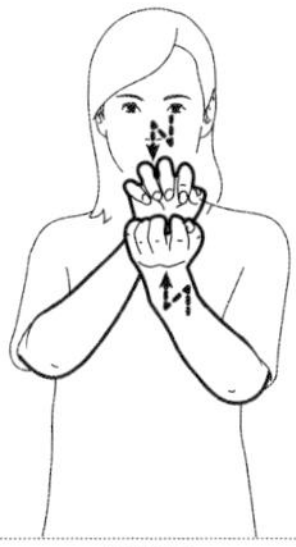

咀嚼

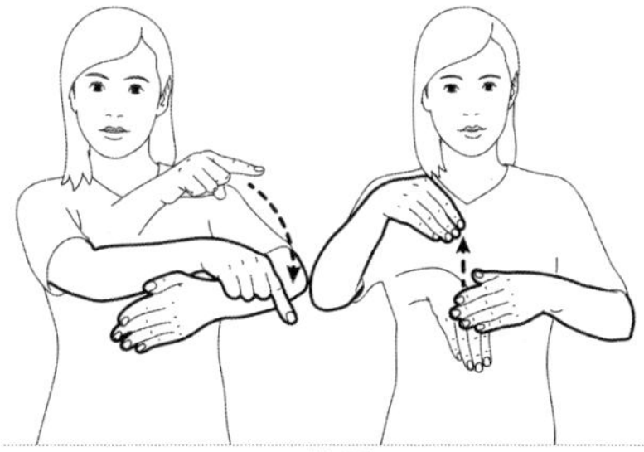

外用

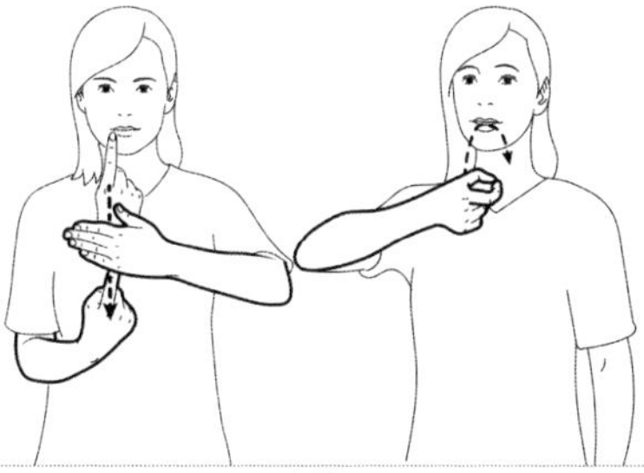

内服

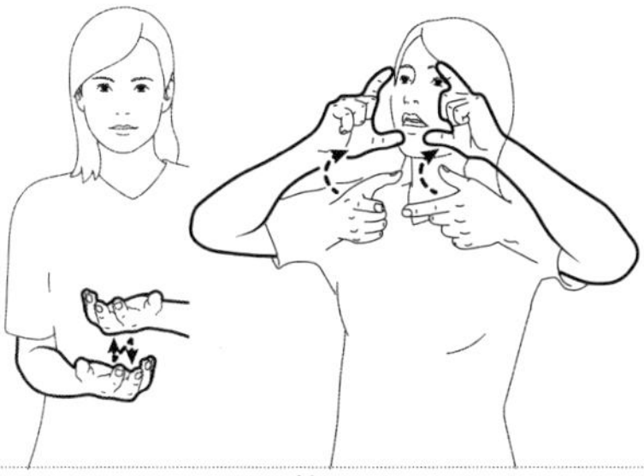

煎服

看病

13 早晚各一次，饭后一小时服用。

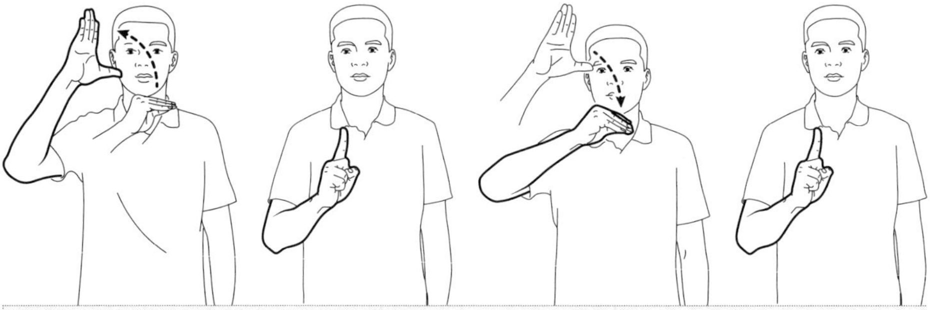

早上① | 1 | 晚上 | 1

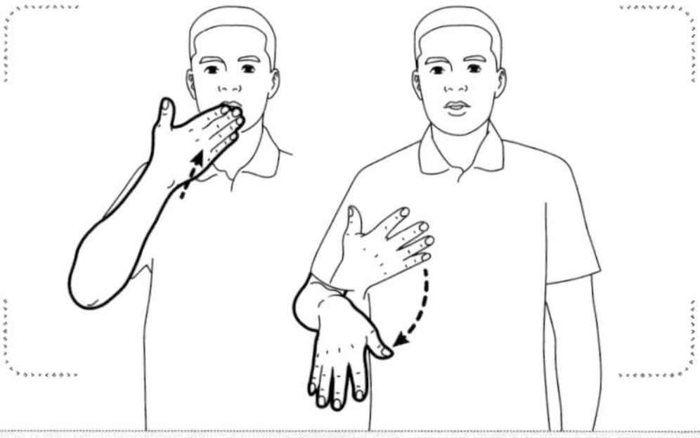

饭－完了

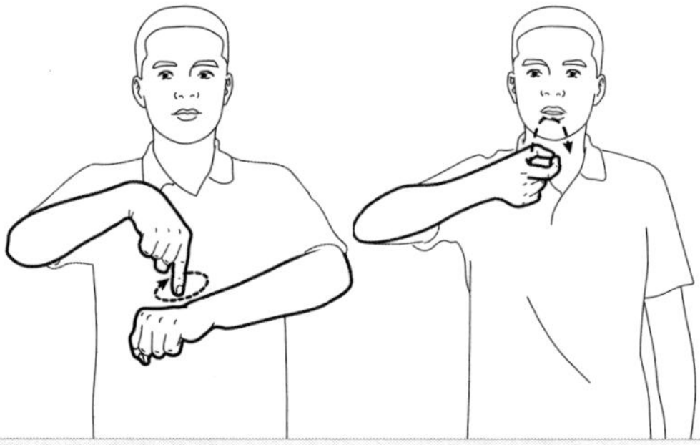

1小时 | 服药

语法提示

“早晚各一次”在手语中分成两句表达，意思更为明确。

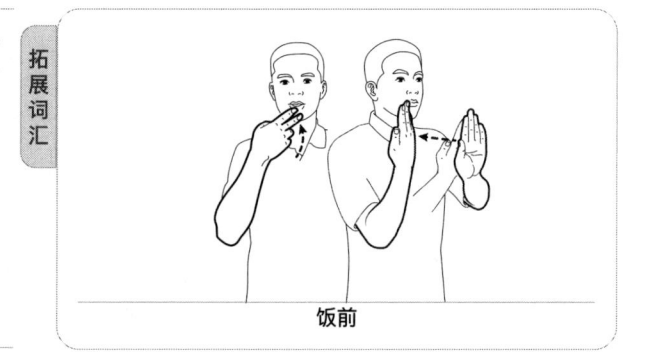

拓展词汇

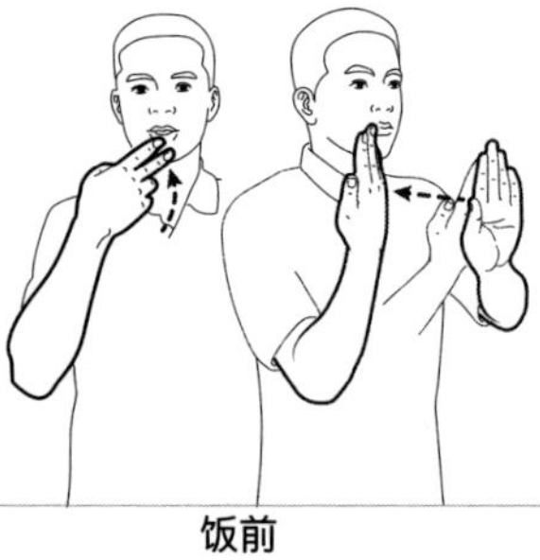

饭前

14 你们药店可以用医保卡吗？

指 >[对方] | 药－店

医保卡 | 可以（询问表情）

语法提示

手语“医保卡”的第三个动作已包含刷卡的动作，因此不需要再打“用”的手势。“可以”的手势配以询问的表情，置于句末，表示“可以吗”或“可否”的意思。

拓展词汇

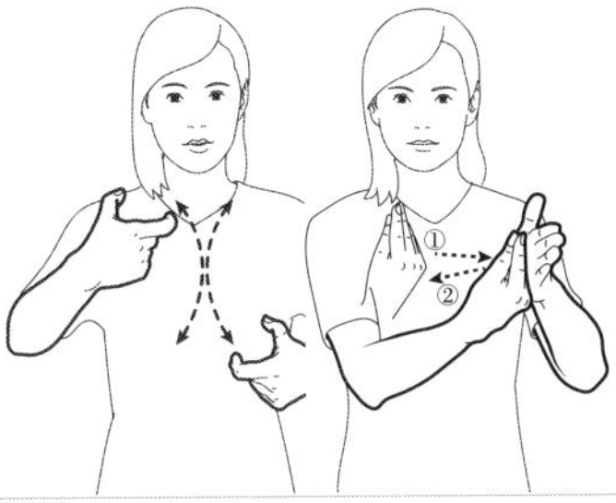

银行卡

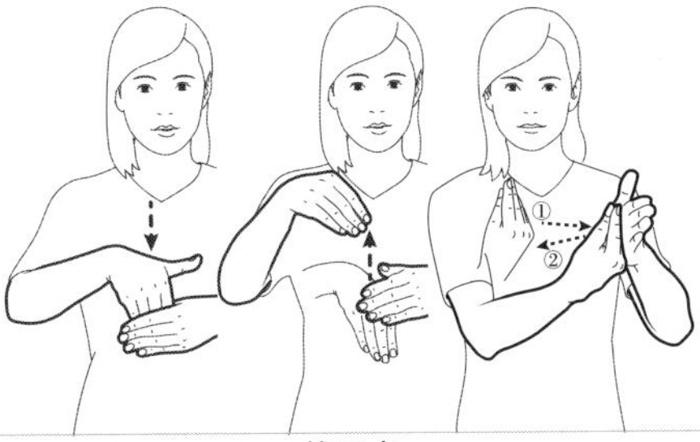

信用卡

15 服药期间，最好不要吃油腻和辛辣的食物。

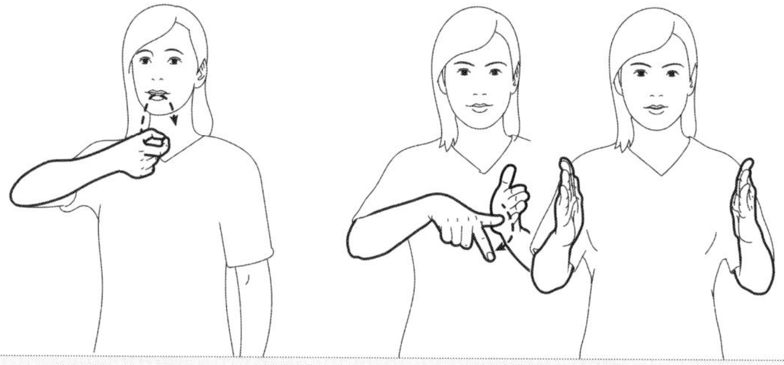

服药 | 时间－期间

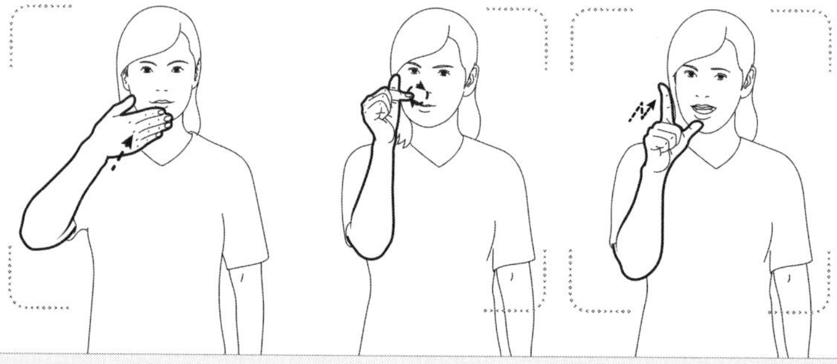

吃 | 油① || 辣

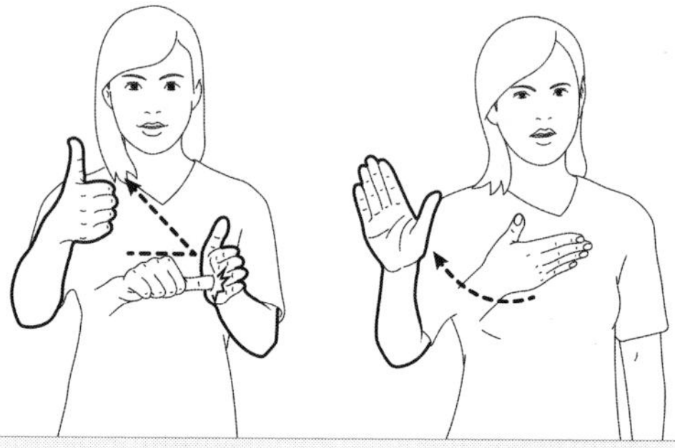

最②－好 | 不要

语法提示

“期间”的手势不单独使用，需要和“时间”搭配。

【新词学习】

油腻：|油①|

辛辣：|辣|

拓展词汇

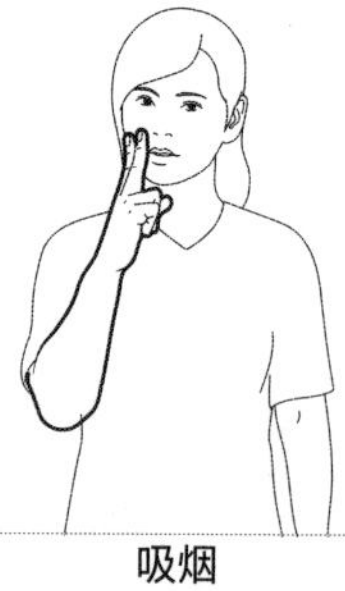

吸烟

1 稍微修修就行，不要剪得太短。

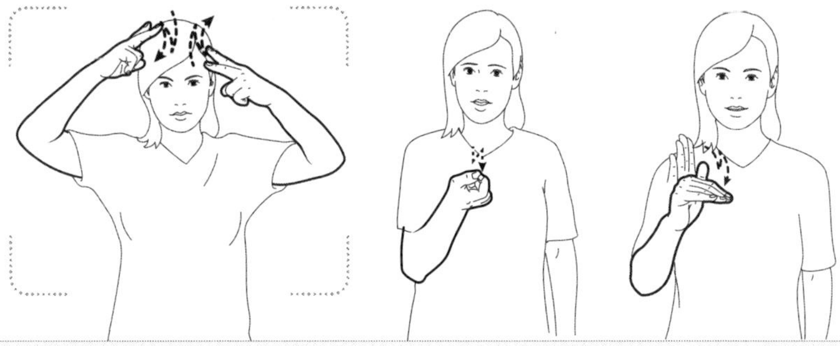

理发 | 稍微 | 可以

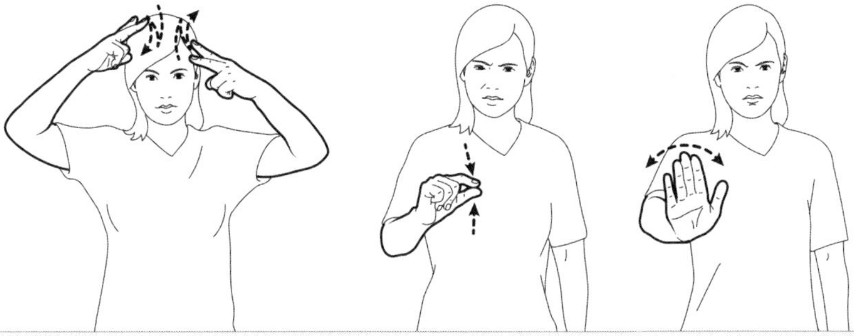

理发 | 短 | 不

语法提示

在手语表达中，副词和形容词通常置于动词之后，如“稍微”“短”等。

拓展词汇

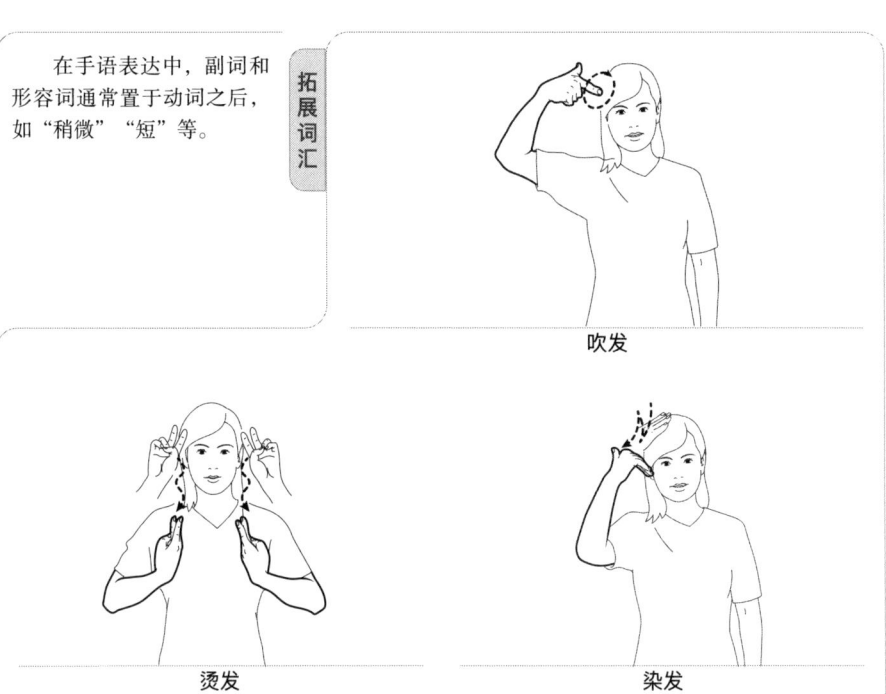

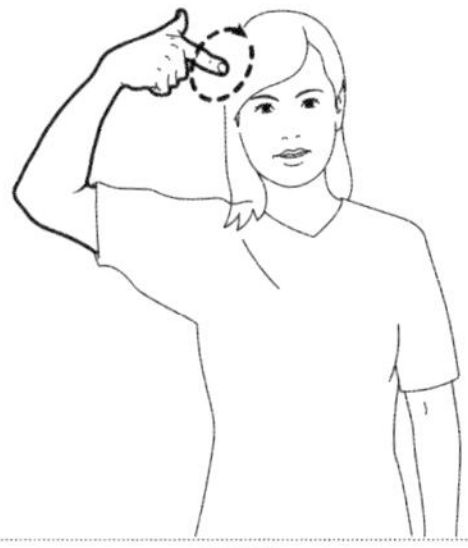

吹发

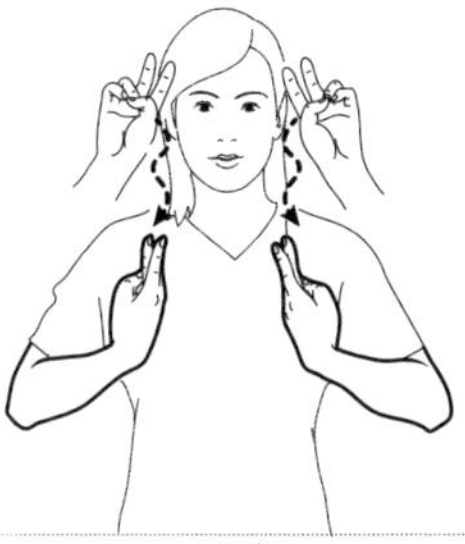

烫发

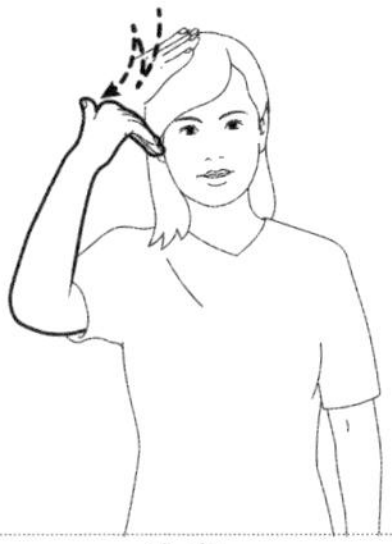

染发

2 您把快递放在门卫室吧。

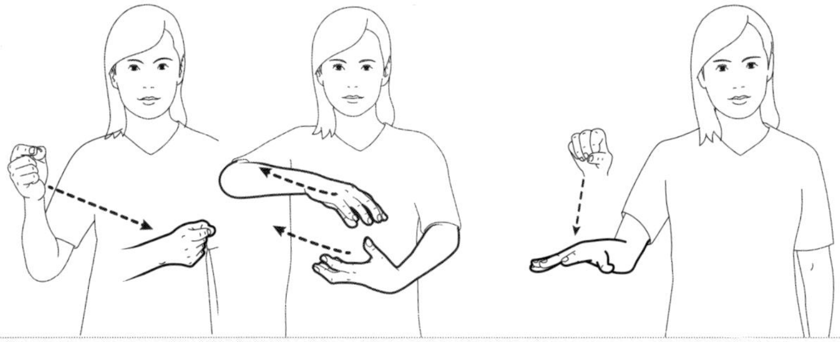

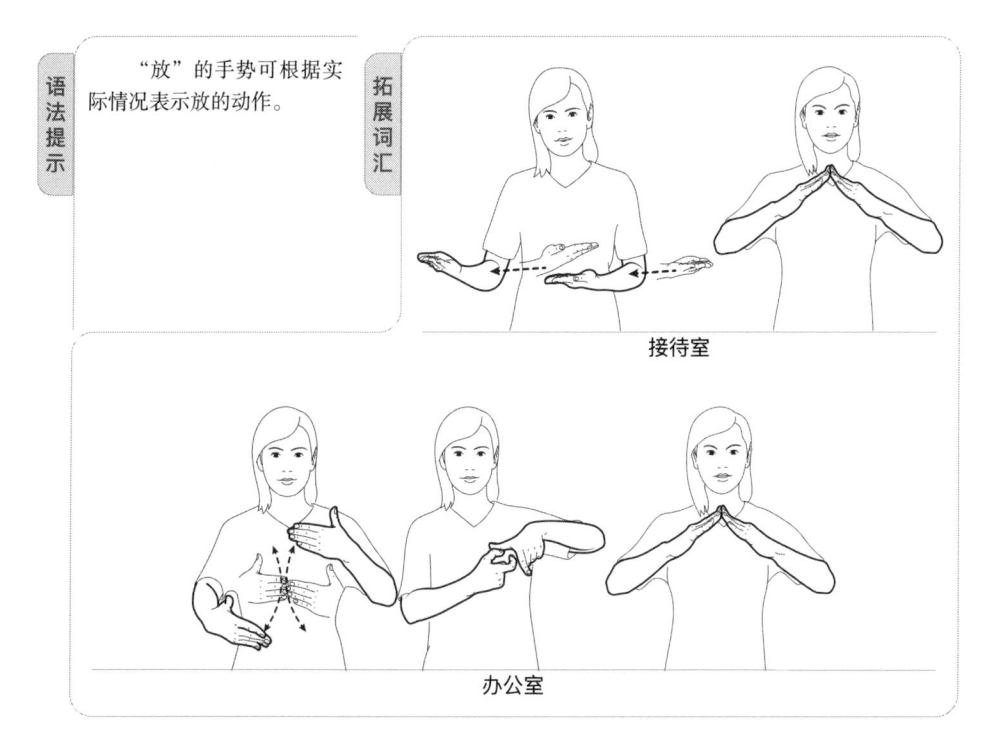

快递 | 放（礼貌表情）

门－卫－室

语法提示

“放”的手势可根据实际情况表示放的动作。

拓展词汇

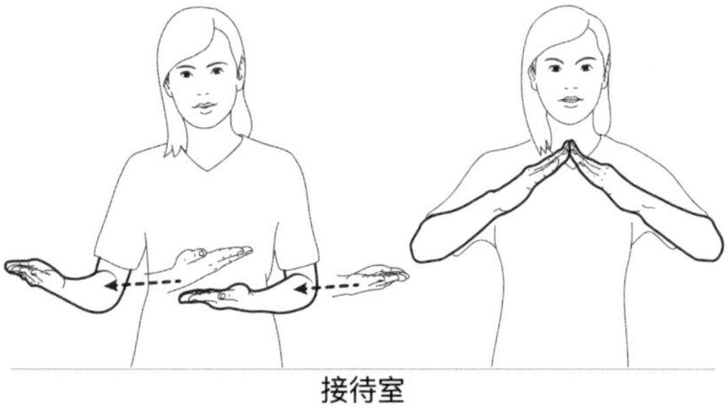

接待室

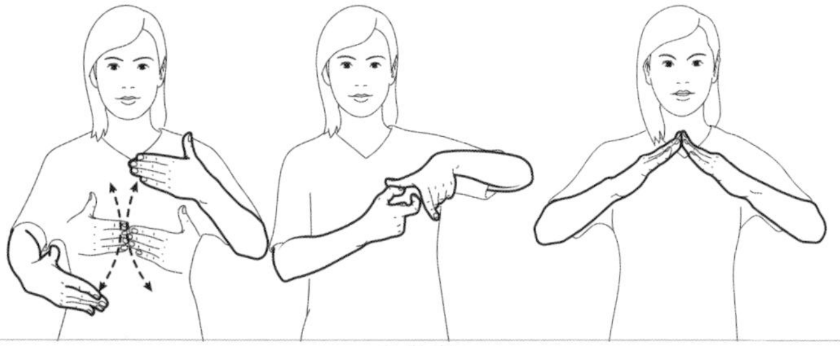

办公室

3 超重要加运费。

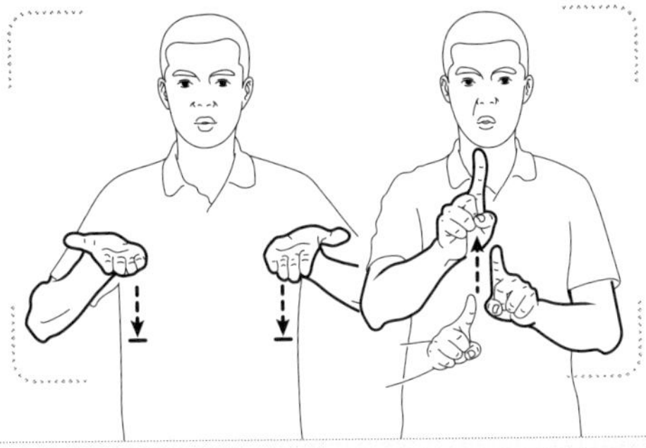

重❶－超

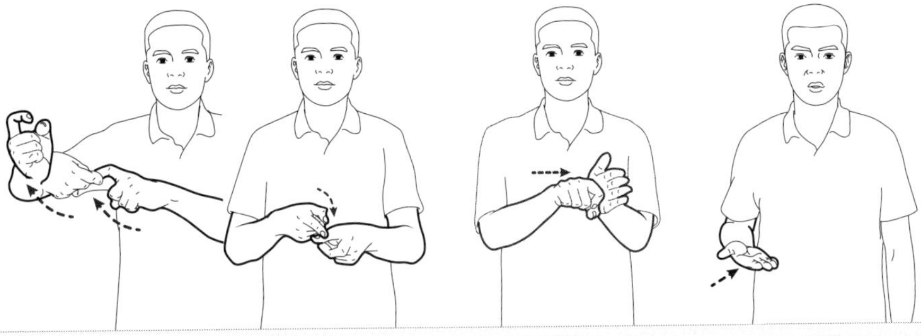

托运－钱 | 增加 | 要

语法提示

本句没有主语，如果有明确的主语如“行李箱”，可以采用现场指示实物的方式，或者用“行李”的手势来表示行李箱。

【新词学习】

超重：|重❶－超|

运费：|托运－钱|

拓展词汇

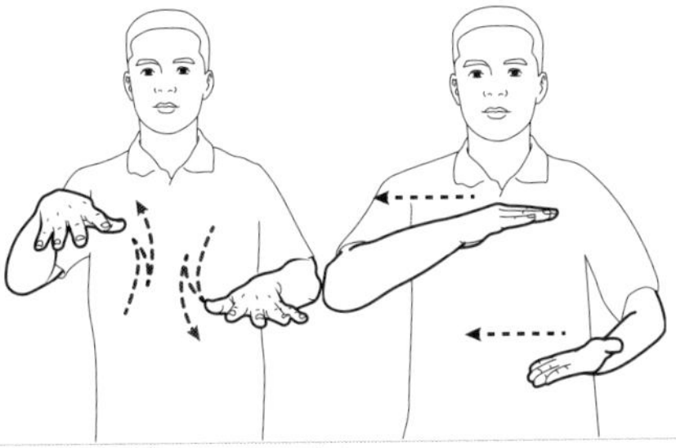

海运

空运

4 是您付钱还是到后对方付？

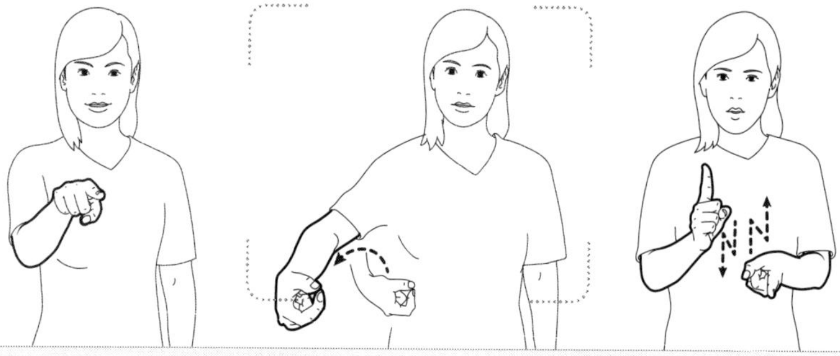

你 | 支出① | 或

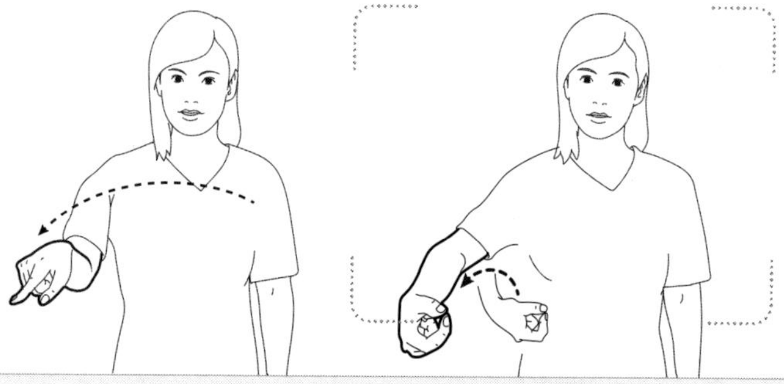

到[弧线] | 支出①

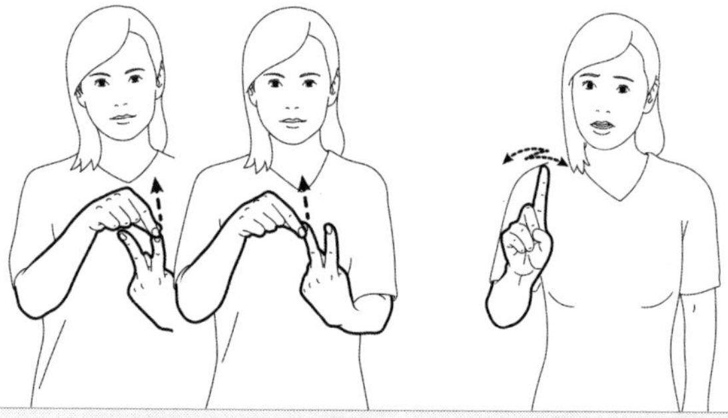

挑选[左手伸食、中指] | 哪（询问表情）

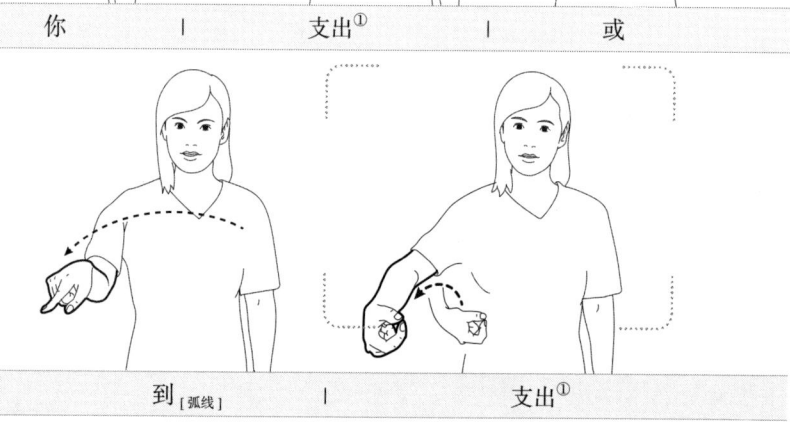

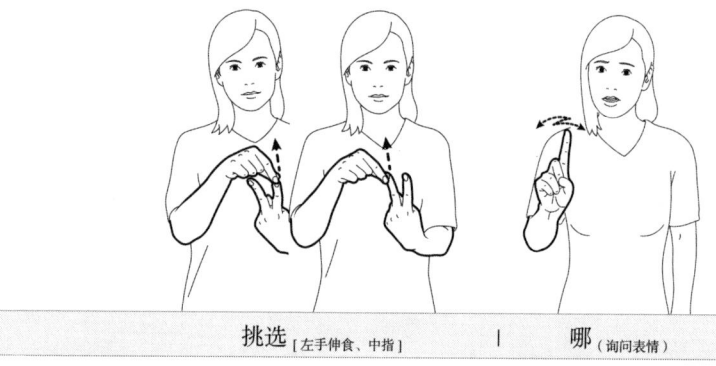

语法提示

【新词学习】

付钱：|支出①|

拓展词汇

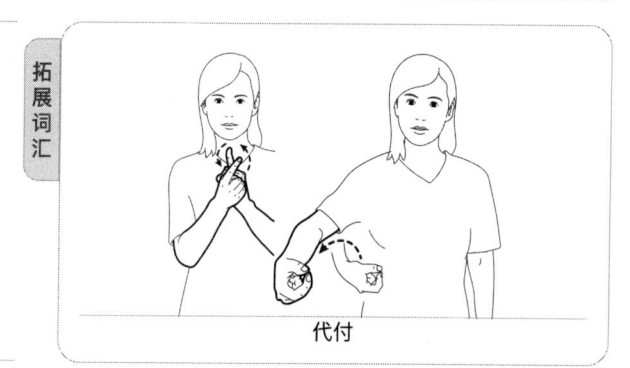

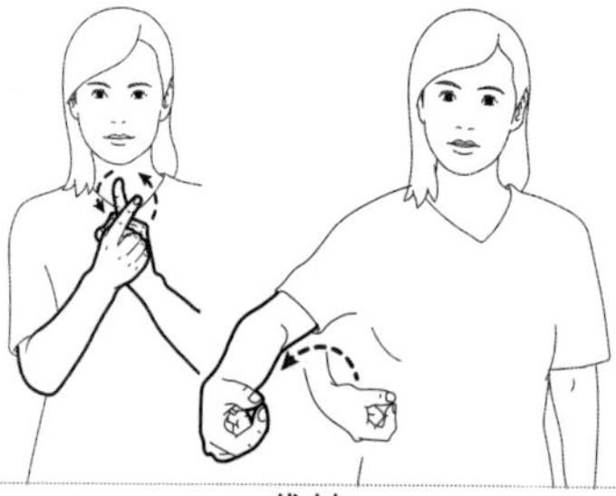

代付

5 我的信用卡丢了怎么办？

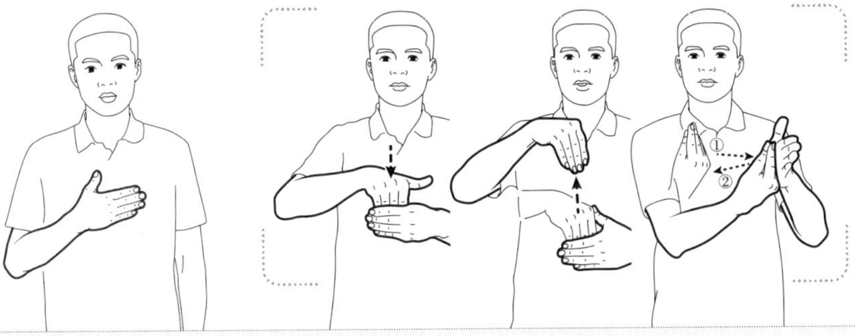

我 | 信用卡

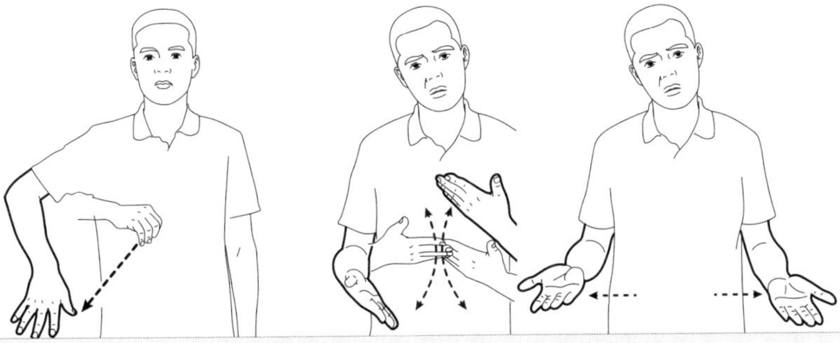

丢 ‖ 办公（一）– 怎么（二）（询问表情）

语法提示

“怎么办”是疑问词，在手语表达中置于句末，配以疑问的表情。

【新词学习】

怎么办： | 办公（一）– 怎么（二）（询问表情）|

拓展词汇

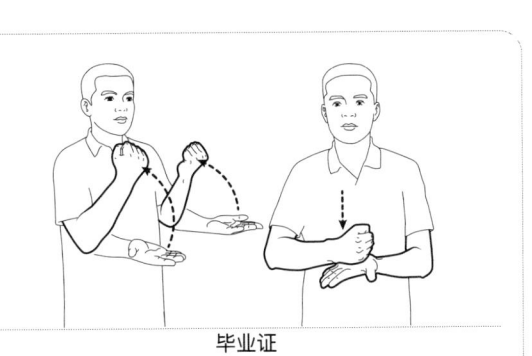

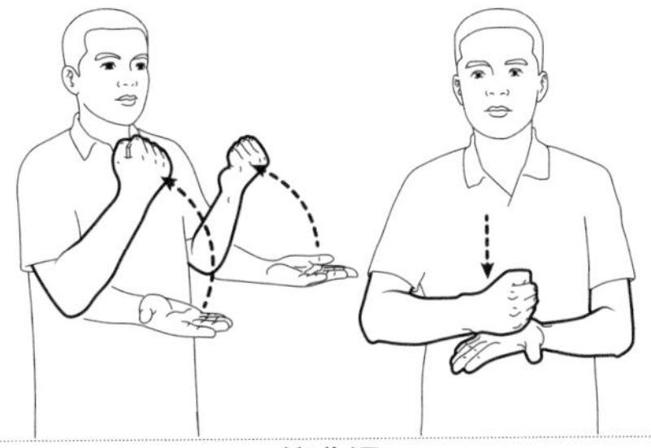

毕业证

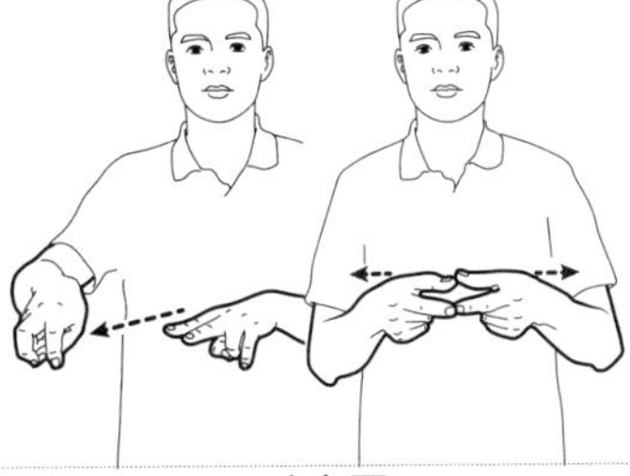

火车票

彩票

便民

便民

6 先挂失，再补办。

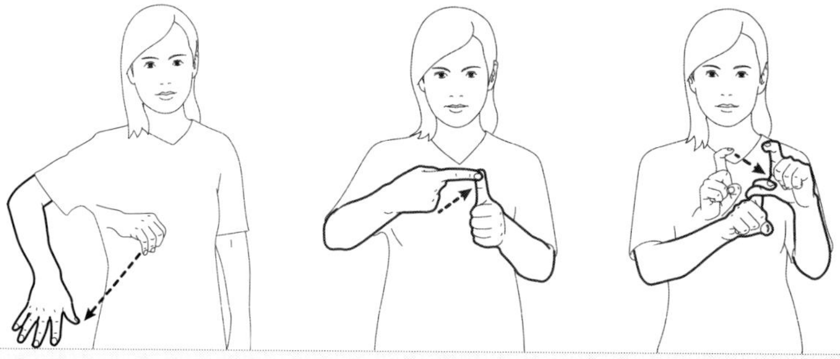

丢 | 首先 | 挂②

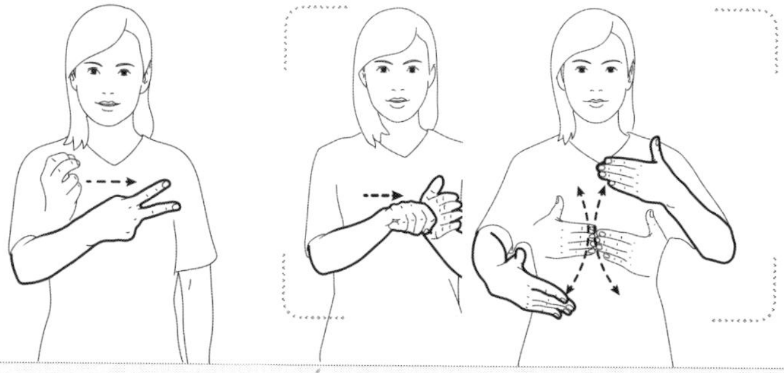

再 | 补贴（一）–办公（一）

语法提示

“挂失”是指东西丢失之后去登记作废的意思，手语表达是“丢失 | 挂”，符合手语的视觉规律。

【新词学习】

补办：| 补贴（一）–办公（一）|

拓展词汇

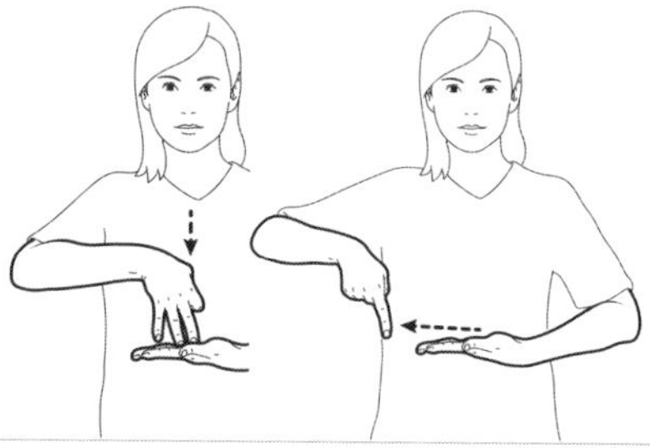

注销

登记

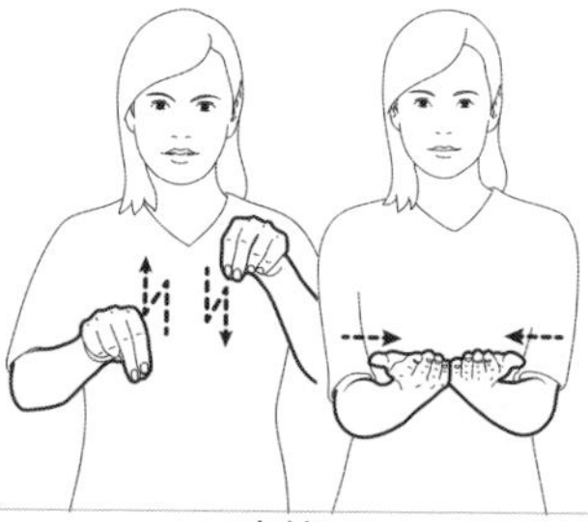

审核

7 我的身份证忘在家里了。

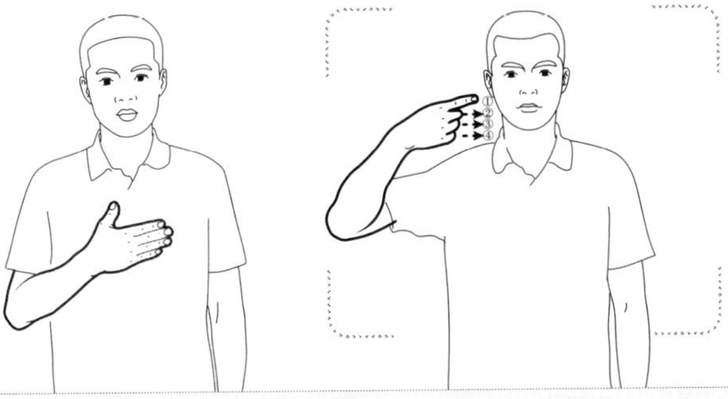

我 | 身份证

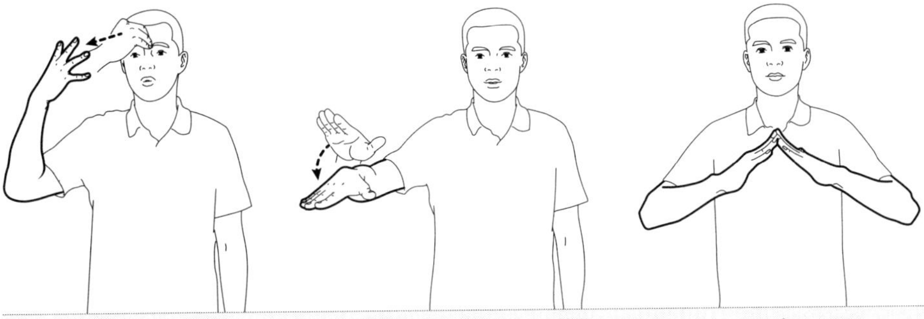

忘记 ‖ 放>[家] | 家

语法提示

“在”在本句中是搁置的意思，聋人多用“放”的手势表达。“放”是空间动词，手势可以朝向“家”所在的方位。

拓展词汇

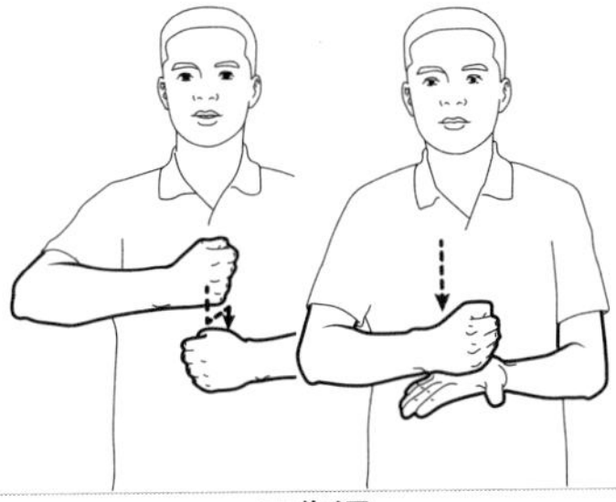

工作证

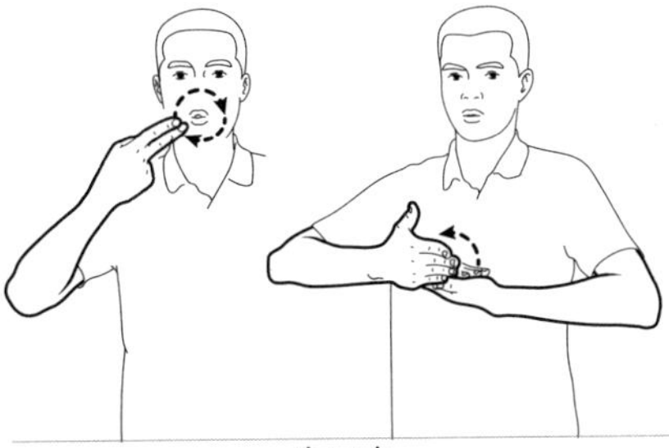

户口本

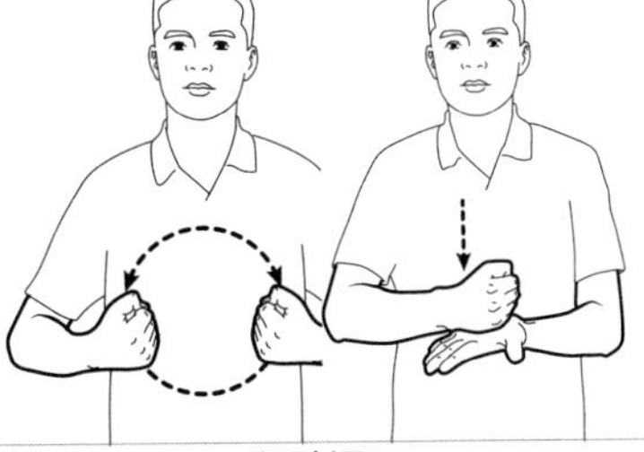

行驶证

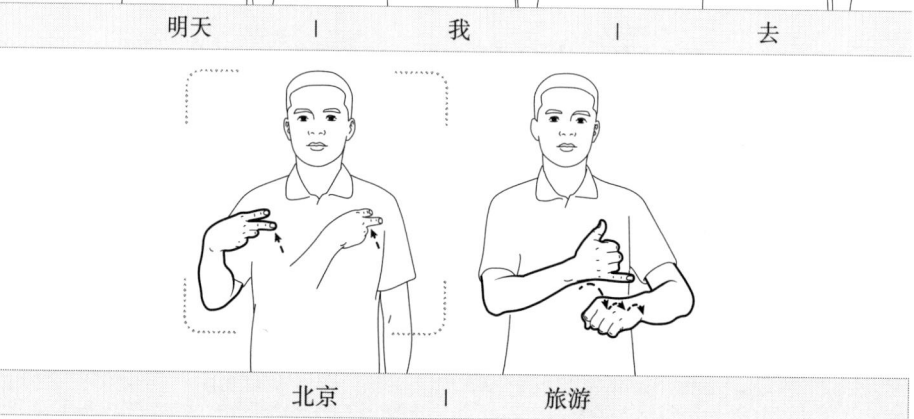

1　明天我去北京旅游。

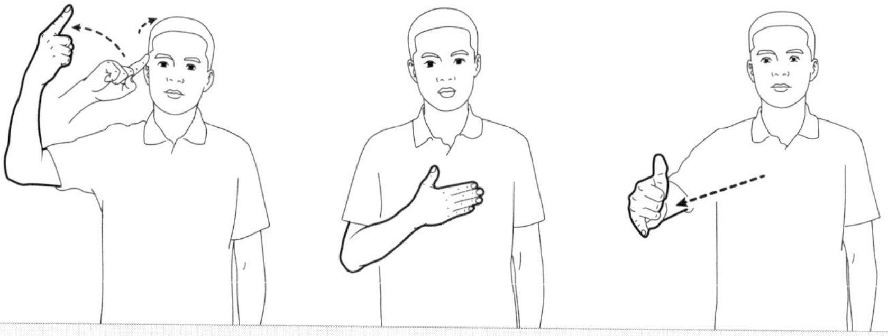

明天　|　我　|　去

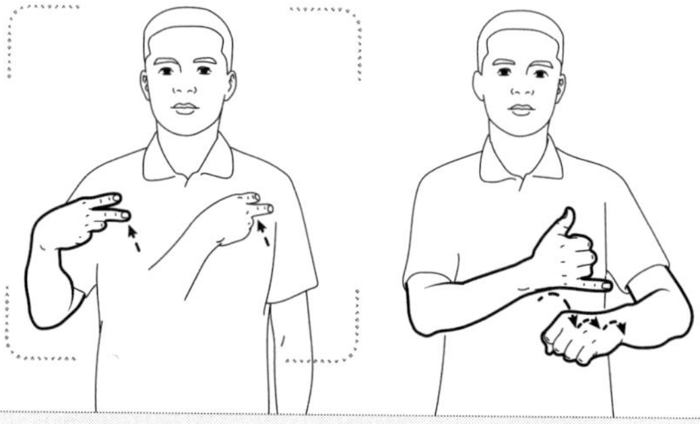

北京　|　旅游

语法提示

地名的手语打法可检索《国家通用手语词典》，或询问当地的聋人朋友。

拓展词汇

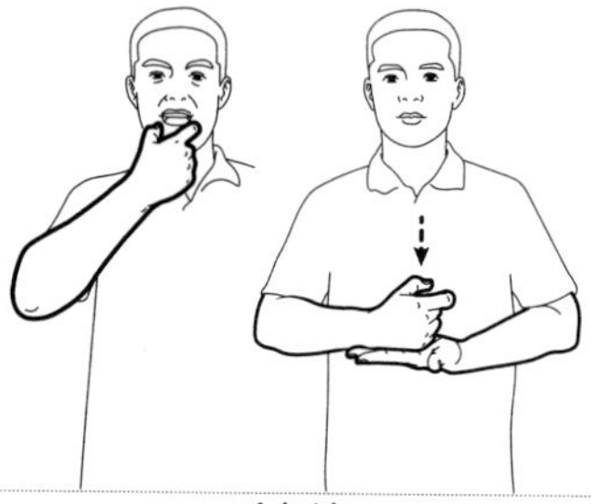

哈尔滨

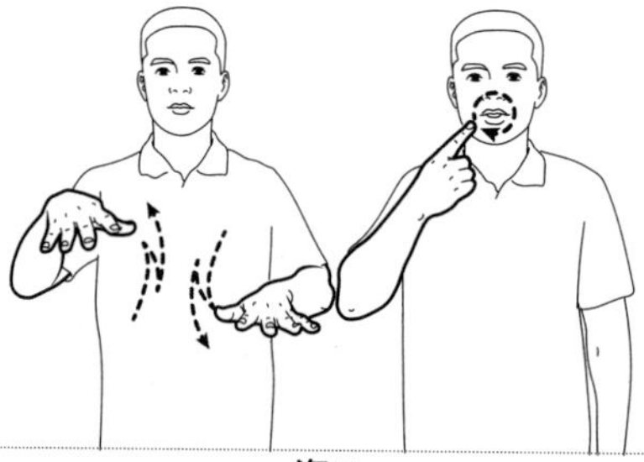

海口

拉萨

2 5月1日上午的高铁，有票吗？

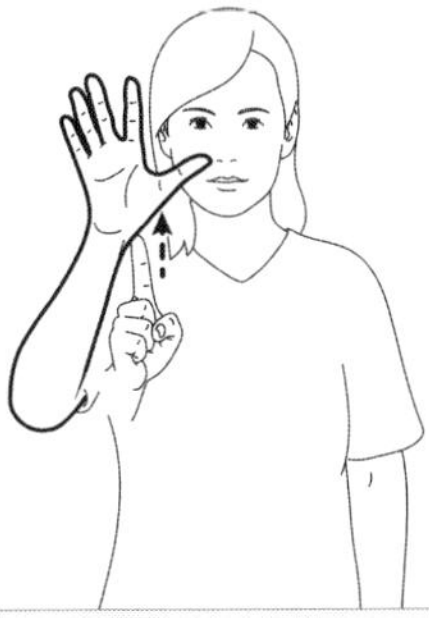

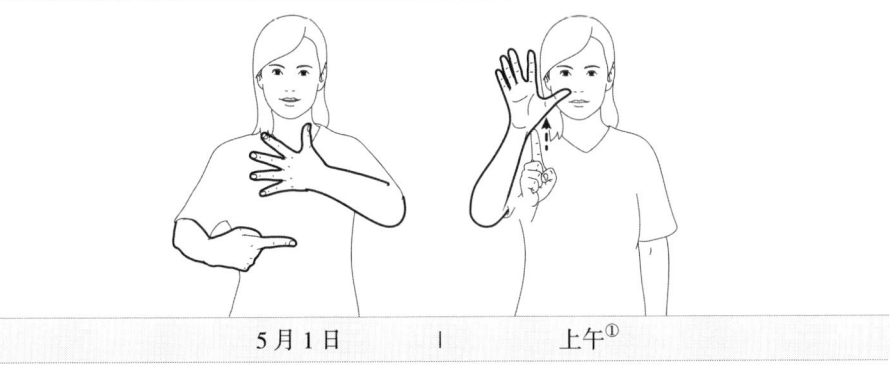

5月1日 | 上午①

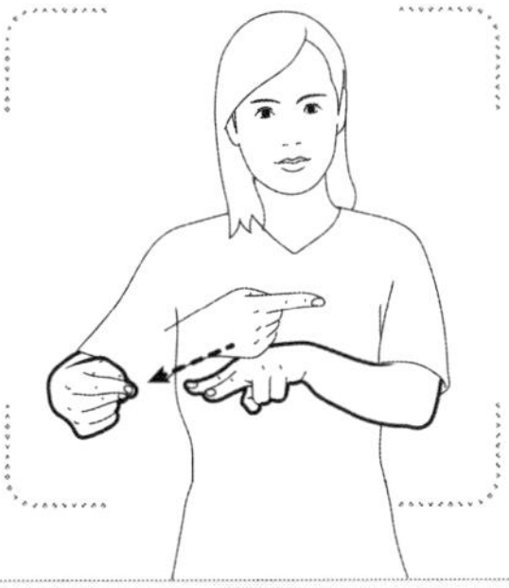

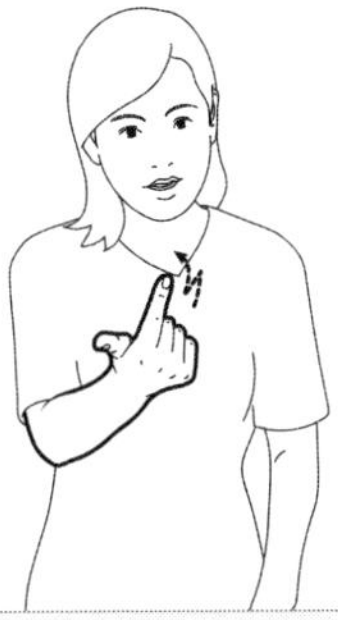

高铁② || 票 | 有（询问表情）

语法提示

日期的月和日，在手语表达中可以同时打出，一手在上表示月，另一手在下表示日。

拓展词汇

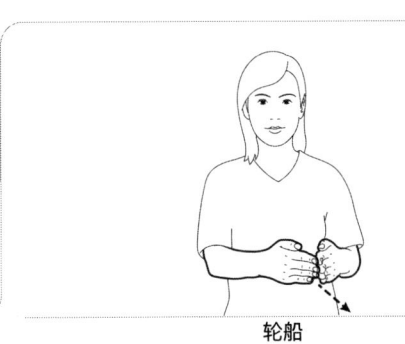

轮船

地铁

公交

3 买 8 点的两张二等座，一张成人的，一张儿童的。

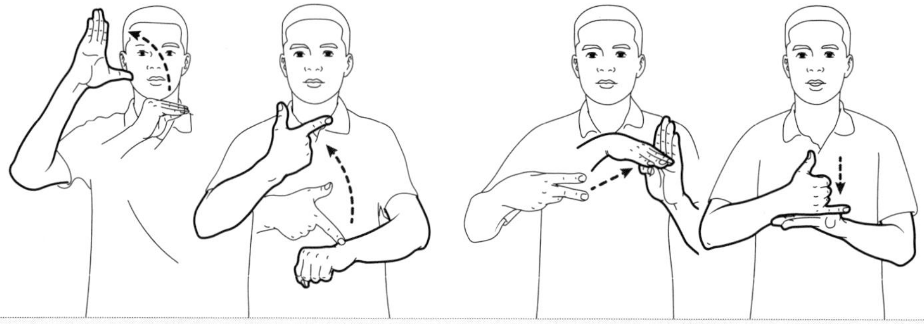

早上①-8 点 | 二等 - 座

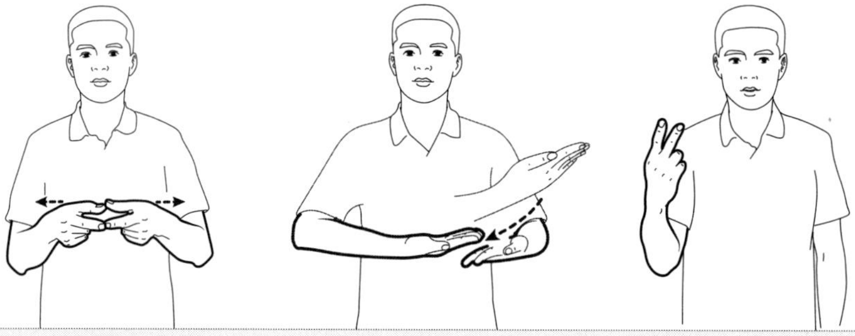

票 | 买 | 2

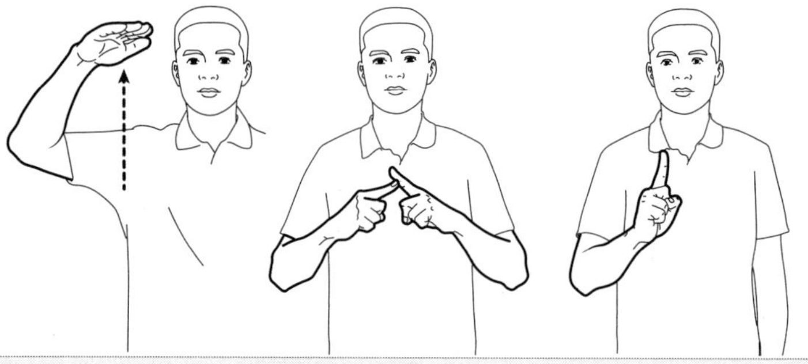

成年人 | 1

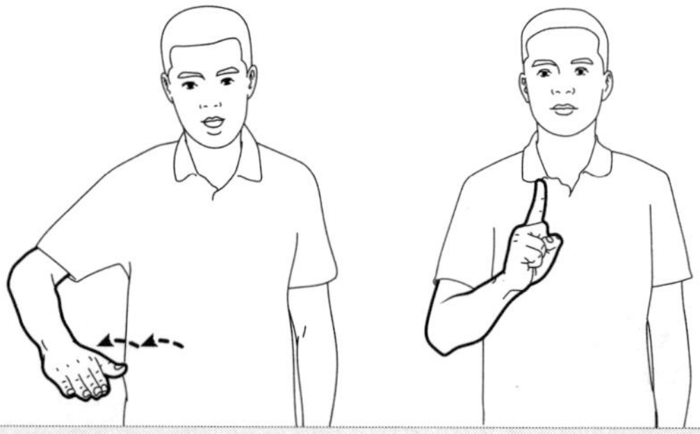

儿童 | 1

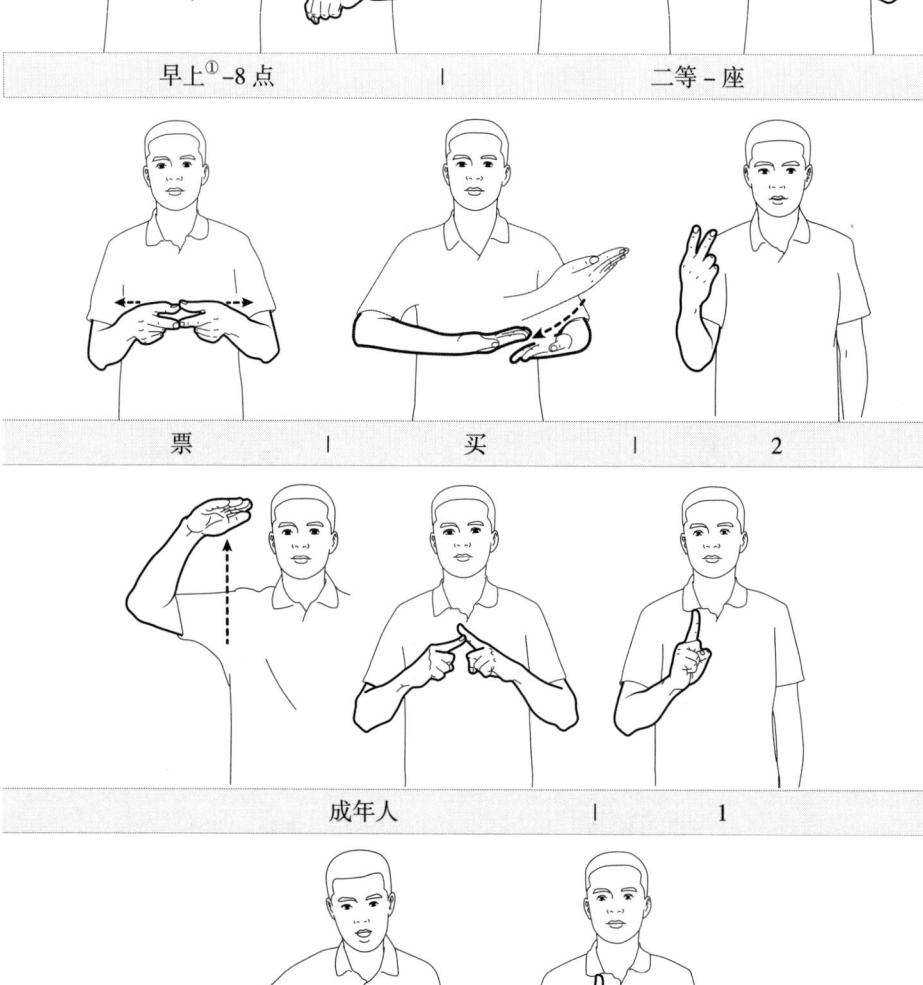

4 我想晚点儿走，可以改签吗？

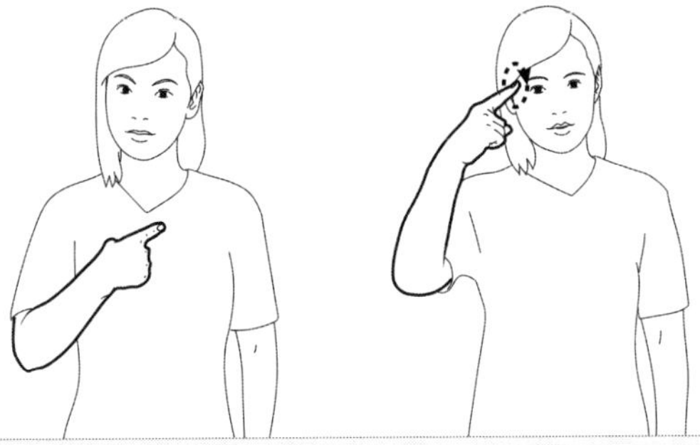

我 | 想

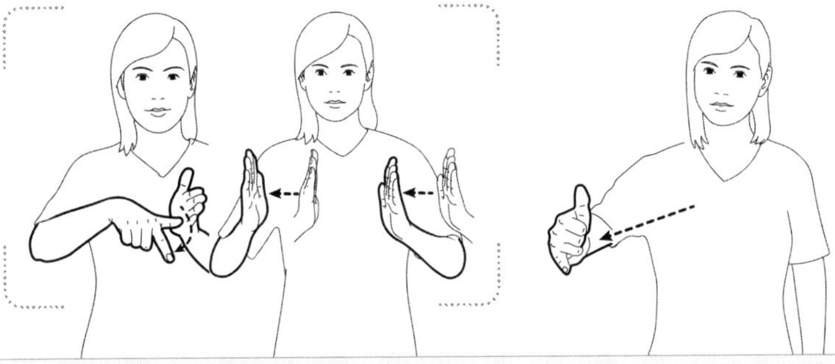

推迟 | 去

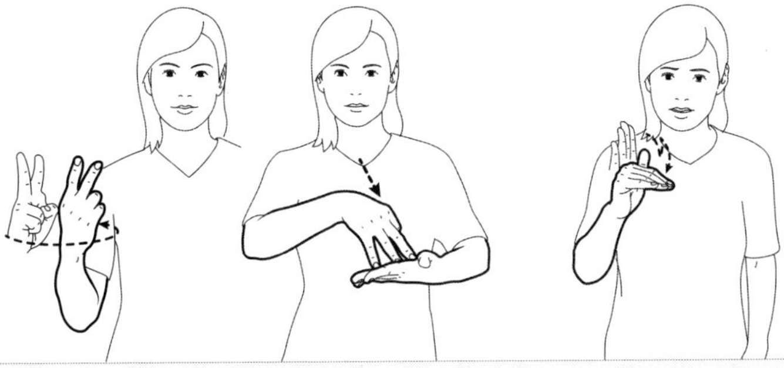

改签 | 可以（询问表情）

语法提示

本句中“晚点儿”是时间往后推的意思，可用“推迟”的手势表达。“走”在本句中不是走路的意思，用“去”的手势表示离开的意思。

【新词学习】

晚点儿：|推迟|

拓展词汇

提前

5 我的车票丢了，该怎么办？

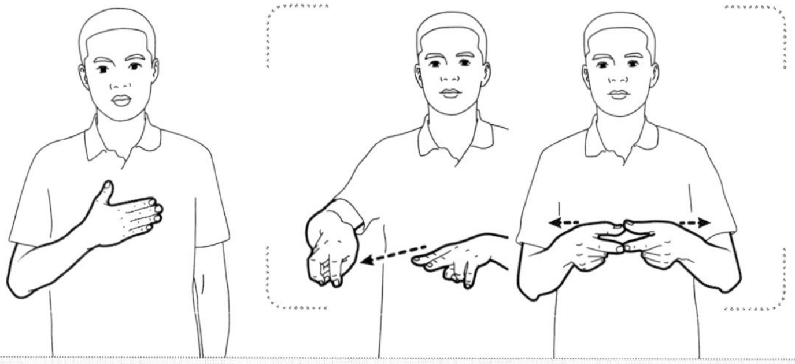

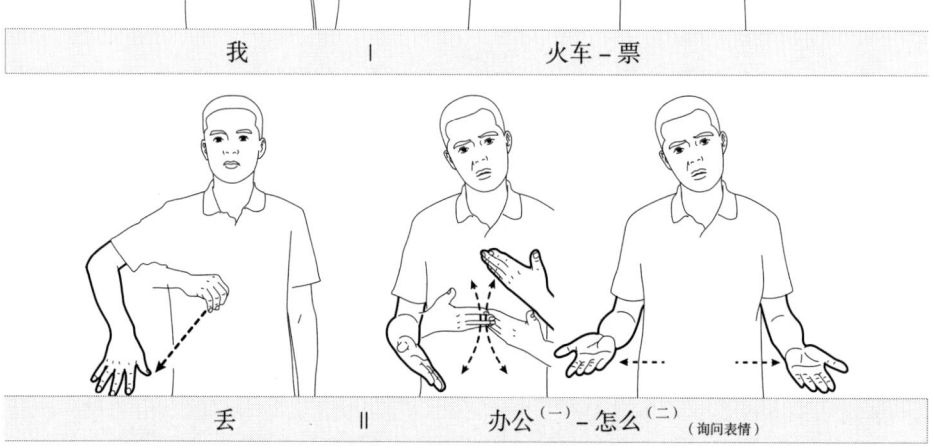

我 | 火车－票

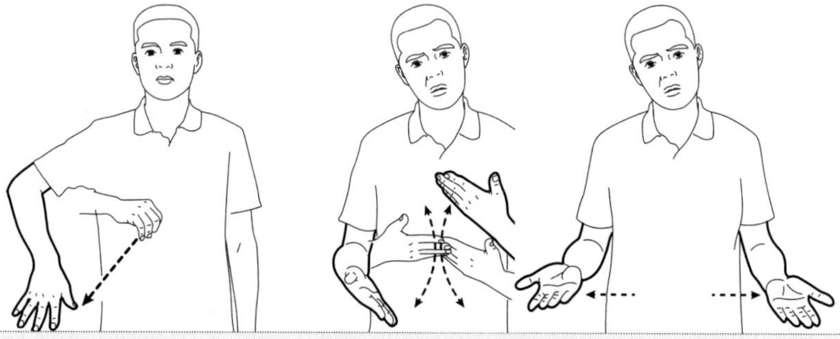

丢 ‖ 办公（一）－怎么（二）（询问表情）

语法提示

在本句中，“车票”可根据实际情况采用具体的交通工具的手势。例如，“汽车票”用“汽车－票”来表达。

【新词学习】

车票：|火车－票|

拓展词汇

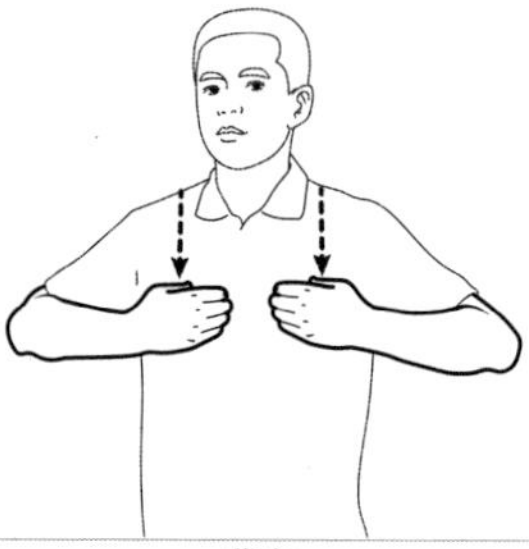

背包

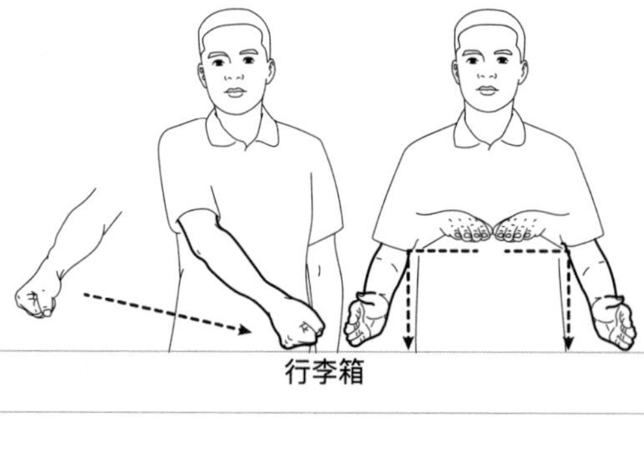

行李箱

6 去售票大厅的挂失补办窗口办理。

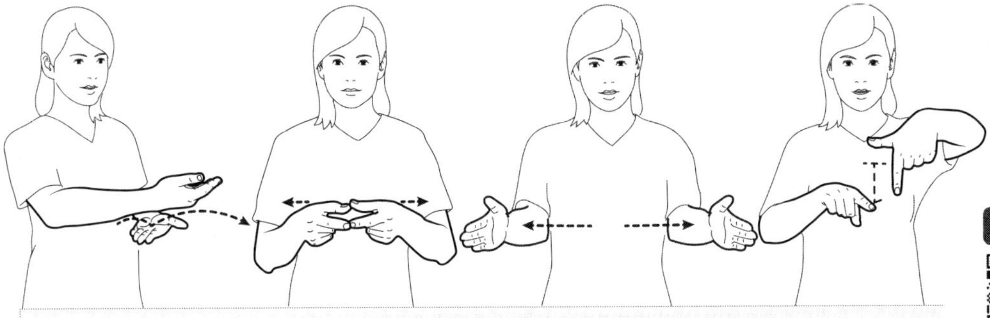

卖－票－大－厅[仿字]

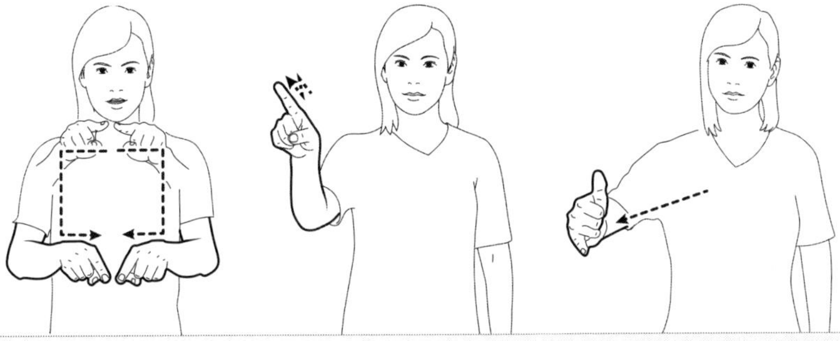

窗口 | 指>[挂失补办窗口]++ | 去

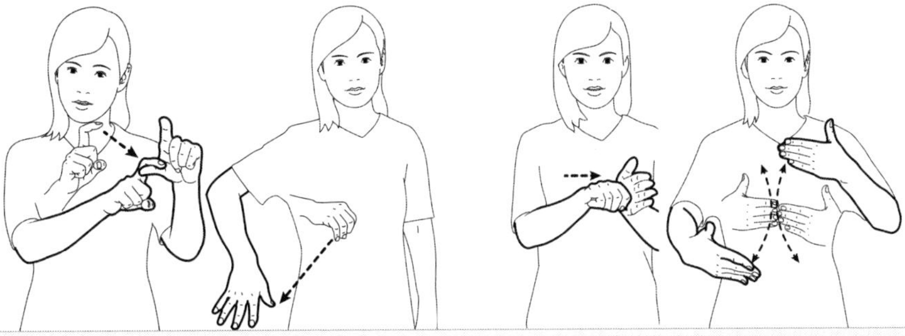

挂失 | 补贴(一)－办公(一)

语法提示

在本句中，可使用指示的方式，直接说明窗口的作用，省略对窗口名称的手语表达。

此处拓展词汇列出常见的窗口名称的手语打法。

【新词学习】

售票大厅：|卖－票－大－厅[仿字]|

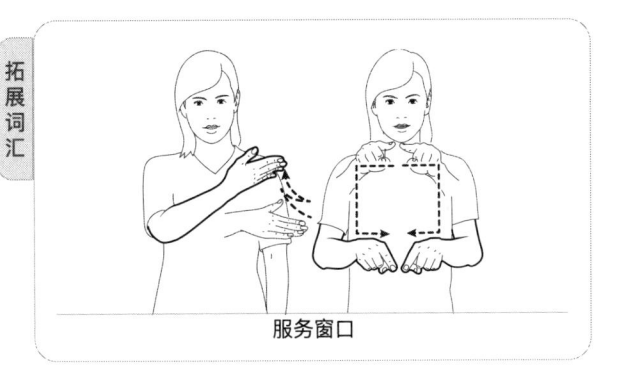

拓展词汇

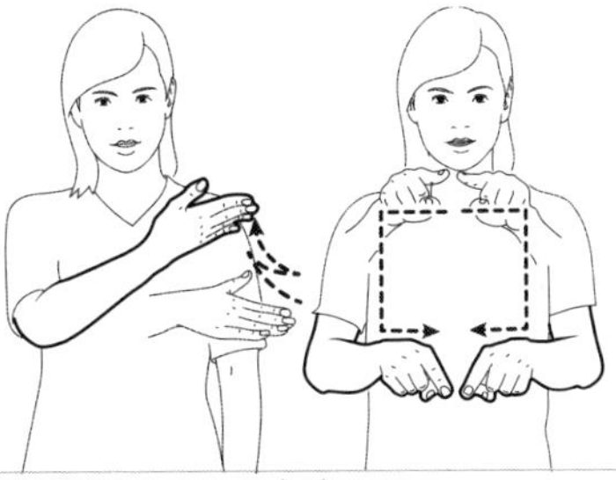

服务窗口

7　我订一张 5 月 7 日下午北京到昆明的机票。

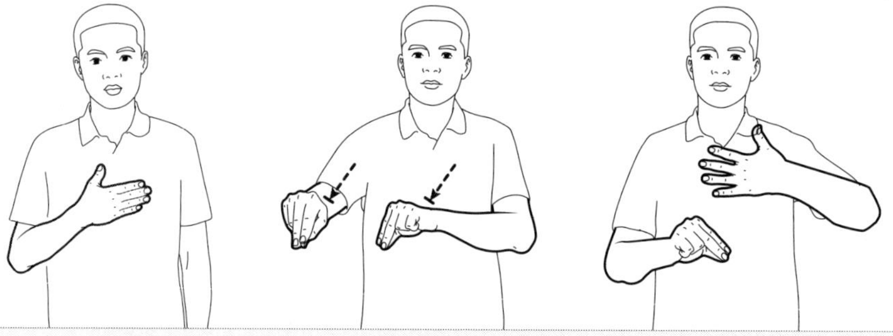

我 | 预约（二） | 5月7日

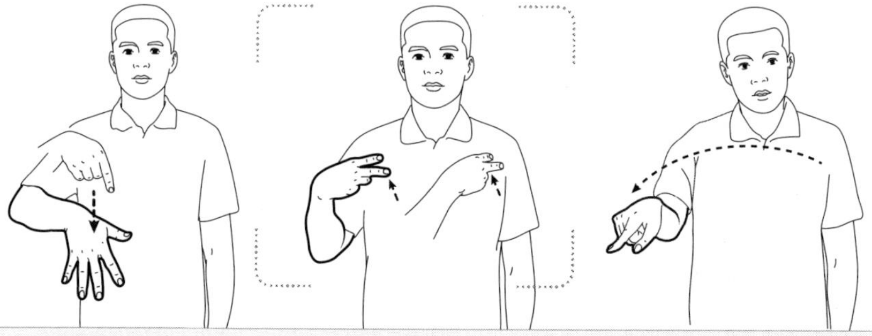

下午① | 北京 | 到[弧线]

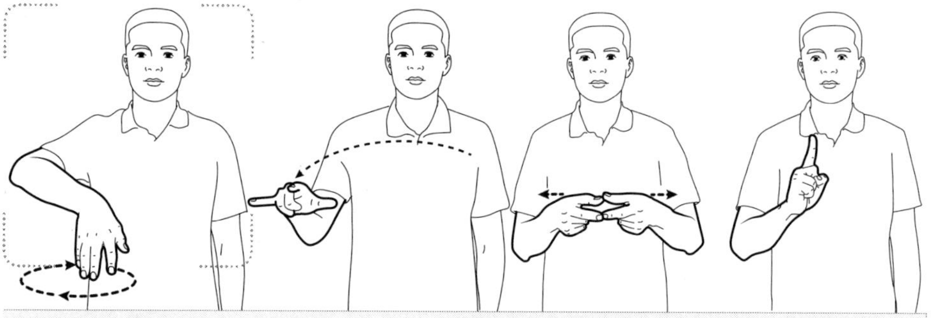

昆明 | 飞机－票 | 1

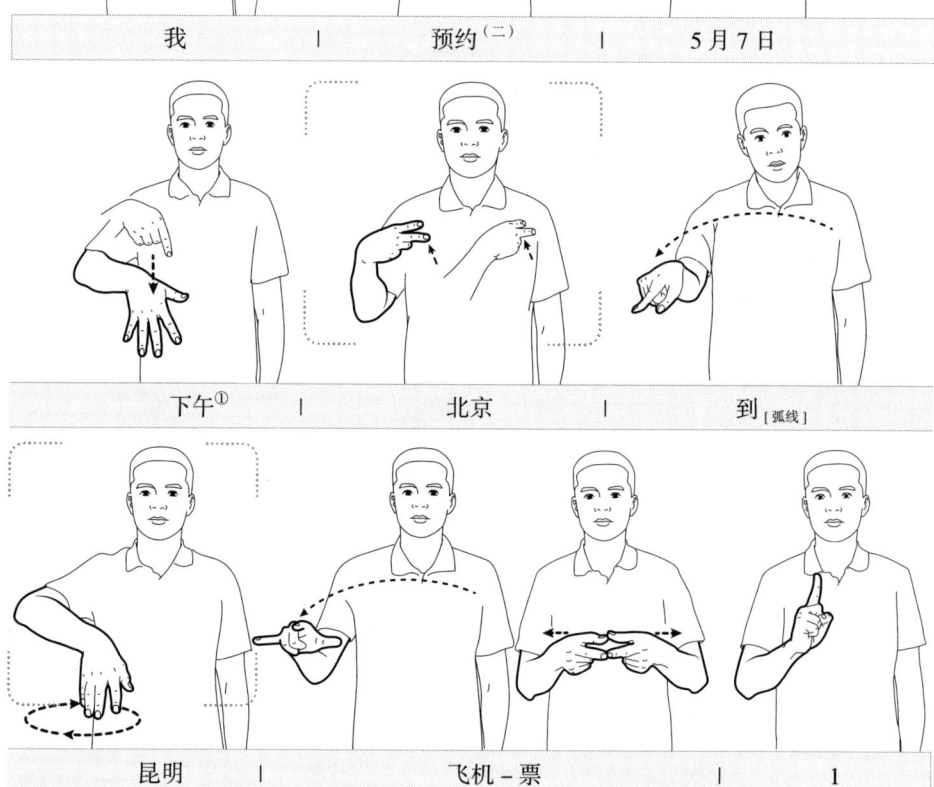

语法提示

购票的手语表达顺序是车次—时间—目的地，最后是需要购买的票数。“到”的手势可以用食指从一边划至另一边，表示从一个地点到另一个地点。

【新词学习】

订：|预约（二）|

拓展词汇

乌鲁木齐

8 可以退票吗？

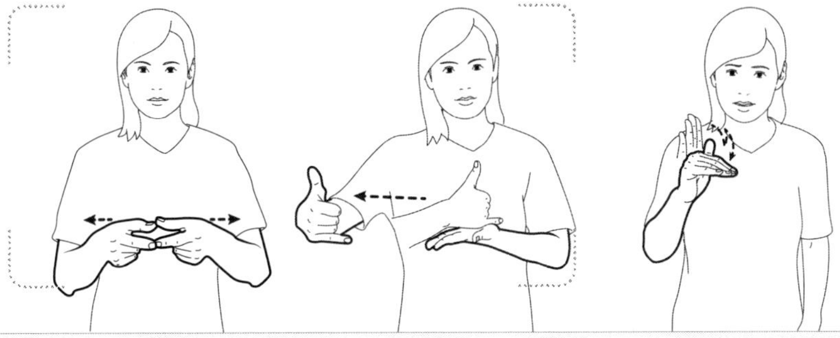

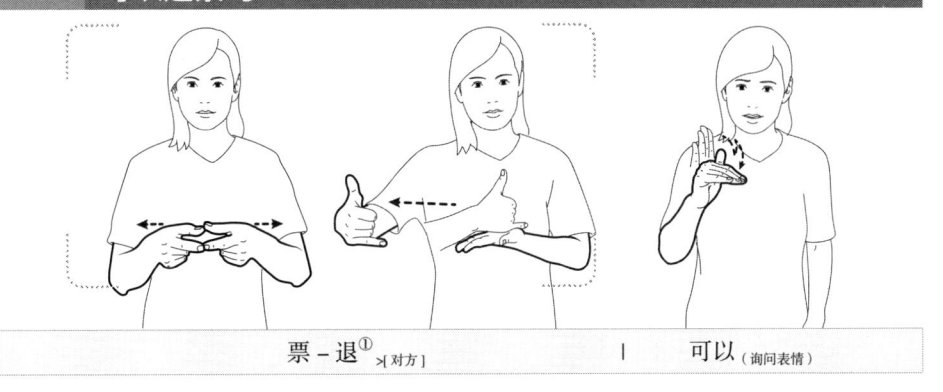

票－退① >[对方] | 可以（询问表情）

语法提示

“退票”在本句中是把票退给对方的意思，手语表达是“票－退”，符合手语的视觉规律。但如果作为专用名词如“退票手续”，就要用“退－票”表示。

【新词学习】

退票： |票－退① >[对方]|

拓展词汇

申请

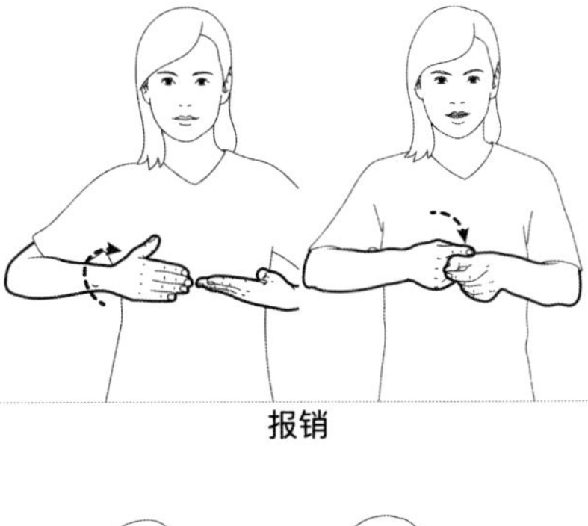

报销

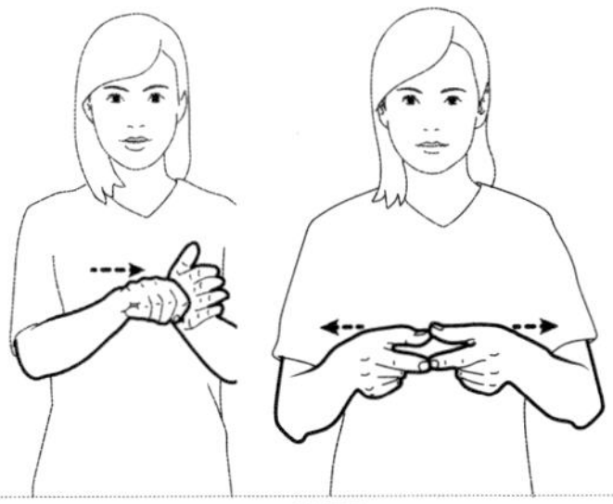

补票

9 可以，但是要收手续费。

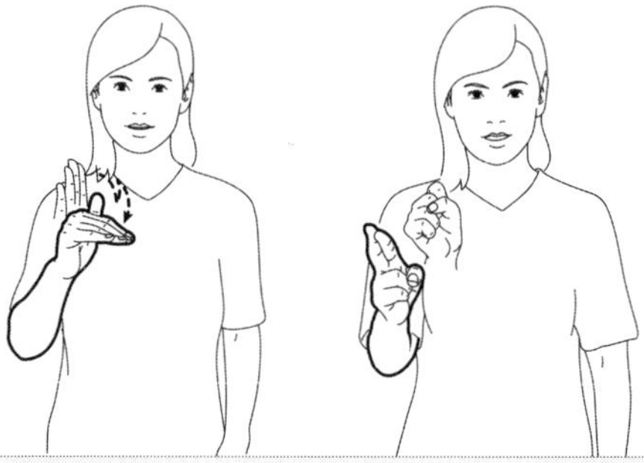

可以 ‖ 但是

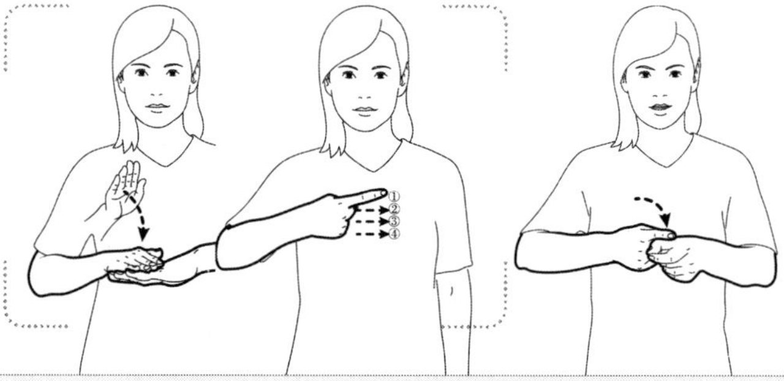

手－续－费

要

语法提示

“但是”是转折词，日常手语交流中很少使用，可以省略。本句中“但是”的手势起到提醒的作用，与前边的“可以”相区别。

【新词学习】

手续费：|手－续－费|

拓展词汇

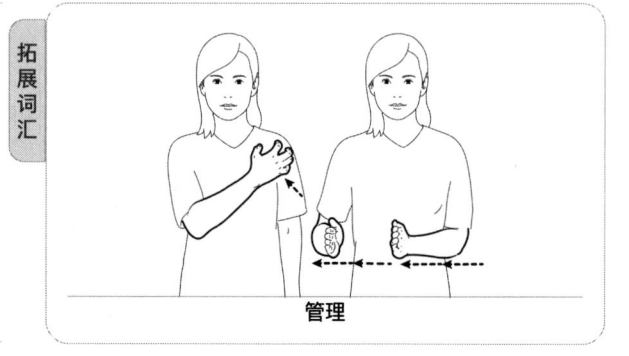

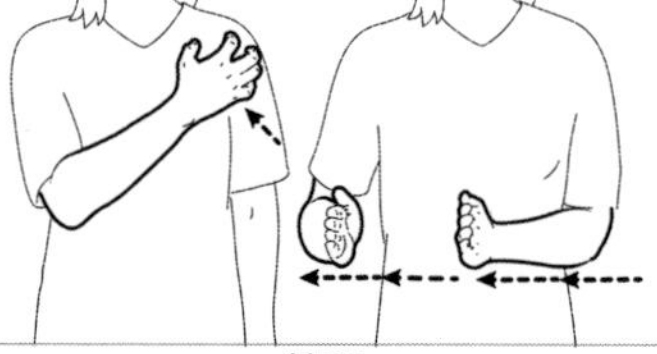

管理

10 网上买的火车票在哪儿取？

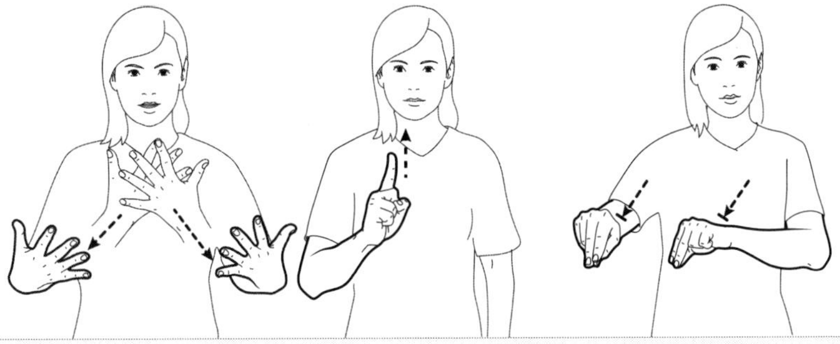

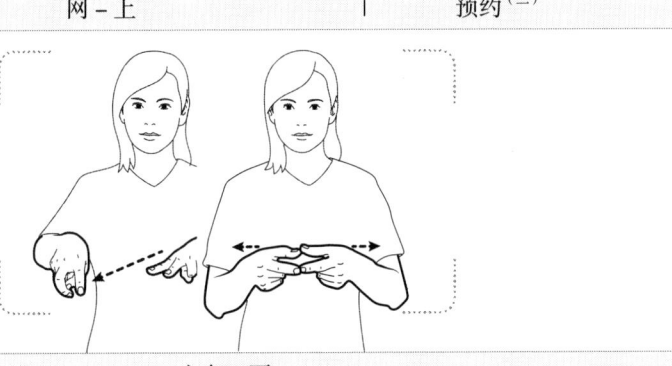

网－上 | 预约（二）

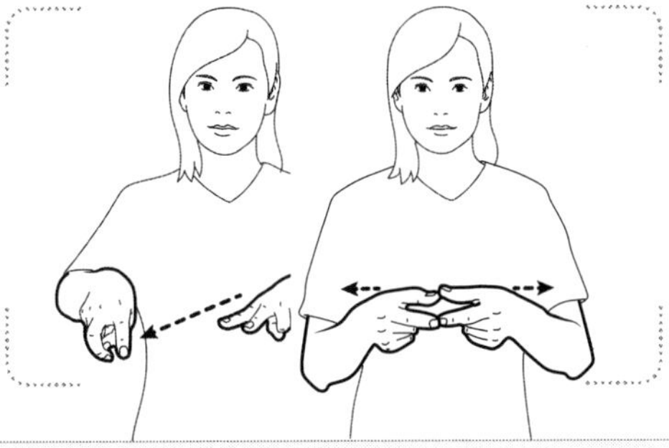

火车－票

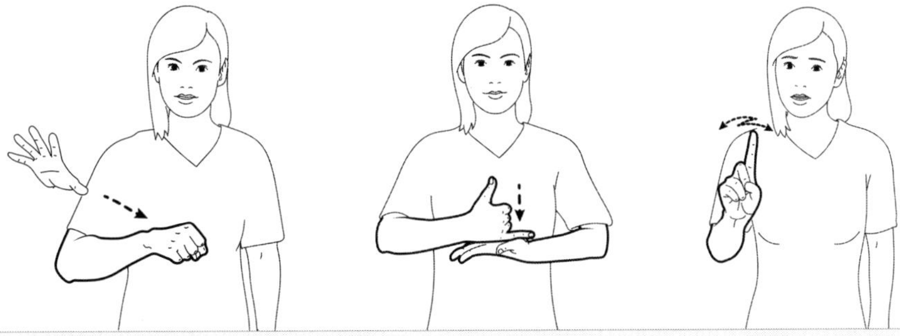

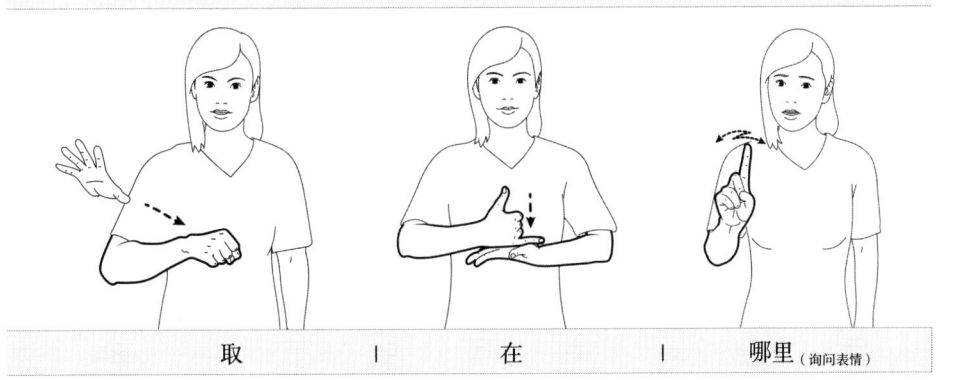

取 | 在 | 哪里（询问表情）

语法提示

可用“手机”的手势或敲键盘打字的动作表示“在网上”的意思，也可根据实际情况选择手势。

拓展词汇

门票

11 请问在哪里检票？

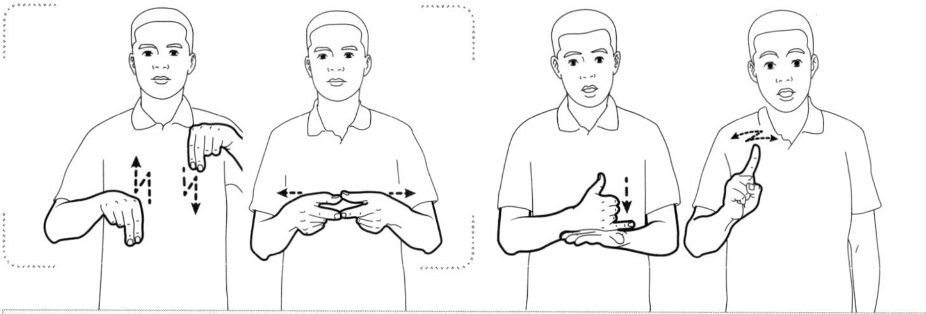

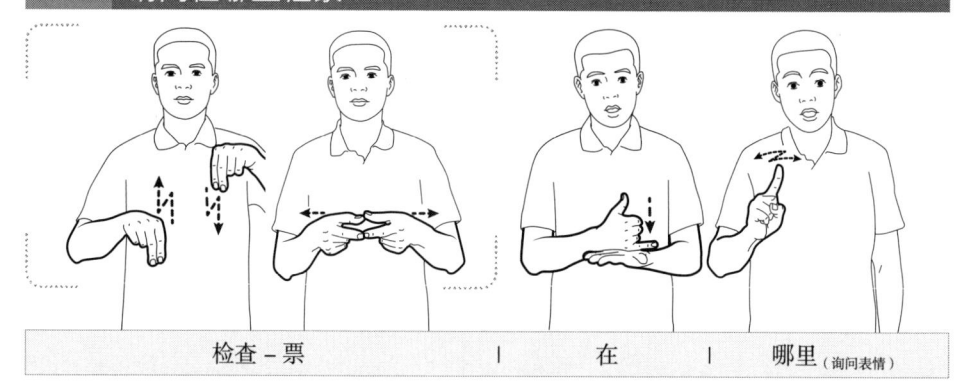

检查－票 | 在 | 哪里（询问表情）

语法提示

本句的手语表达包含了询问的表情，因此“请问”可省略不打。

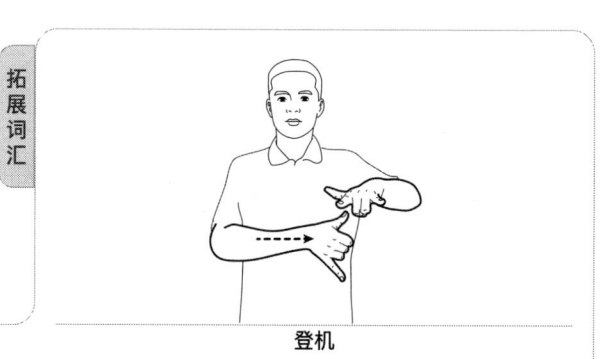

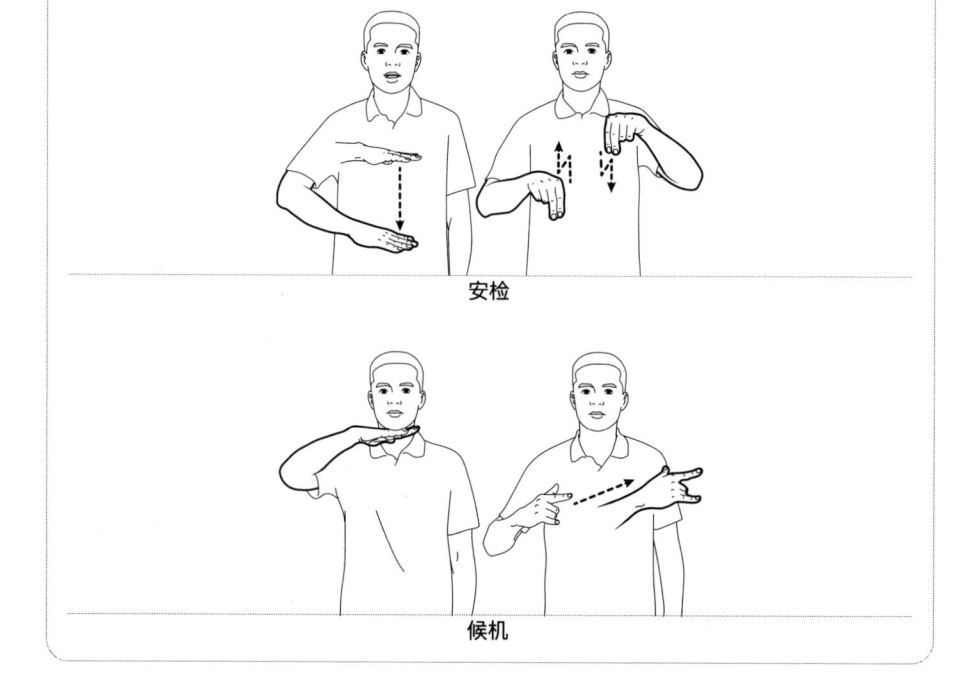

拓展词汇

登机

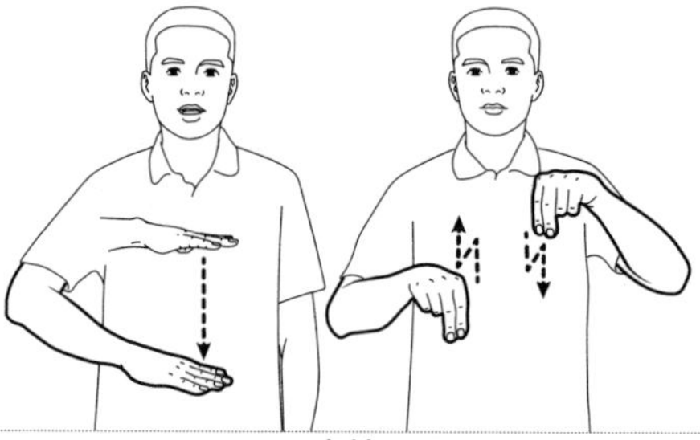

安检

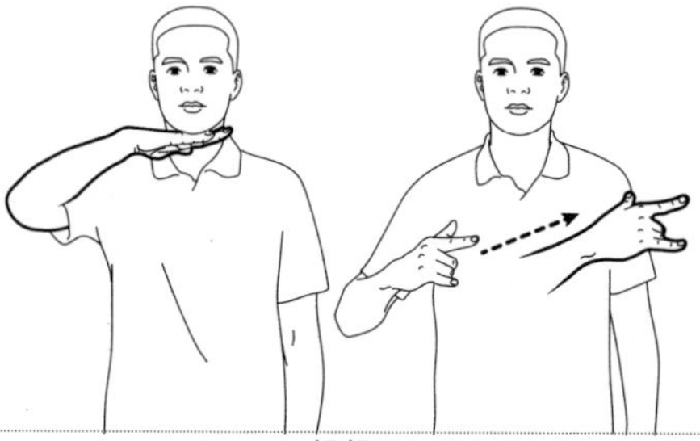

候机

12 请问在哪个柜台办登机手续？

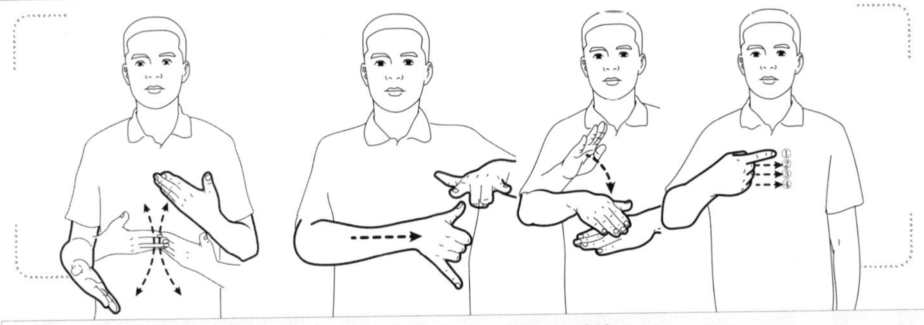

办公(一) | 登机－手续

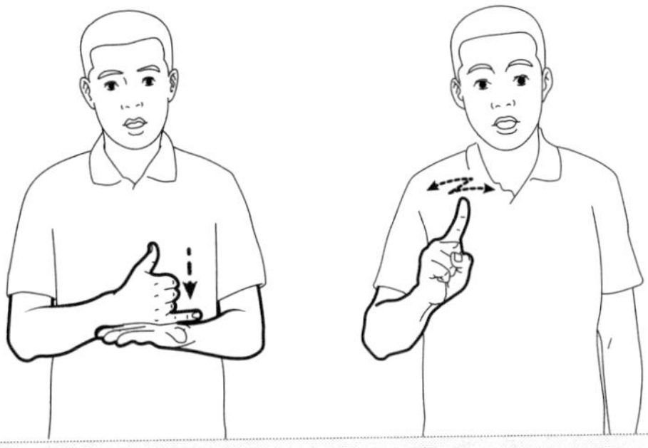

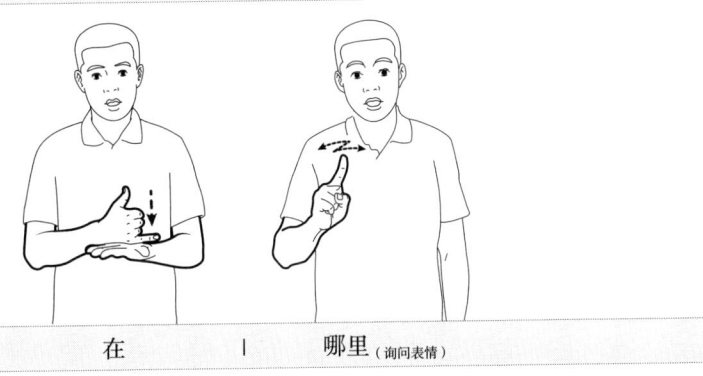

在 | 哪里（询问表情）

语法提示

本句的“柜台”通常通过指示实物的方式表示其位置，也可以不打出“柜台”的手势，而是用表达其功能（如办理手续）的手势来替代。

【新词学习】

办：| 办公(一) |

拓展词汇

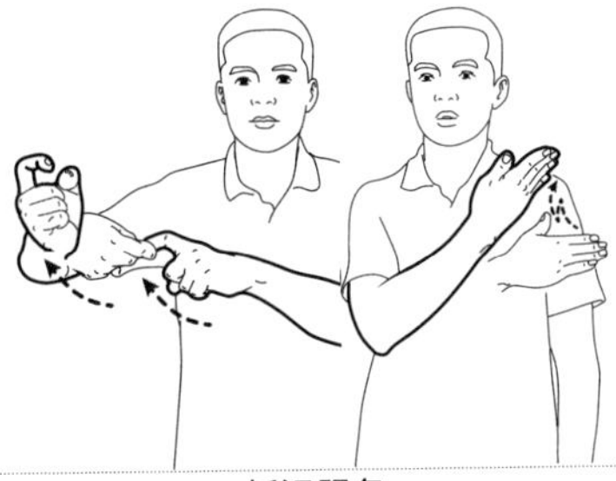

托运服务

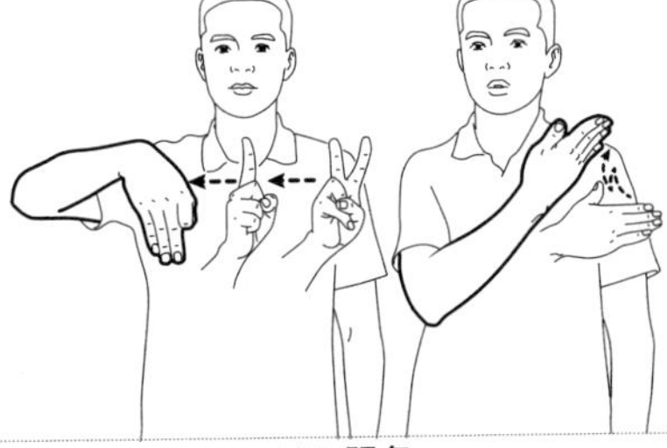

VIP 服务

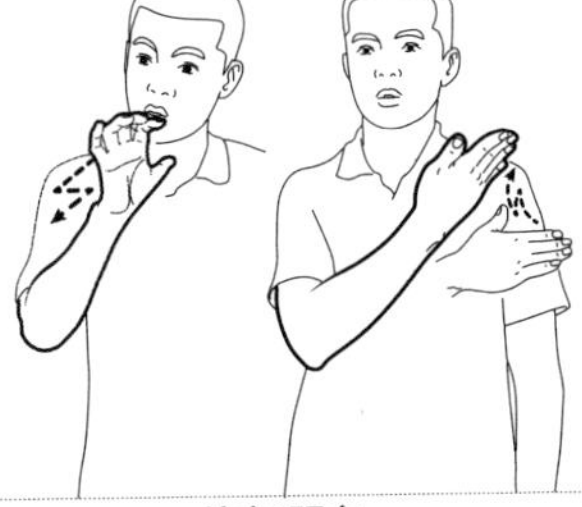

询问服务

13 请把手机、电脑、化妆品拿出来单独安检。

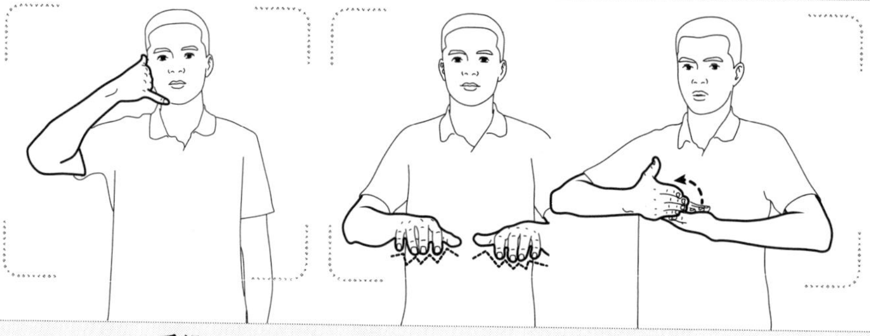

手机 ‖ 笔记本电脑

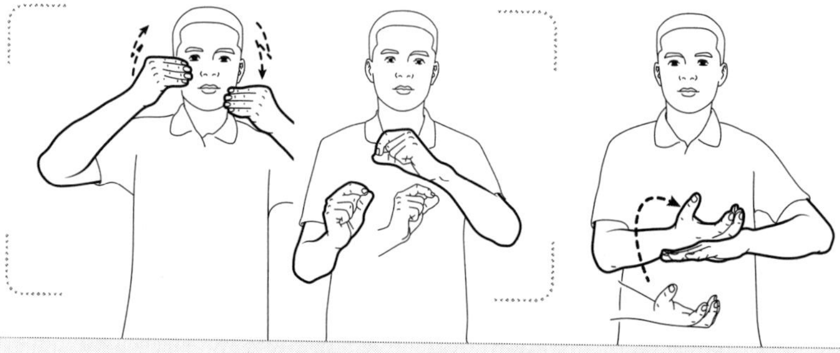

化妆－品 ‖ 出现❶

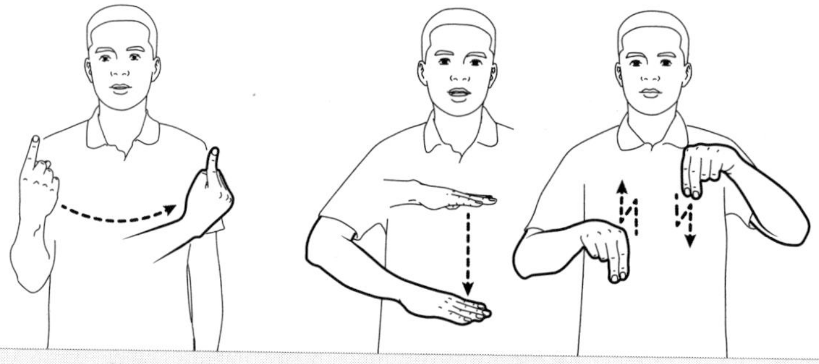

每个 | 安检

语法提示

“单独安检”在本句中是一个一个拿出来分别检查的意思，聋人多用“每个”的手势表达；也有一些聋人会用“摆❷”的手势，表示把物品一一陈列出来。

【新词学习】

单独： |每个|

拓展词汇

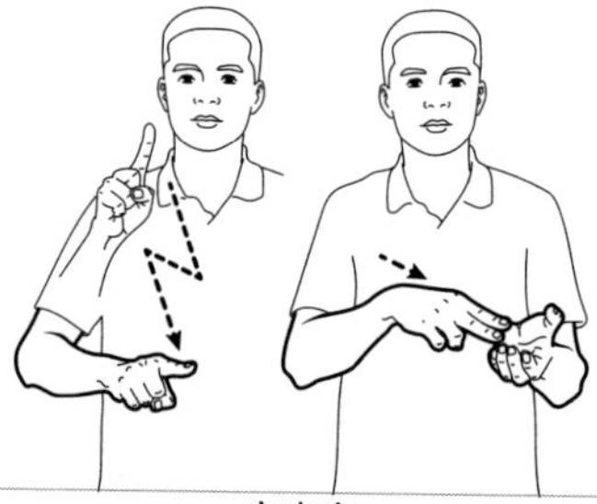

充电宝

14 请按照指示牌去对应的传送带取行李。

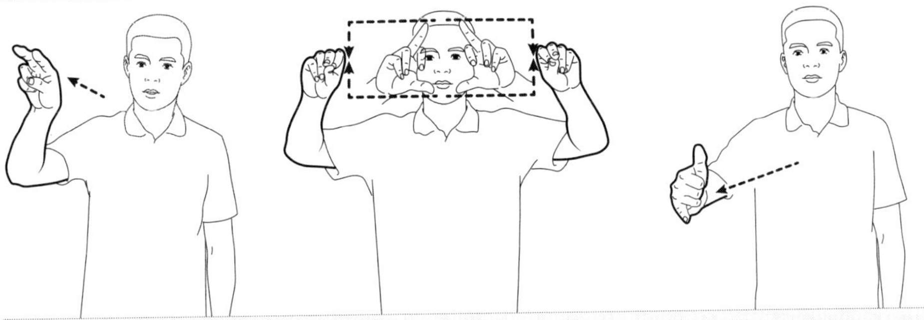

看>[指示牌] | 牌匾 | 去

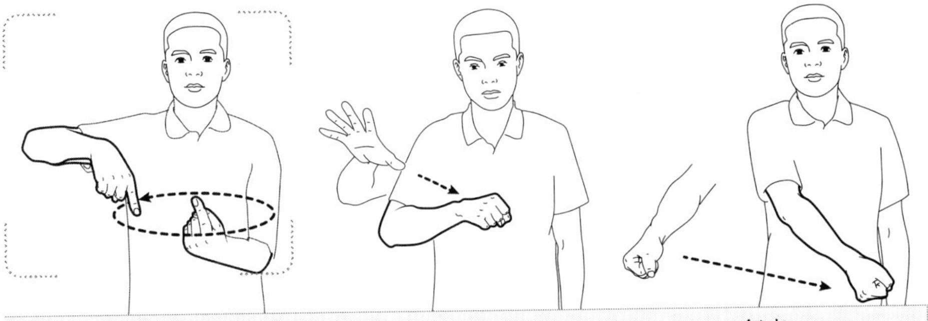

转[左手不动] | 拿 | 行李

语法提示

在本句中，“按照”用“看”的手势表示，并指向指示牌的实际位置。

【新词学习】

指示牌：|牌匾|

传送带：|转[左手不动]|

拓展词汇

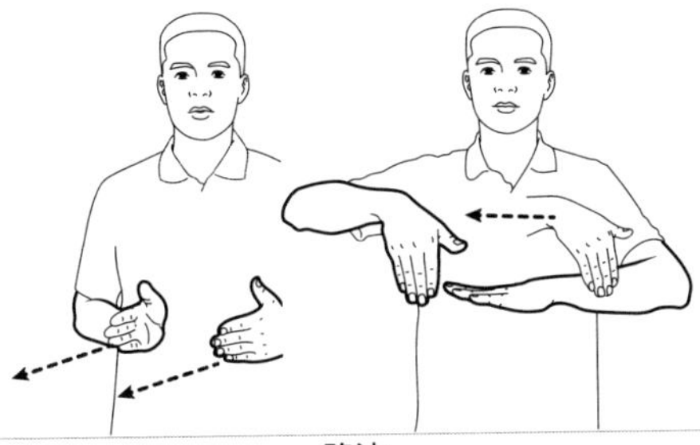

路边

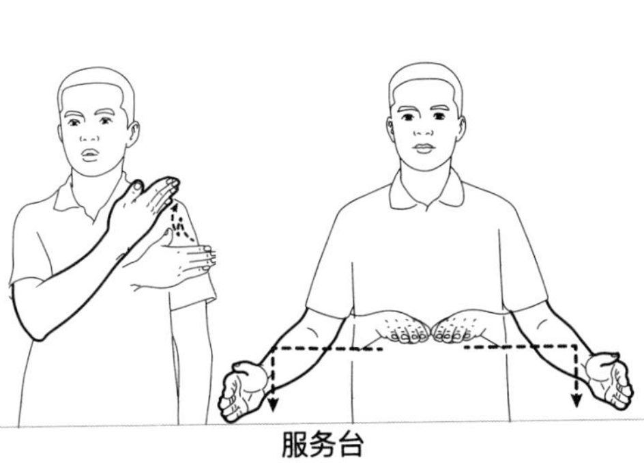

服务台

15 咱们去机场，是打车还是坐地铁？

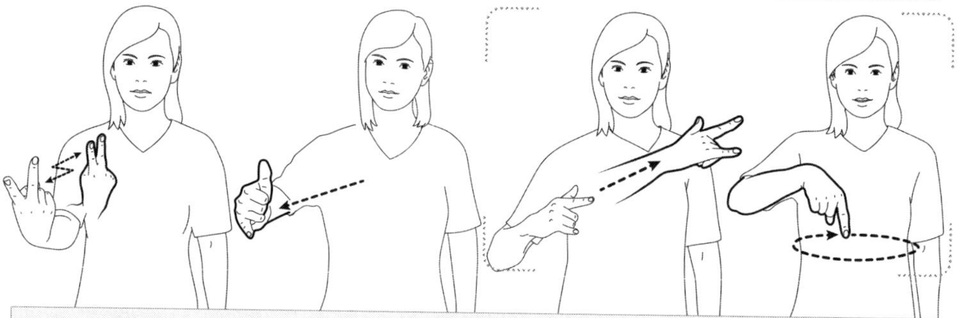

咱们 | 去 | 机场

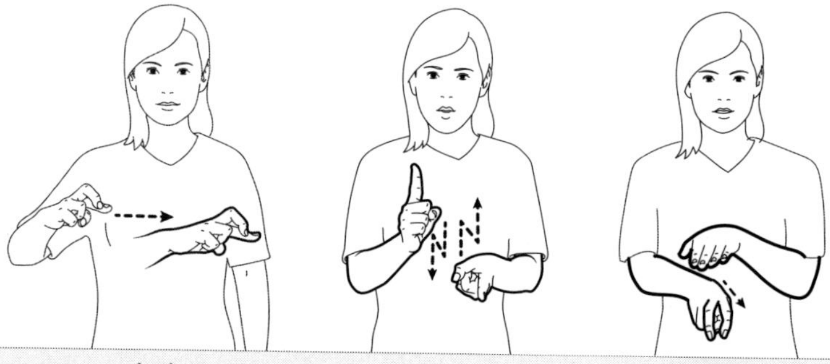

打车 | 或者 | 地铁

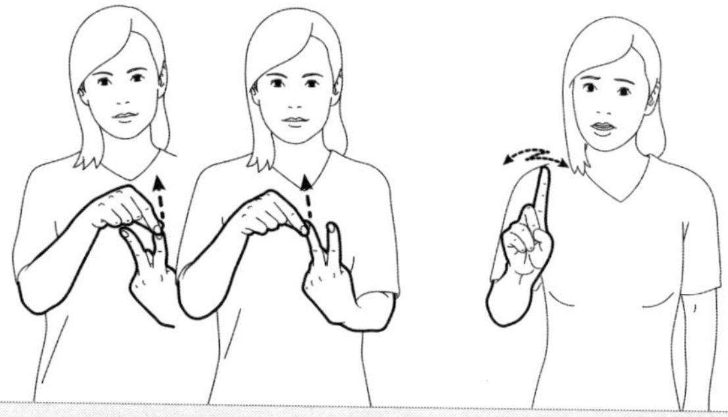

挑选[左手伸食、中指] | 哪（询问表情）

语法提示

如果不打“或者”的手势，需要在“打车”“地铁”两个手势中间停顿一下，或者在两个空间位置（如左右）分别打出，以对两个选项进行区别。

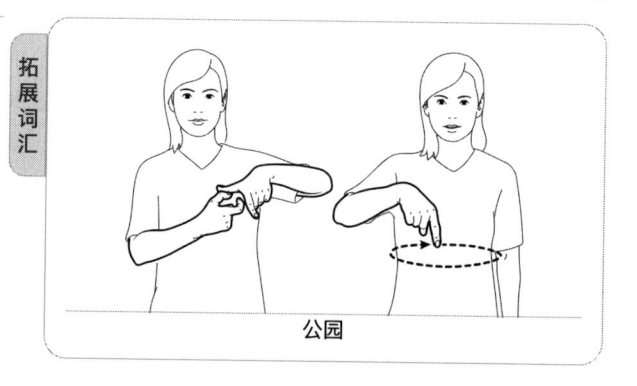

拓展词汇

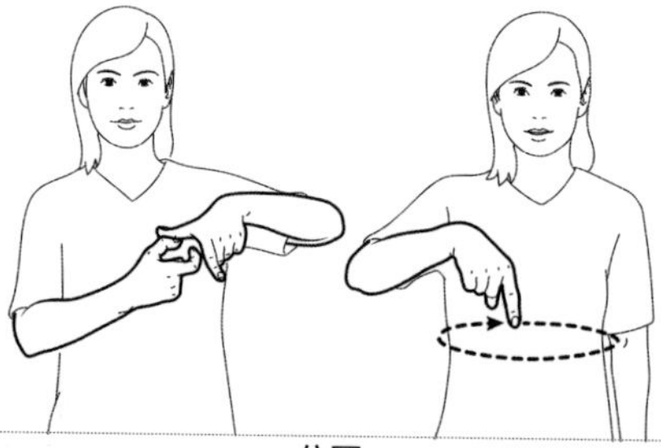

公园

16　到机场需要多长时间？

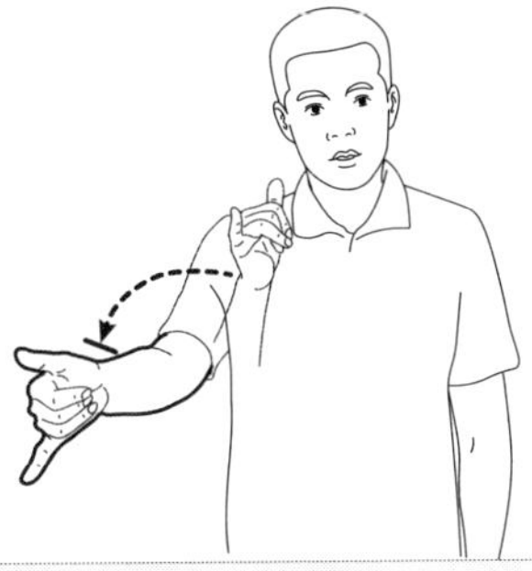

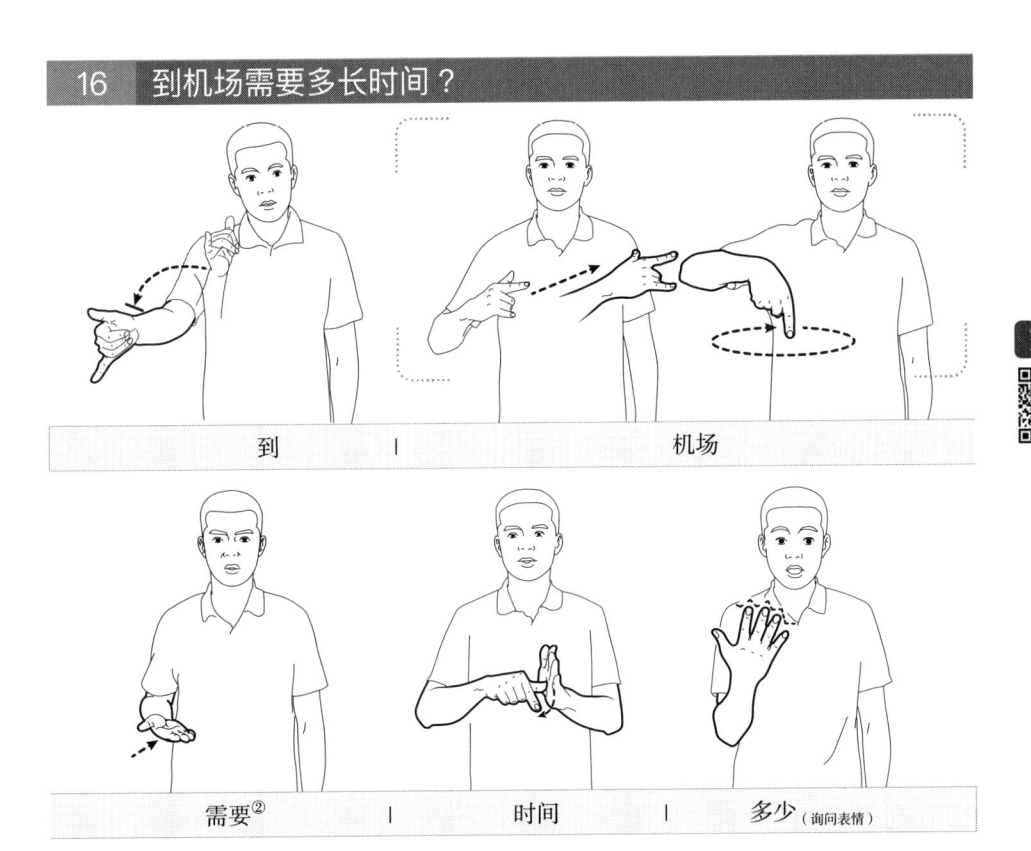

到

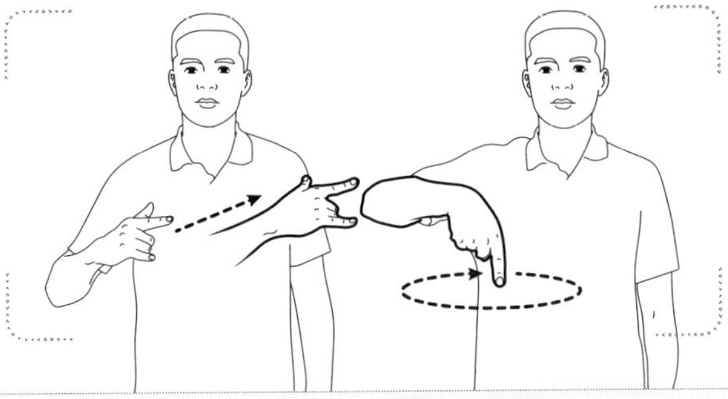

机场

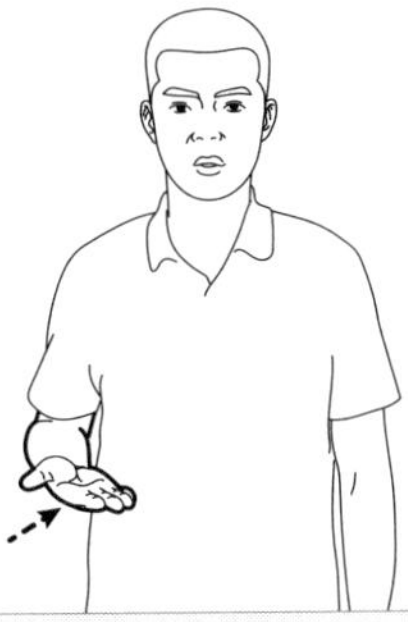

需要②

时间

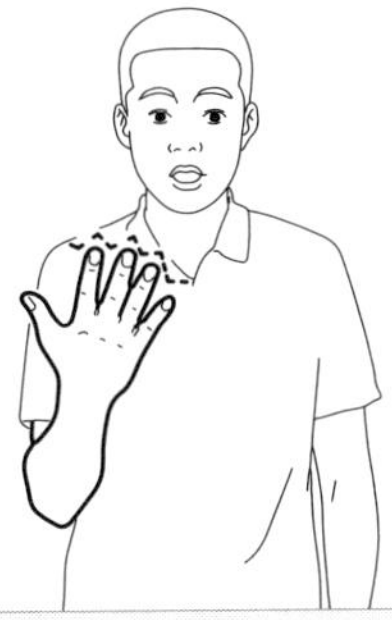

多少（询问表情）

语法提示

“需要”在本句中也可用“浪费”的手势，表示花费多少时间的意思。

拓展词汇

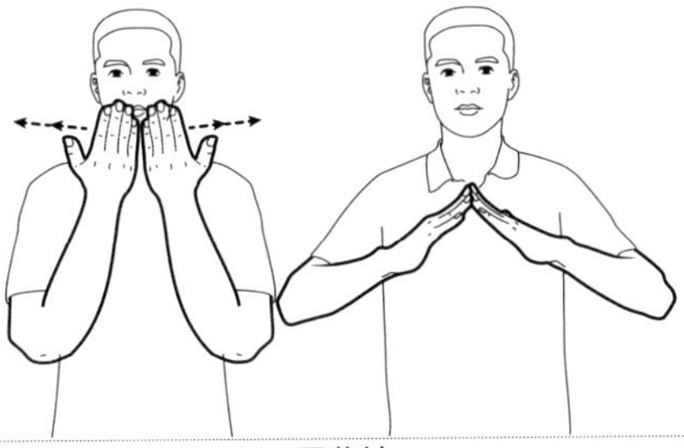

展览馆

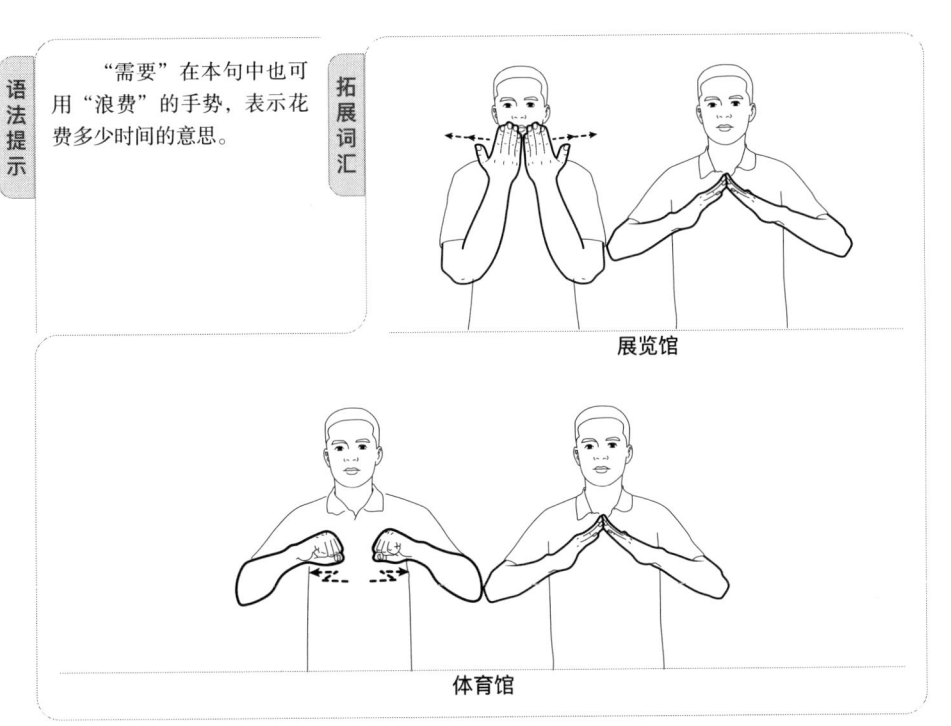

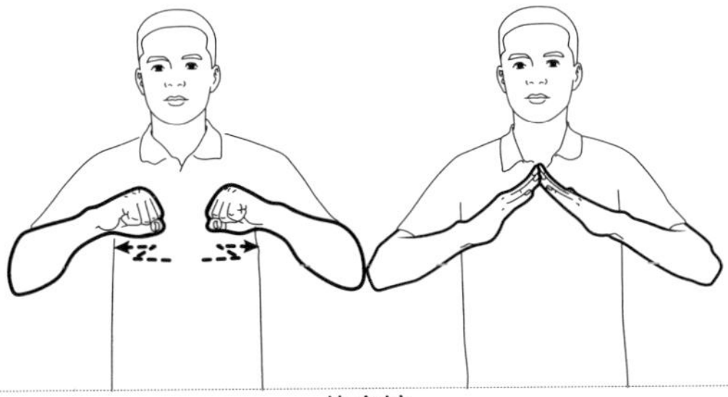

体育馆

17 有点儿堵车，估计要一个多小时吧。

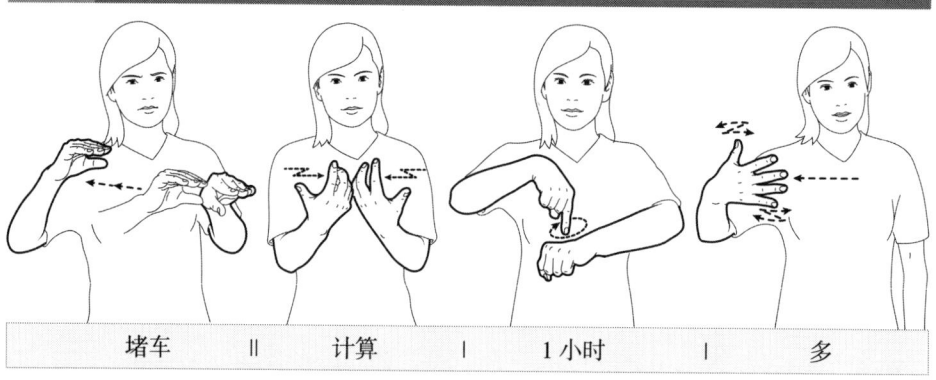

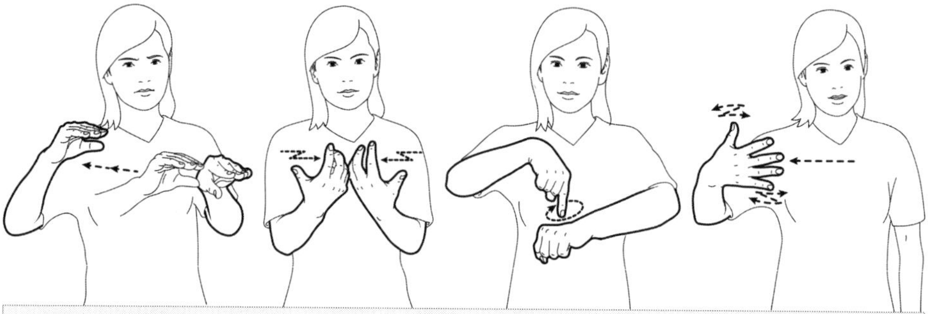

堵车 ‖ 计算 | 1小时 | 多

语法提示

在本句中，“估计”的手势同“计算”，表示计算大概时间的意思。“堵车”的手势，其手形表示车子，动作模仿了现实生活中车辆拥堵的景象。

此处拓展词汇列出一些与交通事故有关的手语打法。

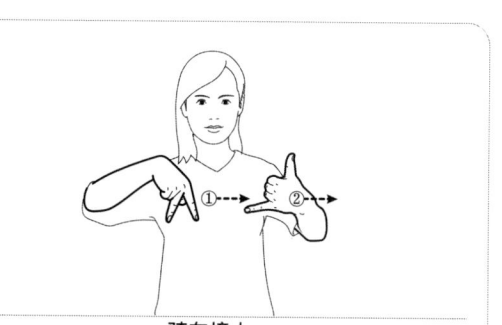

拓展词汇

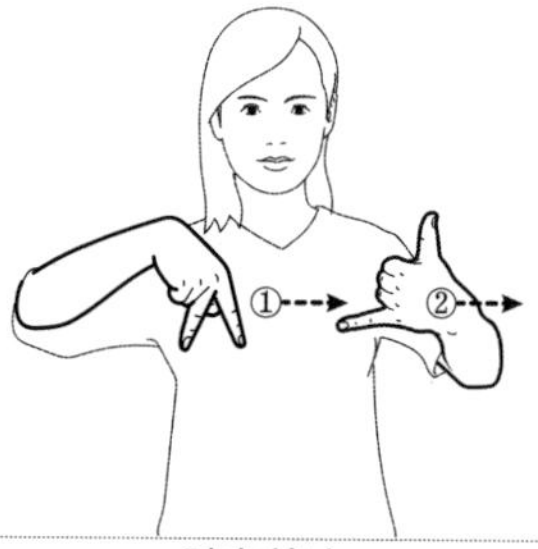

骑车撞人

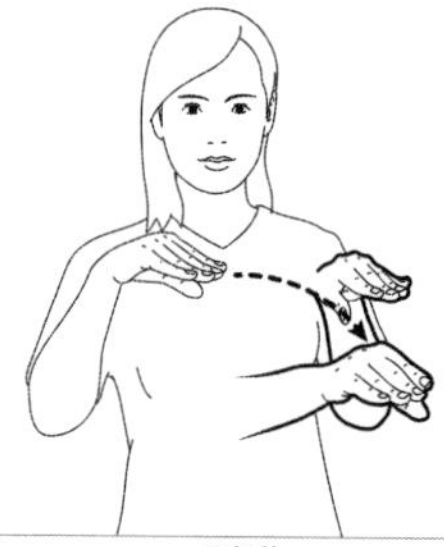

剐蹭

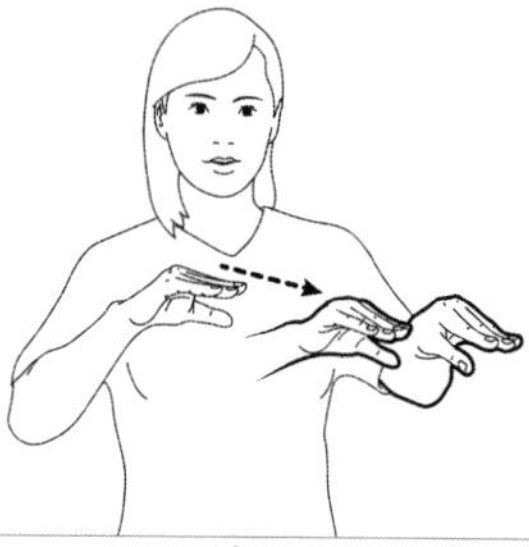

追尾

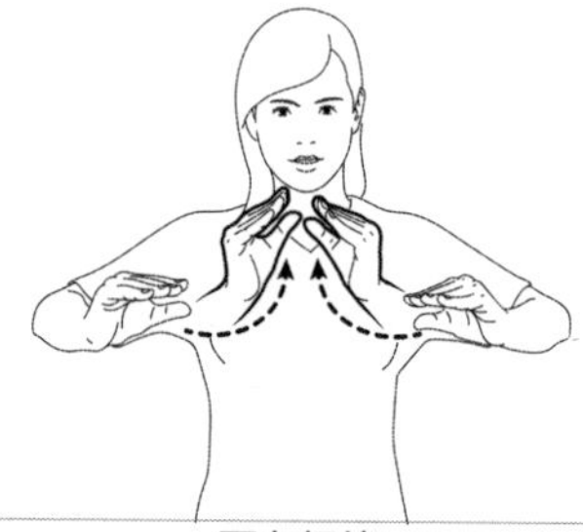

两车相撞

1　需要交押金，刷卡还是现金？

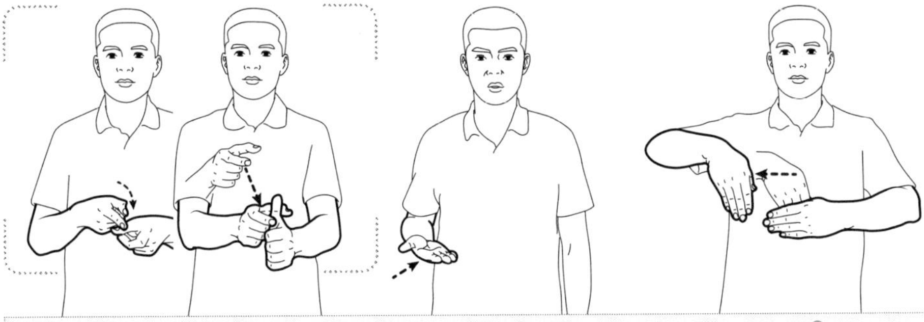

押金　|　需要②　||　刷卡②

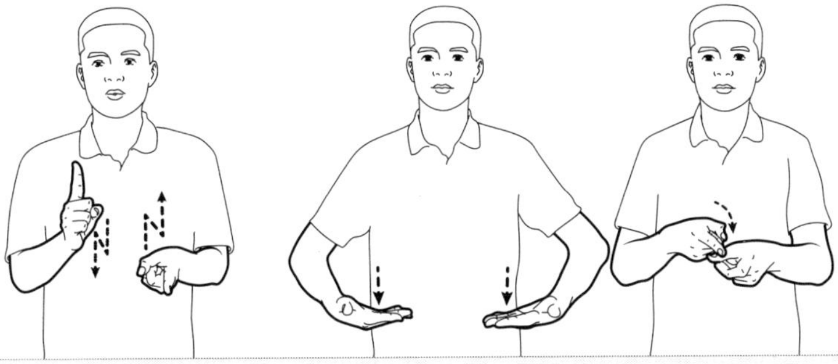

或者　|　现－金

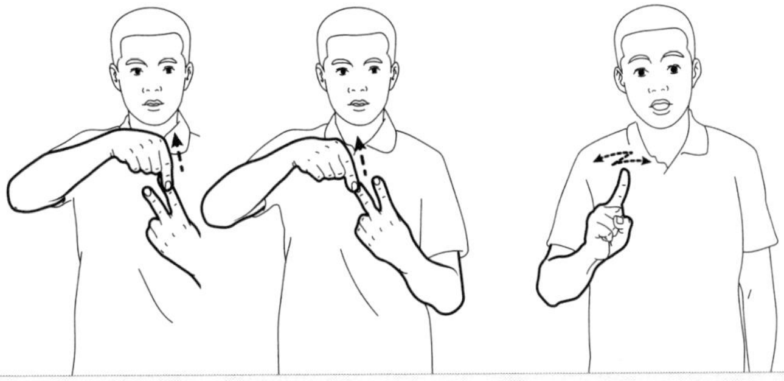

挑选[左手伸食、中指]　|　哪（询问表情）

语法提示

在手语表达中，询问从两个选择中选取哪个，也可以不打出“或者”的手势，而是通过左右不同体位表示。

拓展词汇

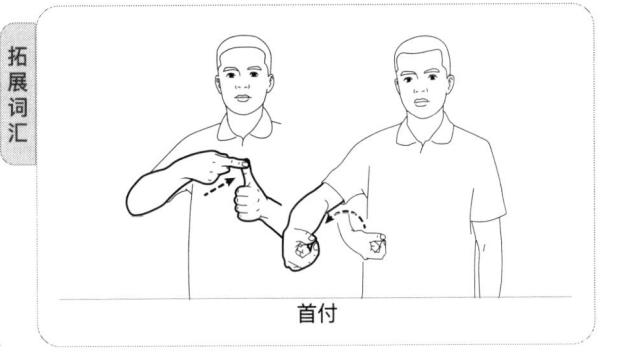

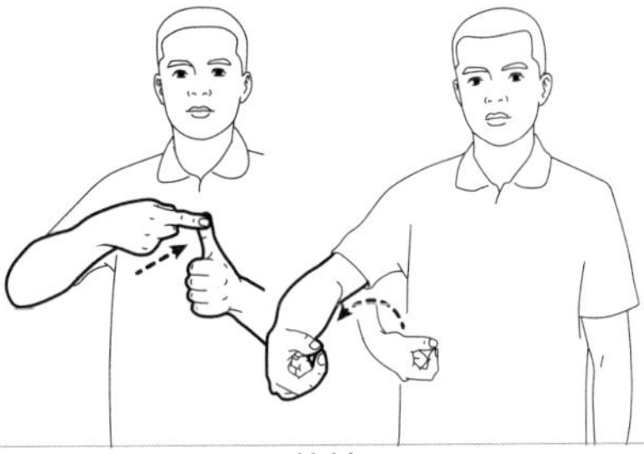

首付

2 早餐时间是早上六点半到九点半。

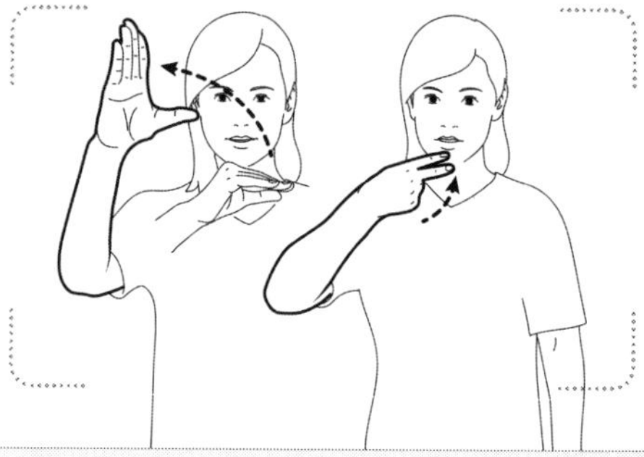

早上①－饭

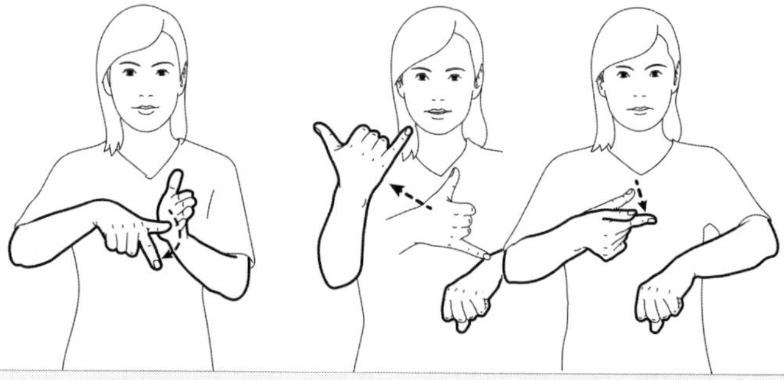

时间 | 6点－半

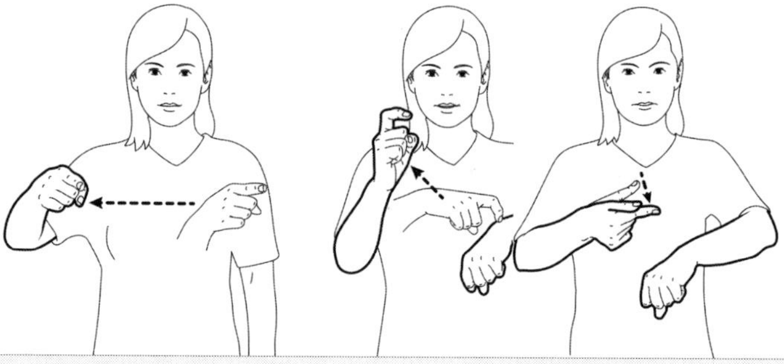

到[横线] | 9点－半

语法提示

在手语表达中，“早餐”已说明时间，后面不需要再重复“早上”的手势。“到”用划横线的动作表示时间达于某一点。

【新词学习】

早餐：|早上①－饭|

拓展词汇

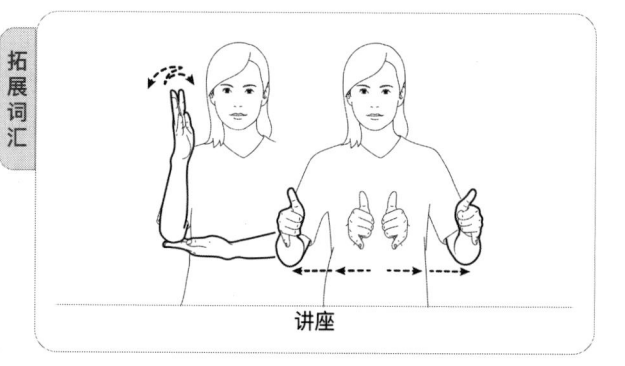

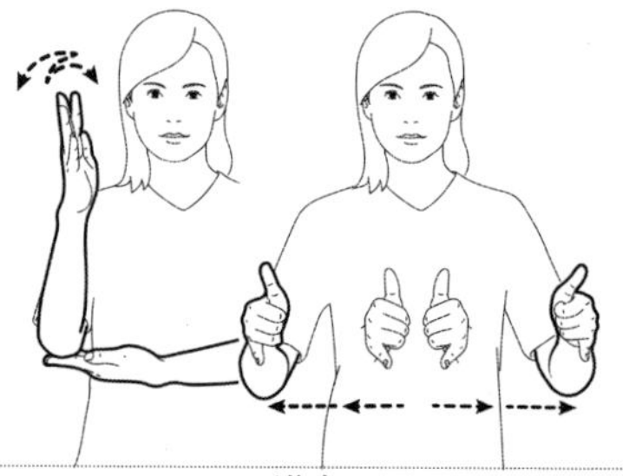

讲座

住宿

3 请问退房时间是中午 12 点吗？

退① >[对方] – 房 | 时间

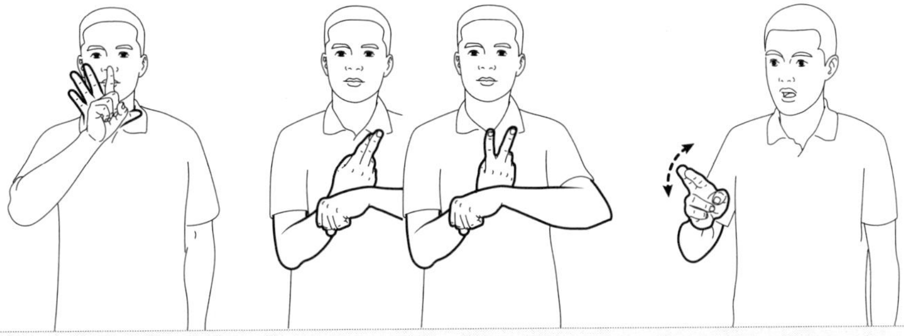

中午① | 12 点 | 是 [上下晃动，询问表情]

语法提示

“退房”的手势根据词性决定词序，作为名词时用“退 – 房”表示，作为动词时用“房 – 退”表示。在本句中，“退房”和“时间”连用，是作为名词，因此用“退 – 房”的手势。

拓展词汇

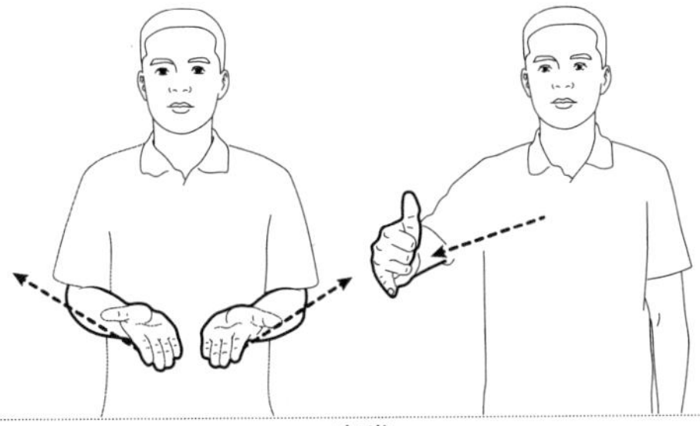

出发

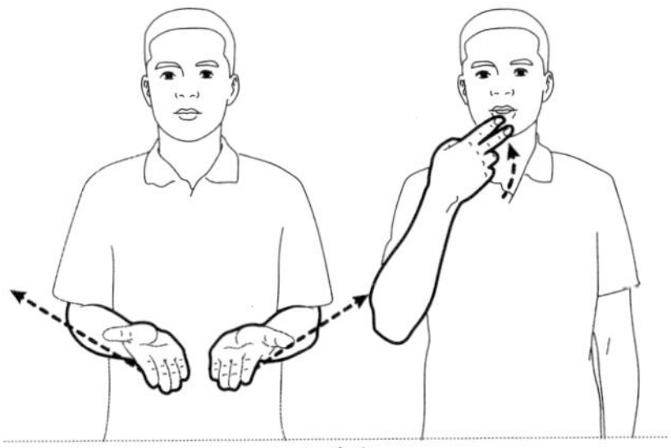

开饭

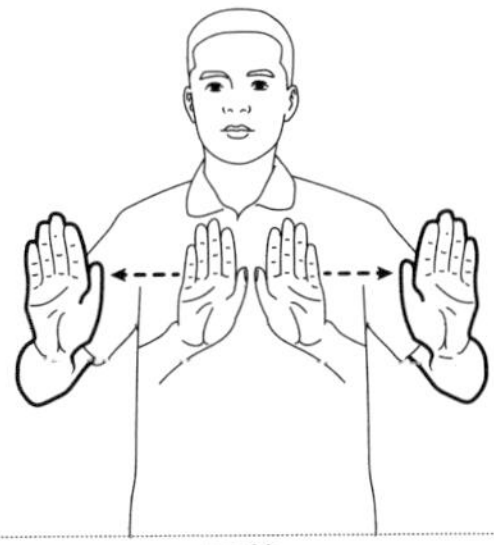

开幕

4 房间里连不上网了。

房子 | 指 >[房内]

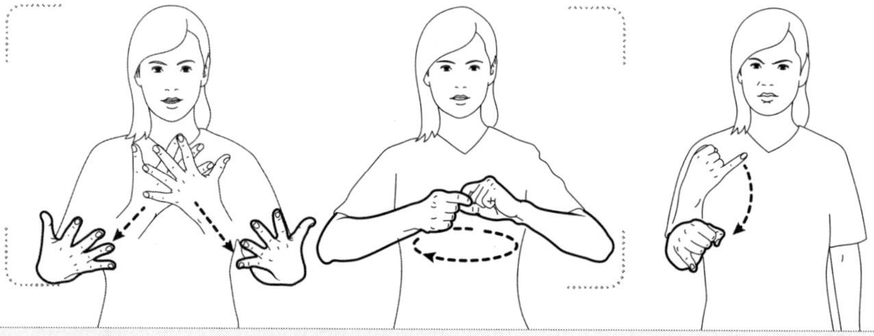

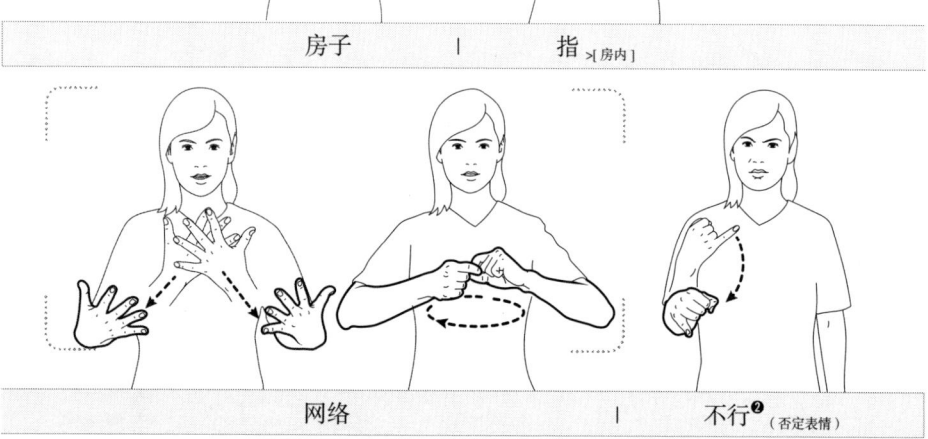

网络 | 不行❷（否定表情）

语法提示

“网络”在手语中是名动同形词，既可以表示名词“网络”，也可以表示动词“连网”。

【新词学习】

房间：|房子|

拓展词汇

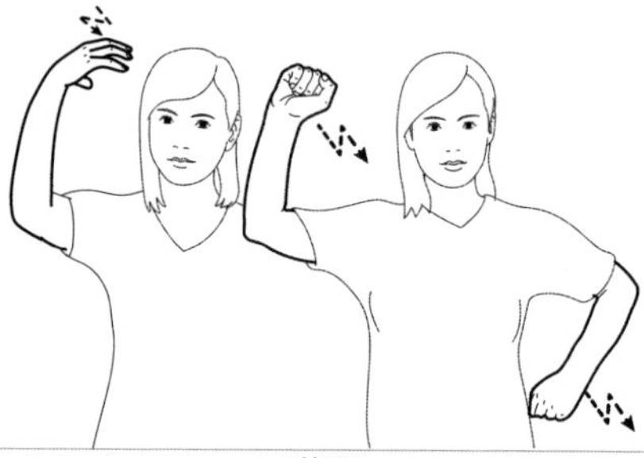

淋浴

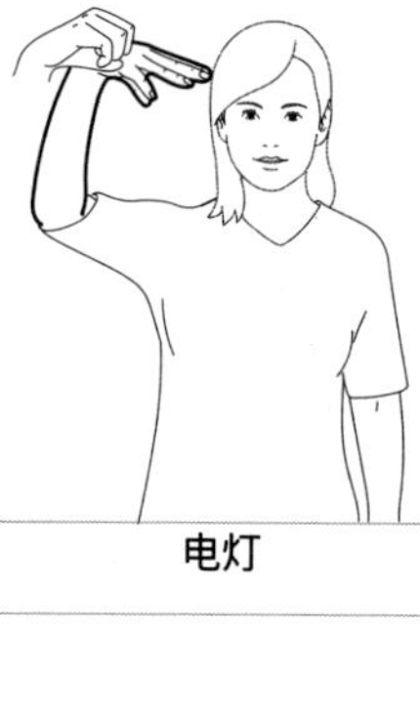

电灯

空调

5 请帮我加一床被子。

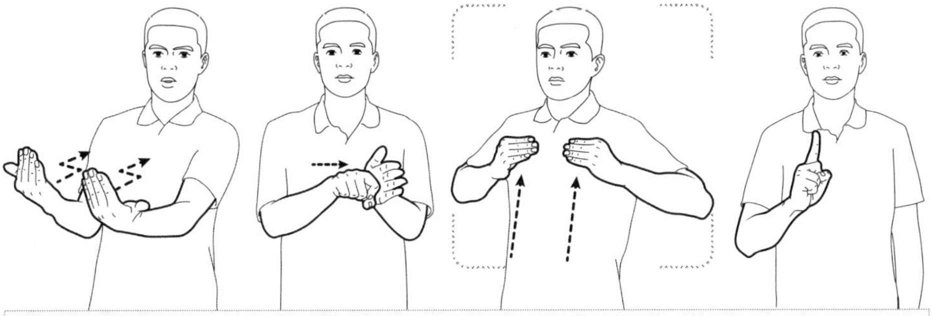

帮助$_{>[我]}$ | 增加 | 被子 | 1

住宿

语法提示

手语没有量词的概念，通常直接表示数量。

【新词学习】

加：|增加|

拓展词汇

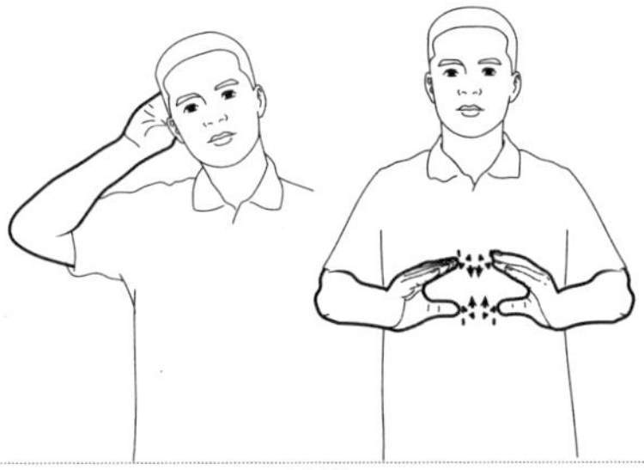

枕头

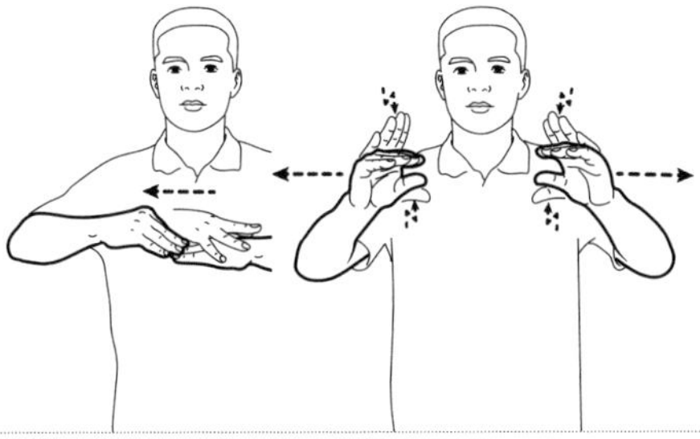

毛毯

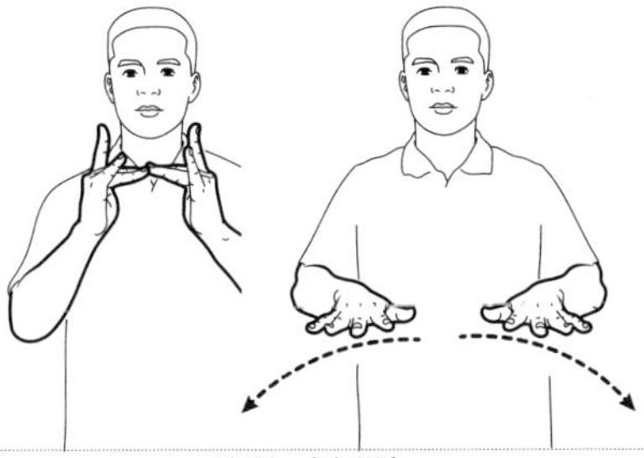

床单（床罩）

6 稍等，服务员马上过去。

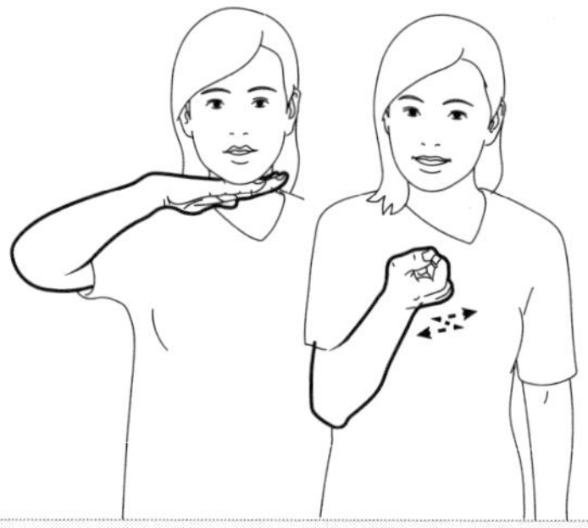

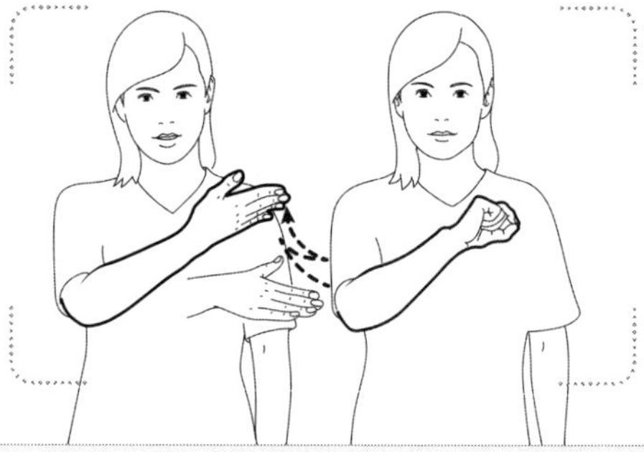

等－一会儿 ‖ 服务员

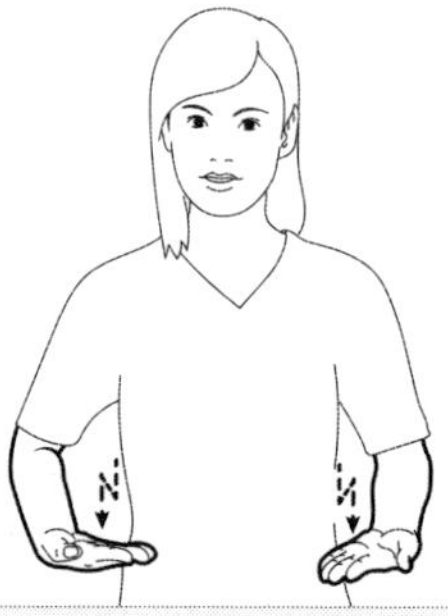

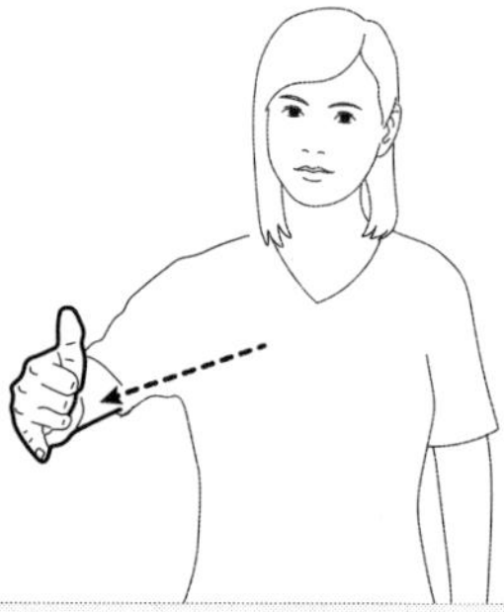

现在 | 去

语法提示

【新词学习】

稍等：|等－一会儿|

马上：|现在|

拓展词汇

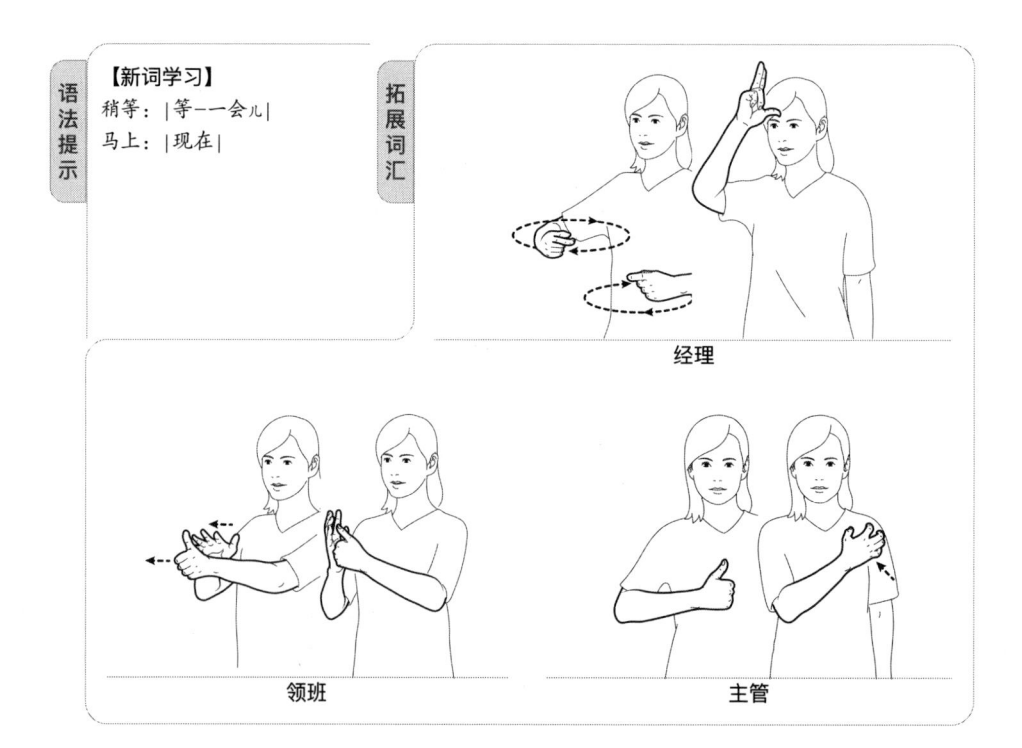

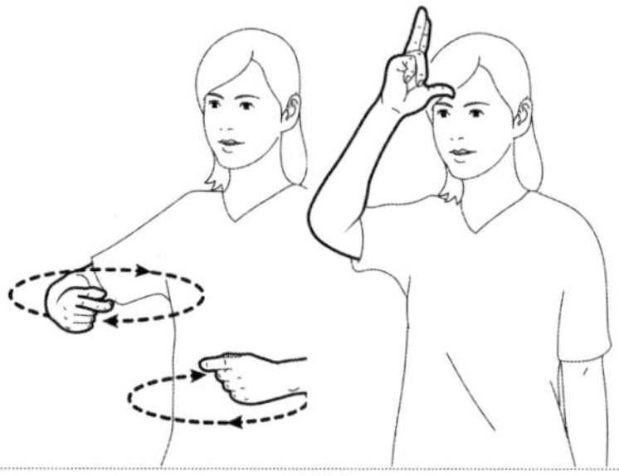

经理

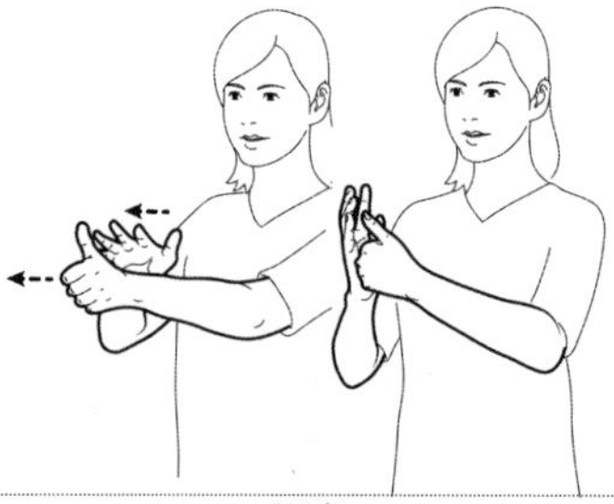

领班

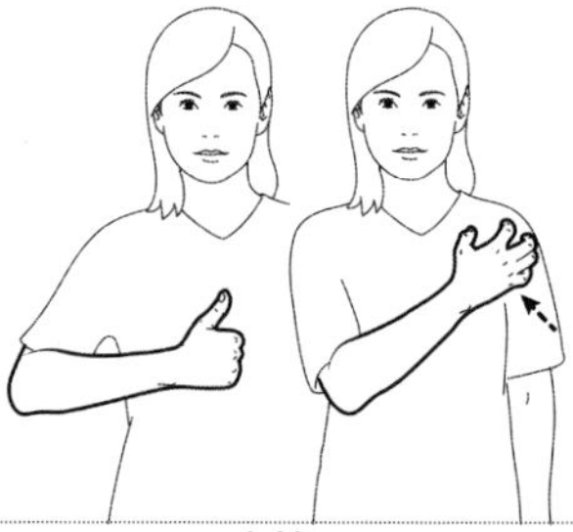

主管

7 你好，我要退房。

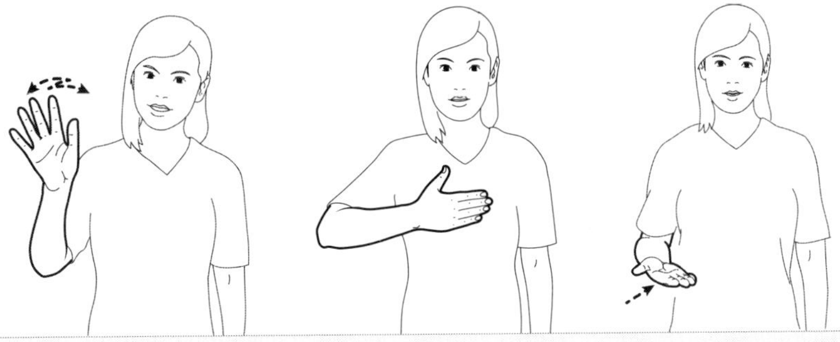

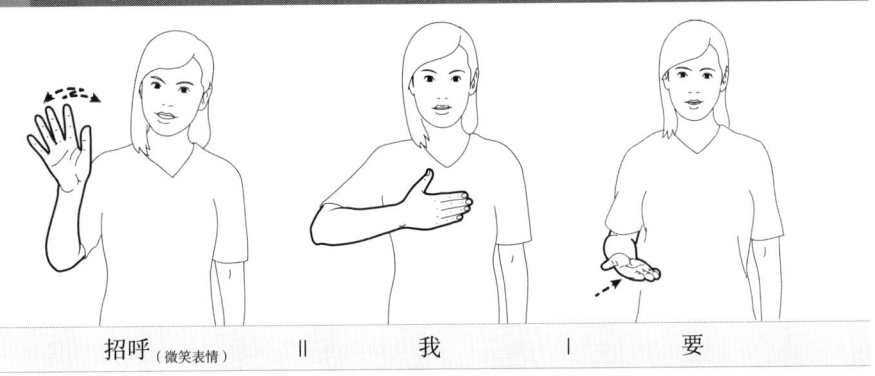

招呼（微笑表情） ‖ 我 | 要

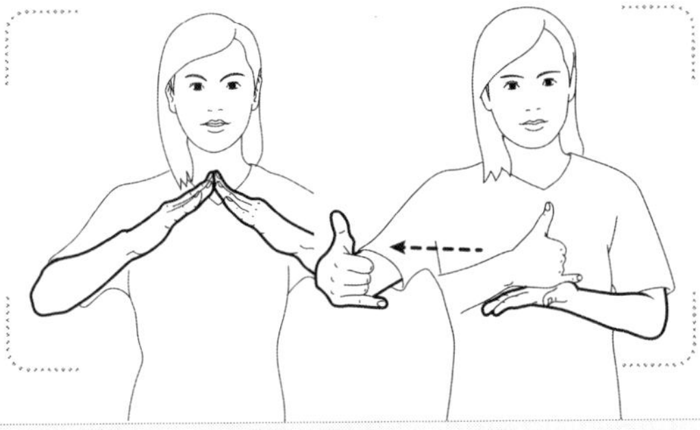

房－退①>[对方]

语法提示

在本句中，“你好”是通过打招呼的动作来引起对方的注意，通常配以微笑或欢愉的表情。

拓展词汇

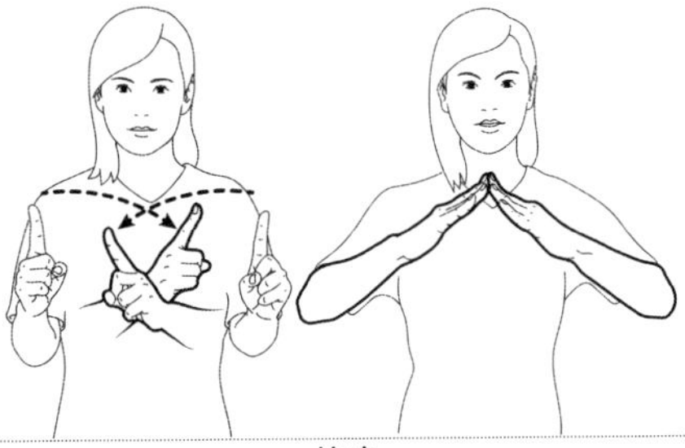

换房

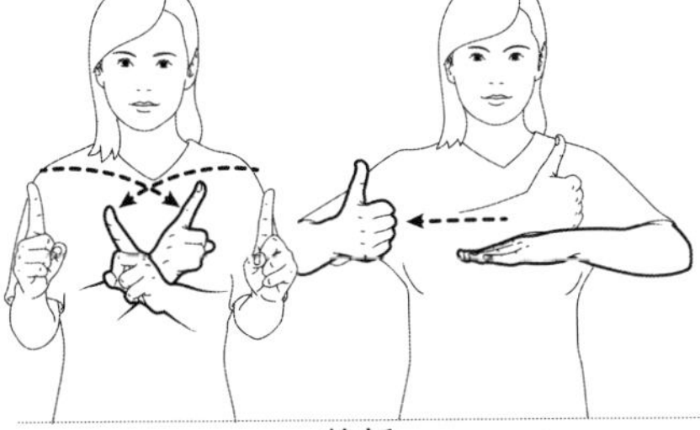

换新

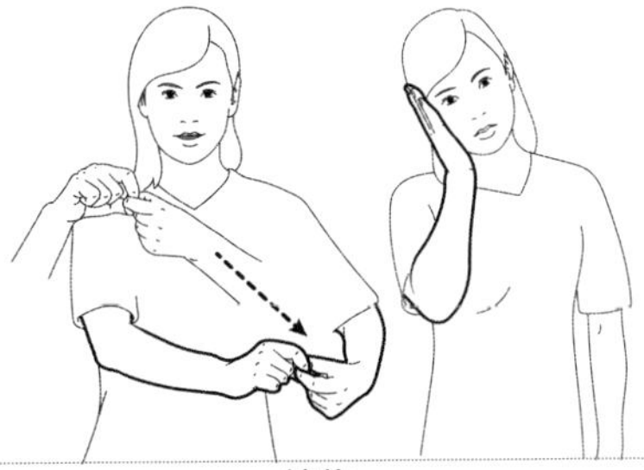

续住

8 发票抬头写我们单位的全称。

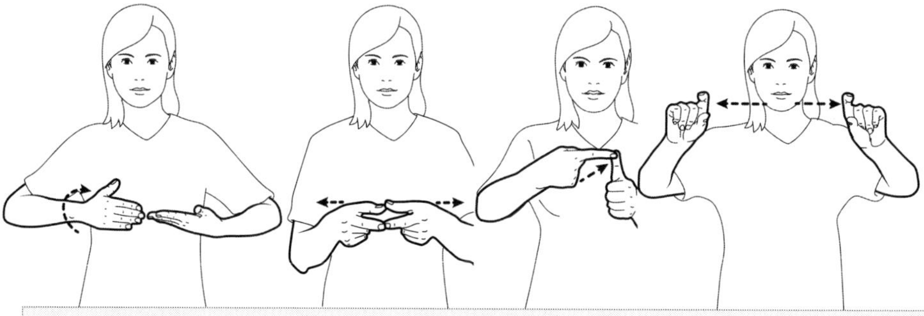

发票 | 票－第一②－行[双手]

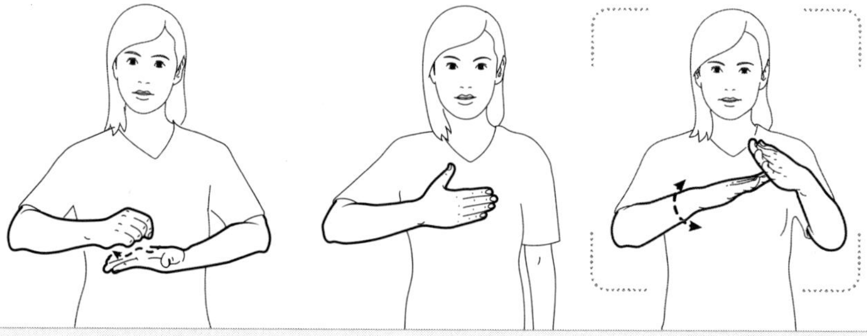

写 | 我 | 单位

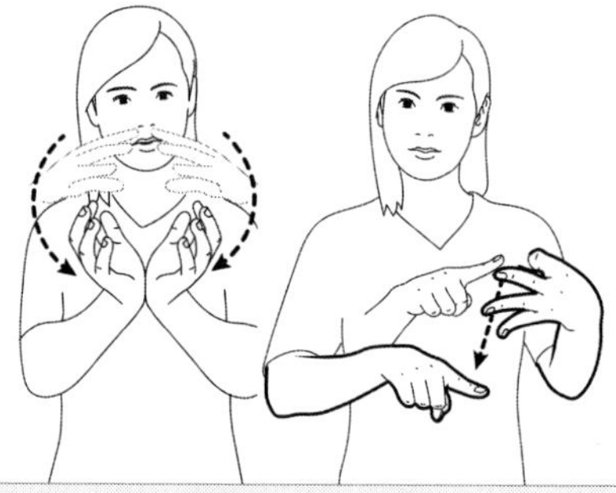

全部－姓名

语法提示

发票抬头指的是发票上的购买方名称，手语表达是“票－第一②－行[双手]”，注意不能用抬头的动作表示。

【新词学习】

抬头：|票－第一②－行[双手]|

全称：|全部－姓名|

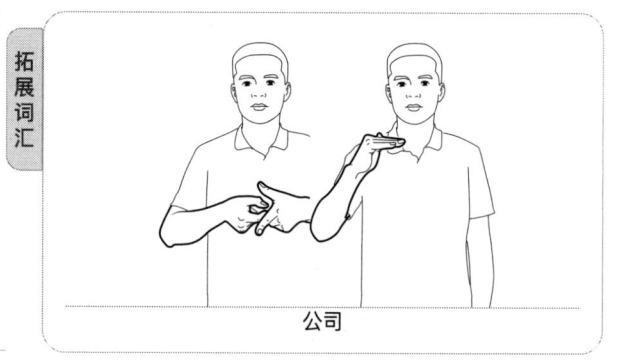

拓展词汇

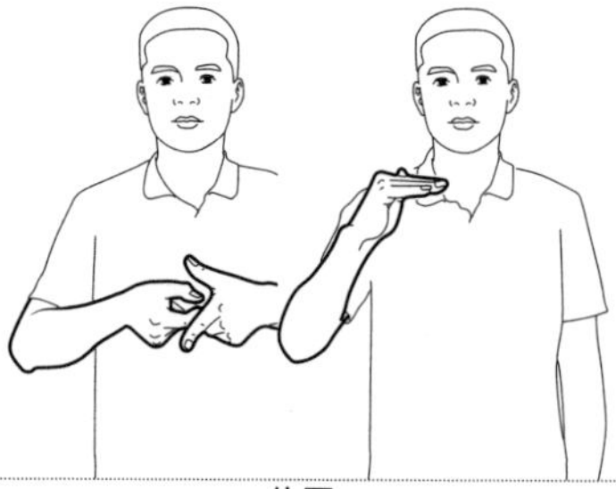

公司

1 我想参加你们旅行社的一日游。

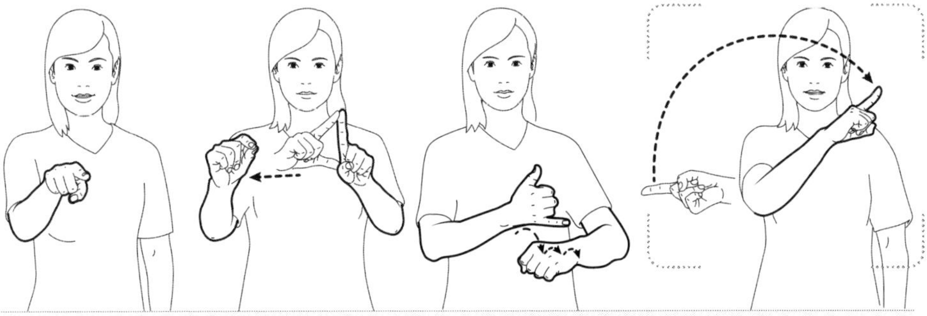

指 >[对方] | 旅行社(二) | 旅游-一天

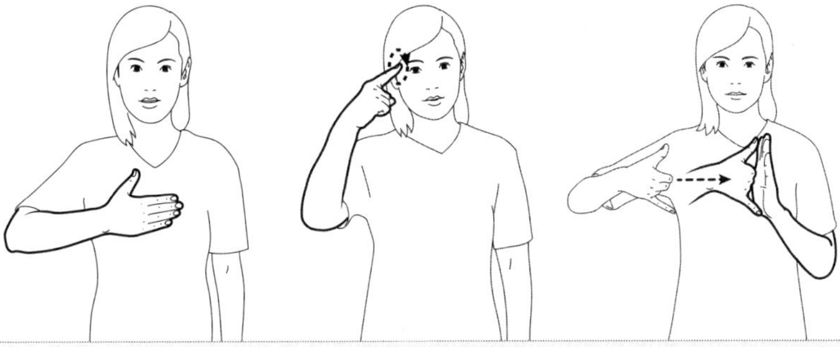

我 | 想 | 参加

语法提示

在特定场景中，聋人表达“旅行社”时，一般会省略第一个动作。在手语表达中，“我想参加”可以置于句末。

拓展词汇

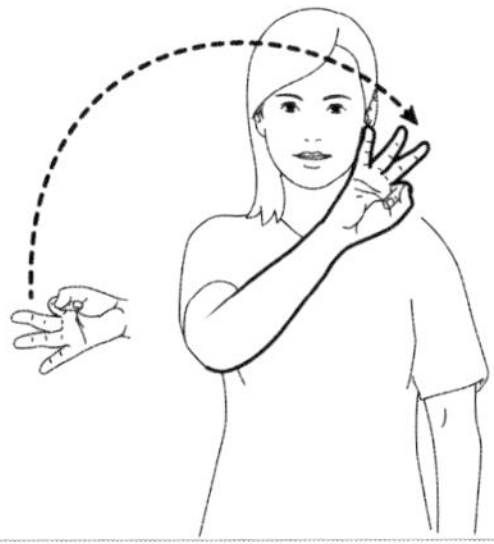

三天

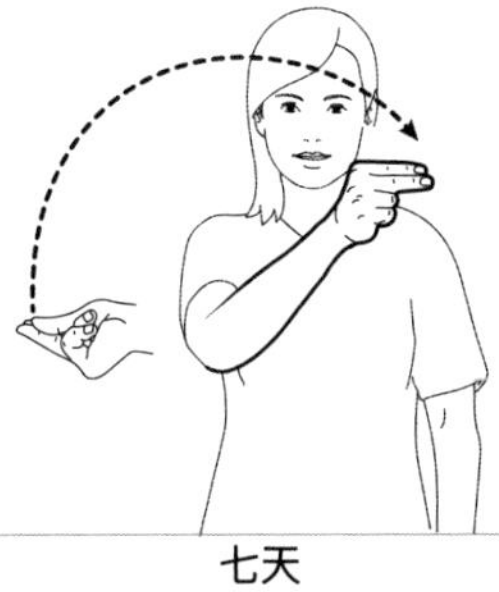

七天

一个月

2　长城、十三陵一日游怎么收费？

长城　||　13- 盒子

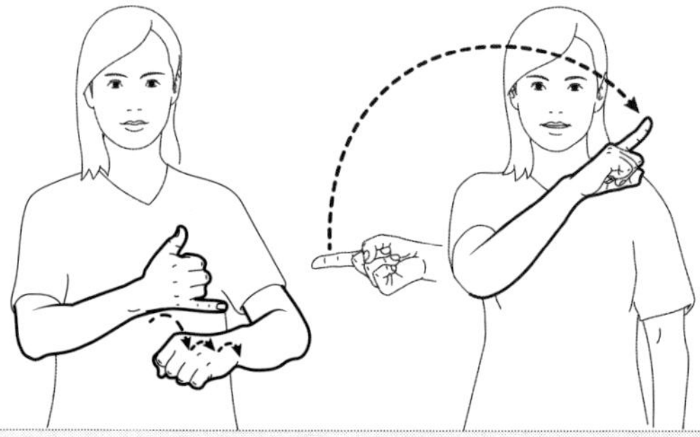

旅游 – 一天

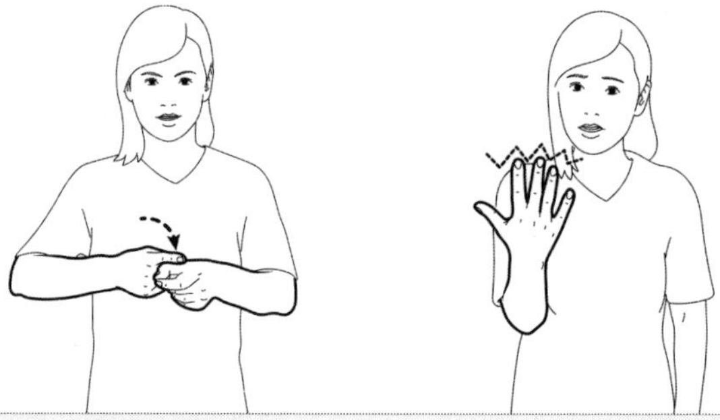

钱　|　多少

语法提示

地名手语一般根据“名从主人”原则，采用当地聋人习惯的打法。

【新词学习】

十三陵：|13–盒子|

（注：此为北京聋人手语）

拓展词汇

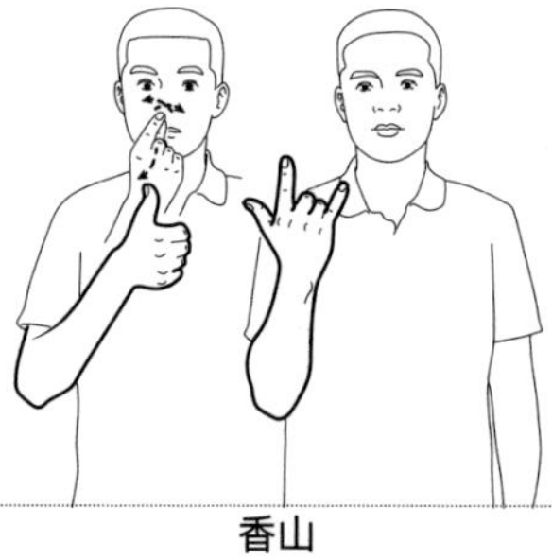

香山

3 明早7点在宾馆门口上车。

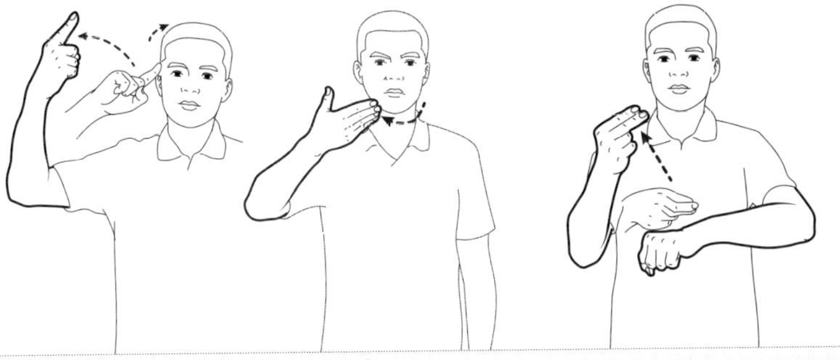

明天－早上[②] | 7点

宾馆 | 门 | 指>[门] | 上车

语法提示

在实际场景的手语表达中，可以用食指直接指点实际位置，店名或建筑名可省略不打，如果门口正好在附近，即可直接指点门口的位置。

拓展词汇

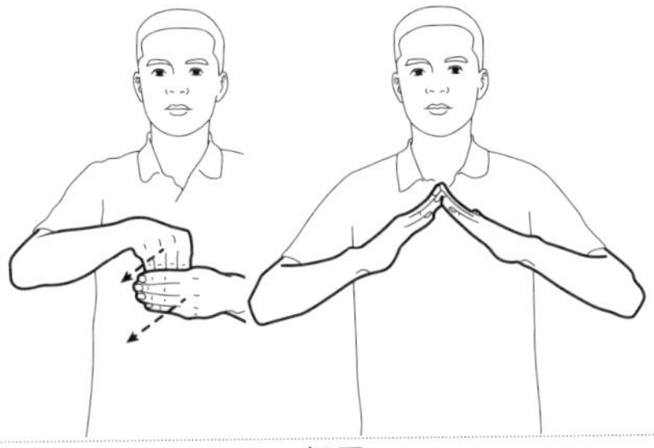

邮局

书店

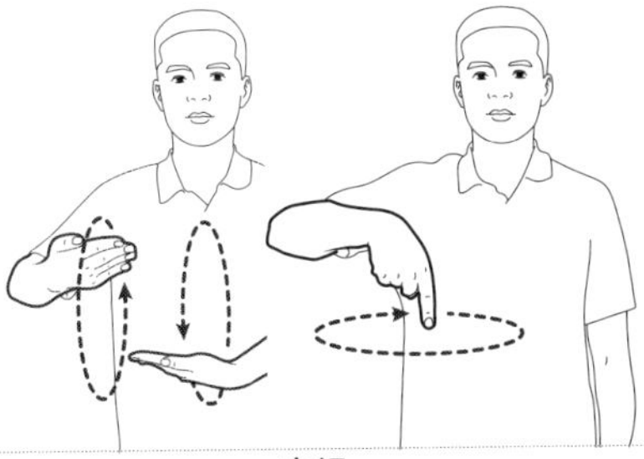

商场

4 购票后可以凭身份证换票，也可以扫二维码进入。

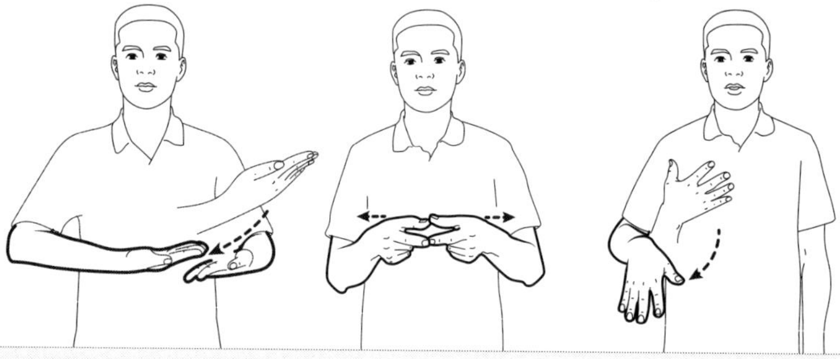

买－票 | 完了

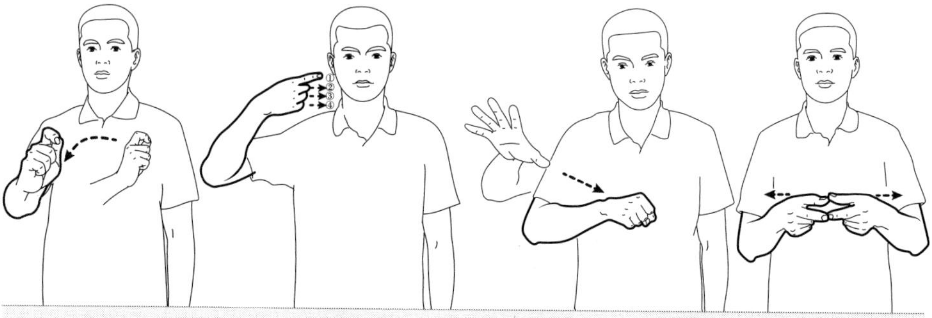

出示 | 身份证 | 取－票

或者 | 手机－二维码（二）

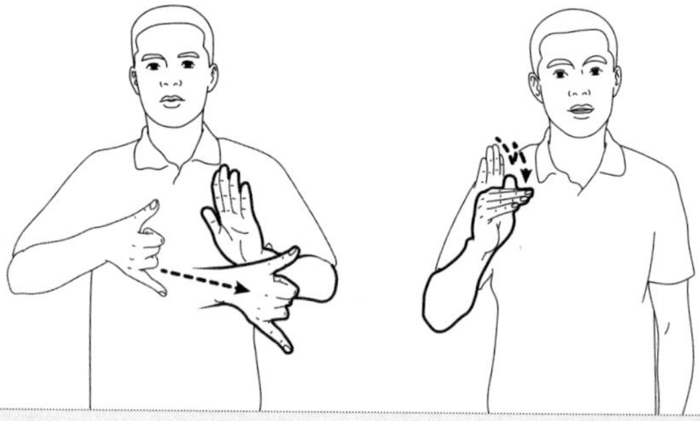

进 | 可以

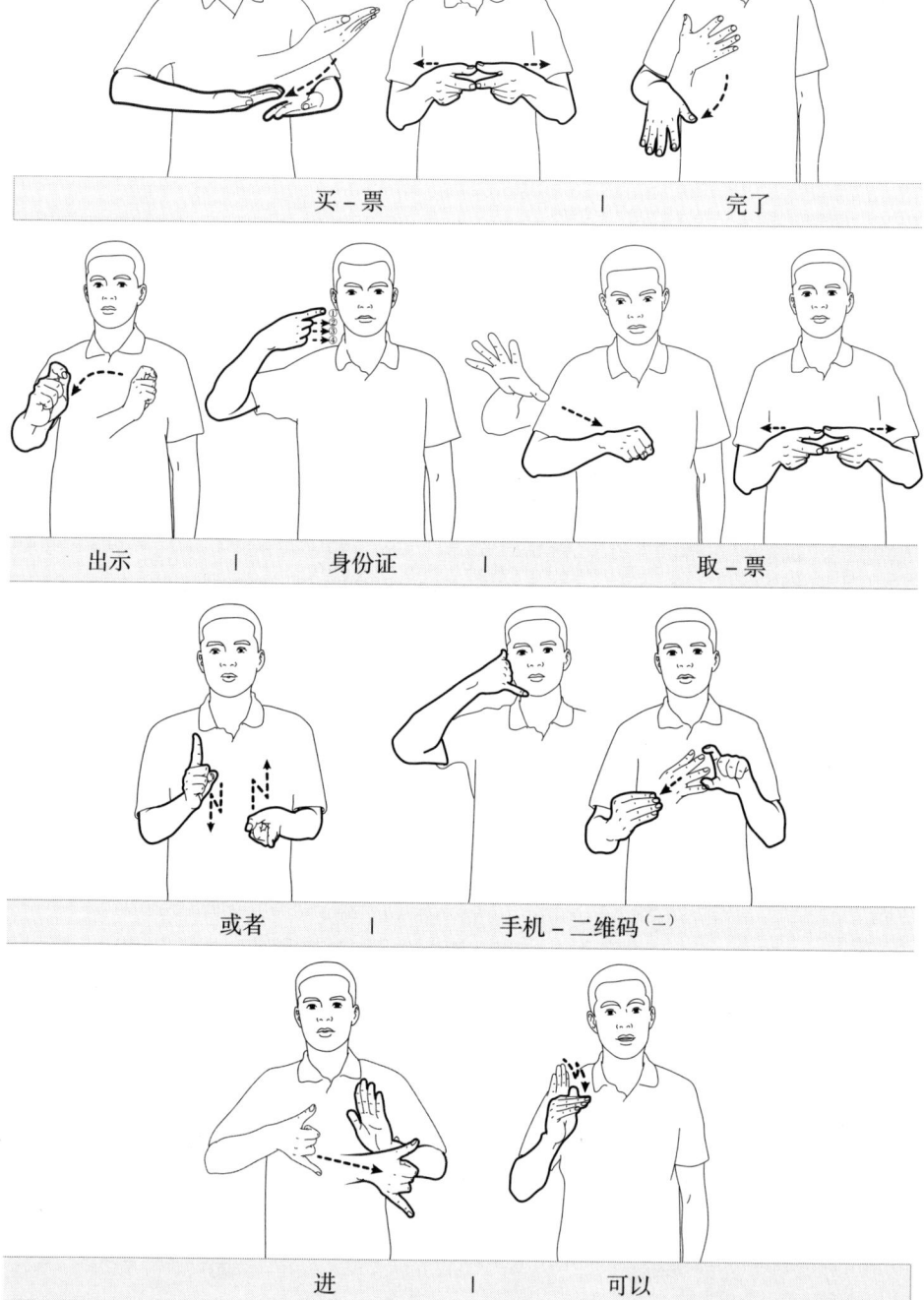

5 这个景区有餐厅吗？

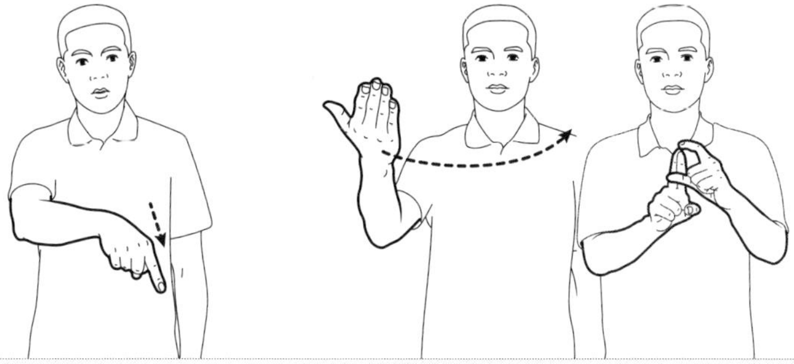

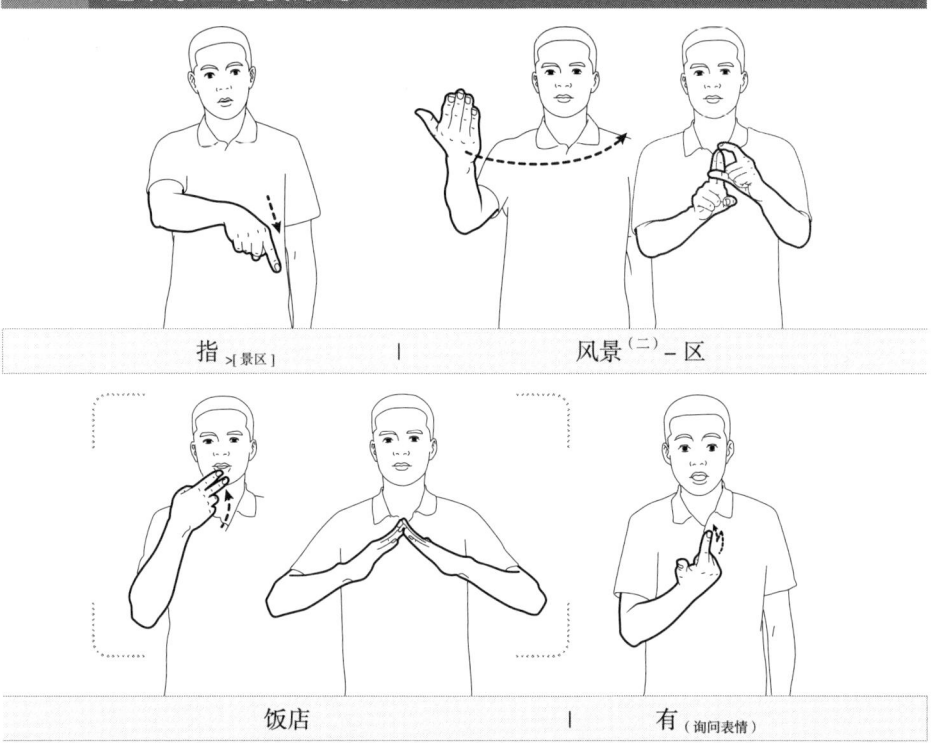

指>[景区] | 风景(二)-区

饭店 | 有(询问表情)

语法提示

仿字是中国手语的构词特点之一，有一些汉字可以用手形直接模仿其字形，如“区”“工”“公”“共”等。

【新词学习】

景区：|风景(二)-区|

拓展词汇

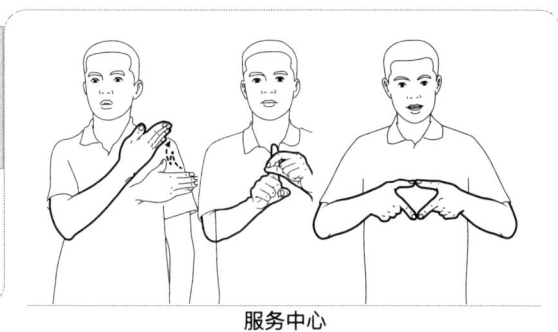

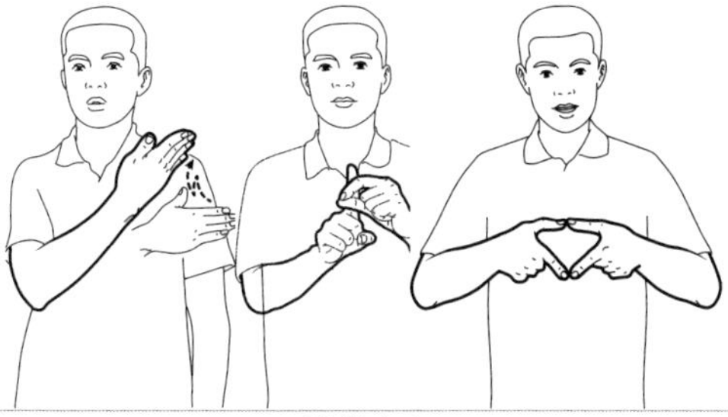

服务中心

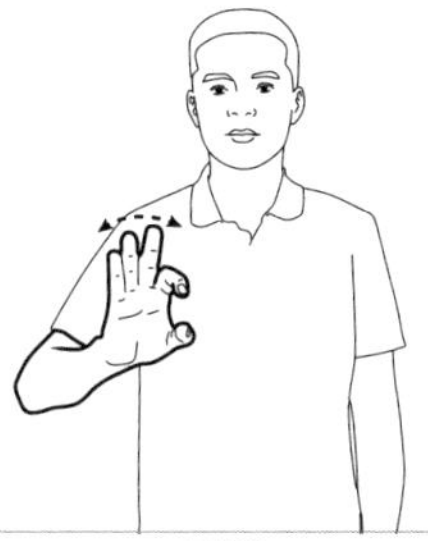

厕所

商店

6 乘游览车一个人多少钱？

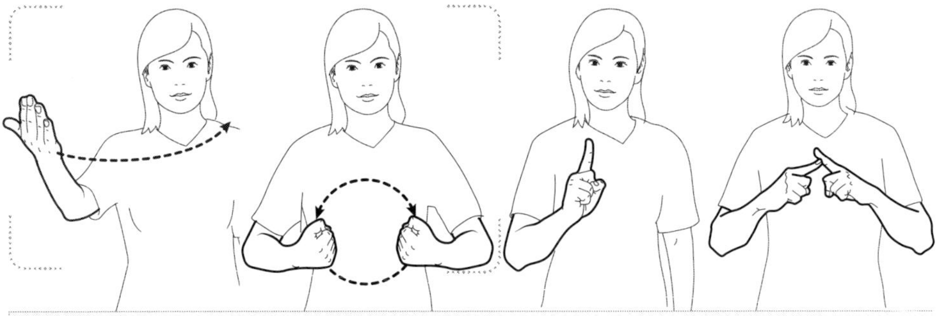

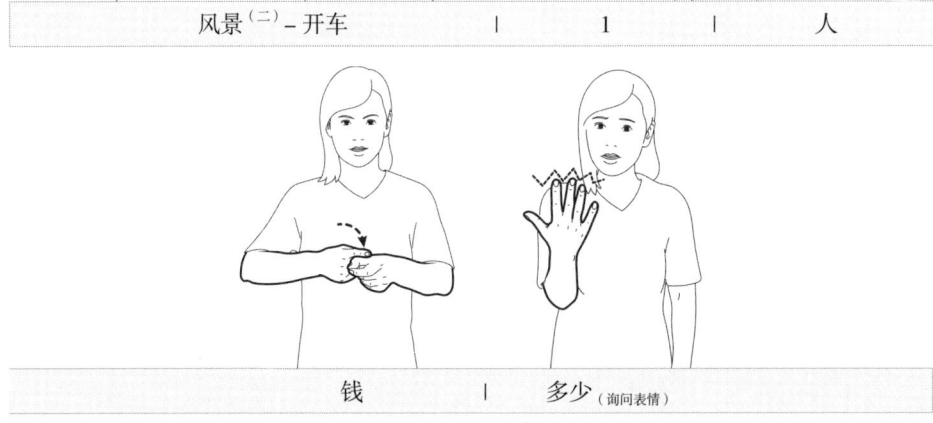

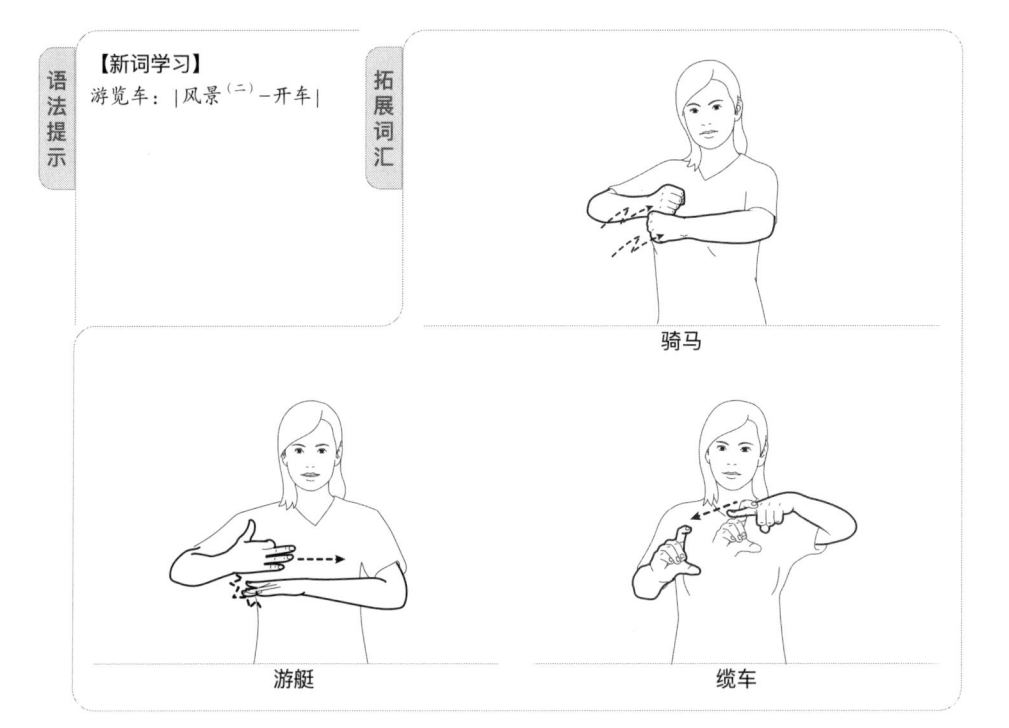

风景（二）- 开车 | 1 | 人

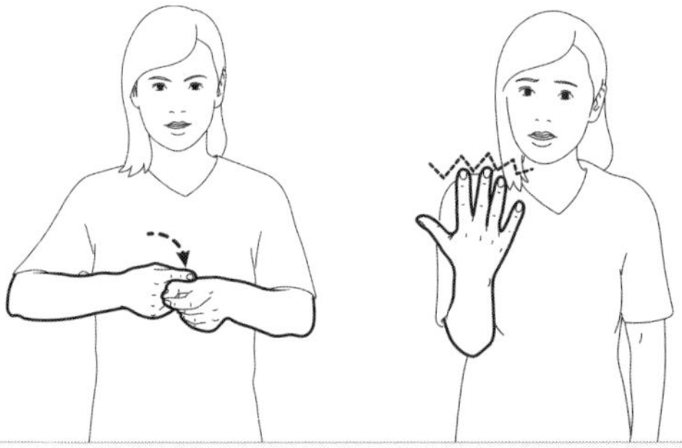

钱 | 多少（询问表情）

语法提示

【新词学习】

游览车：|风景（二）-开车|

拓展词汇

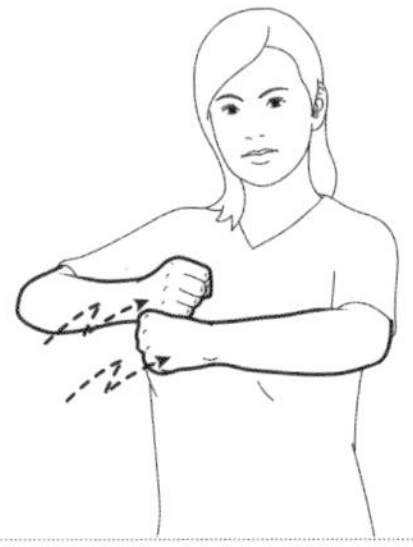

骑马

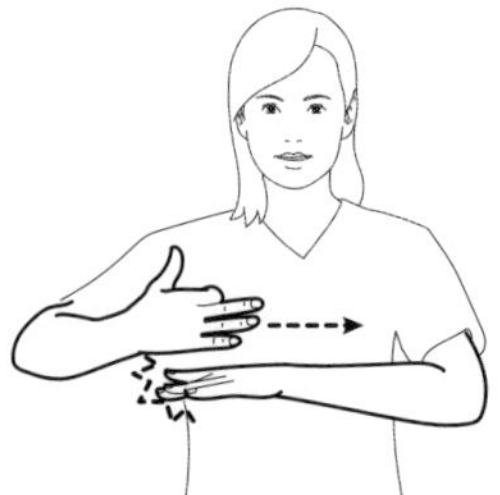

游艇

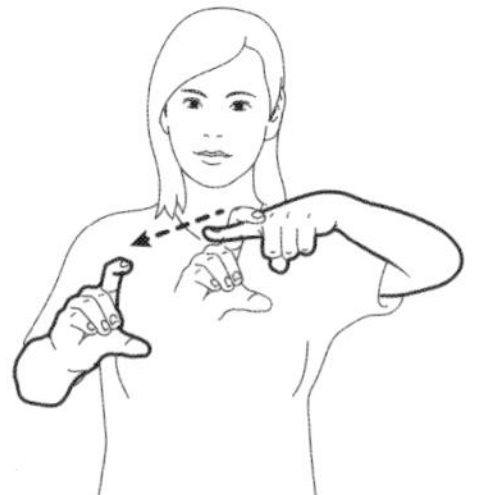

缆车

7 请问有导游服务吗？

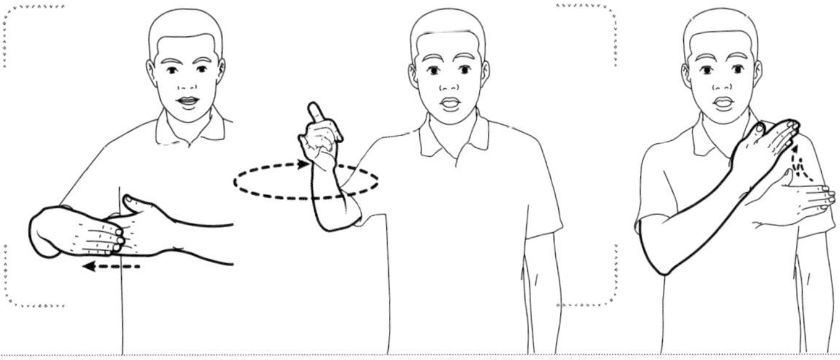

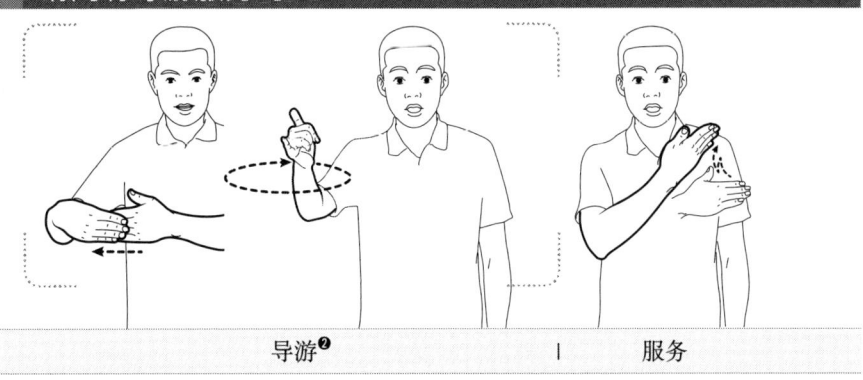

导游❷ | 服务

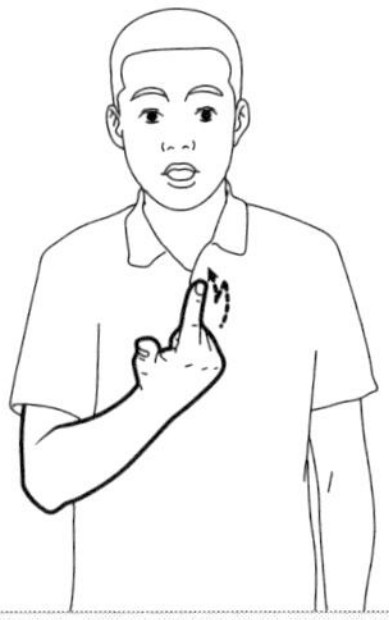

有（询问表情）

语法提示

“导游”在《国家通用手语词典》中有两个打法，第一个打法是名词；第二个打法是动词，意为带领观光，适用于本句。

拓展词汇

讲解

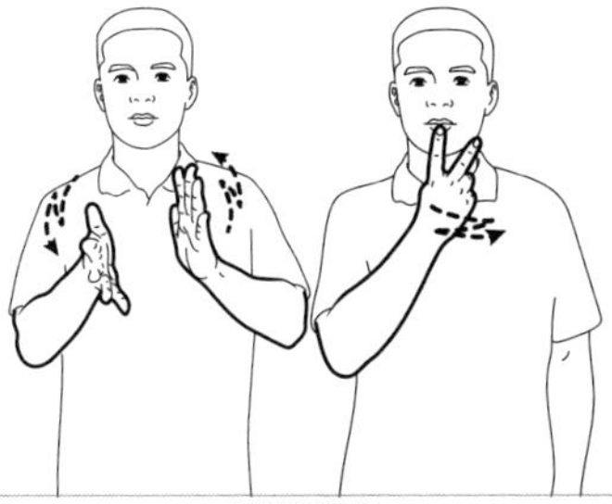

手语翻译

8 我喜欢坐过山车，太刺激了。

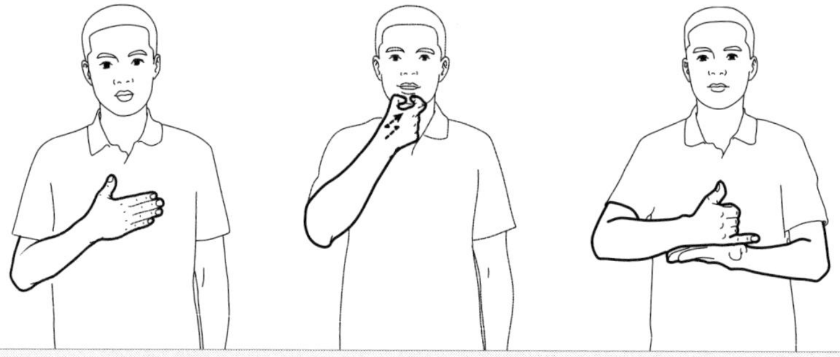

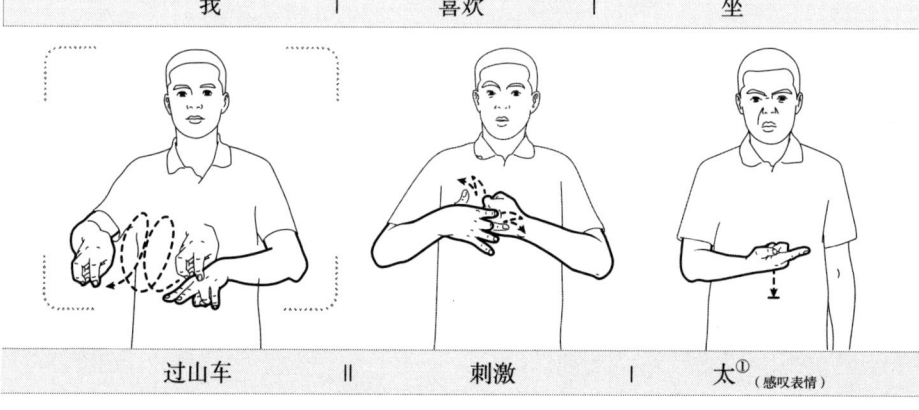

我 | 喜欢 | 坐

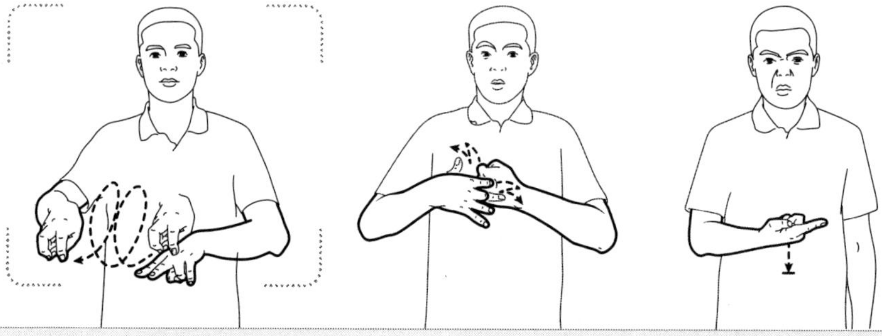

过山车 ‖ 刺激 | 太①（感叹表情）

语法提示

在手语表达中，程度副词如“太”“很”“更”等，通常置于动词之后，并配以感叹的表情，表示强调。

拓展词汇

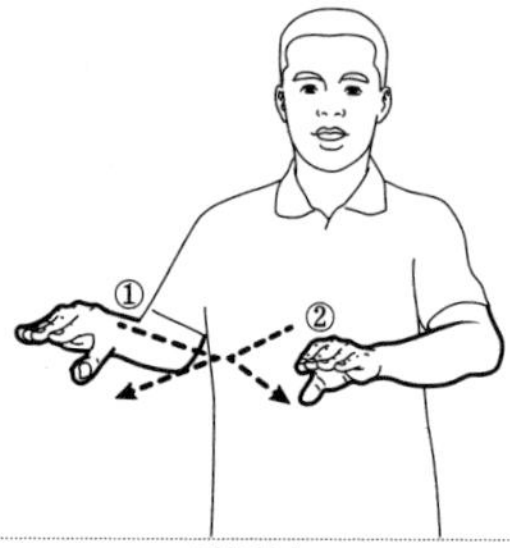

碰碰车

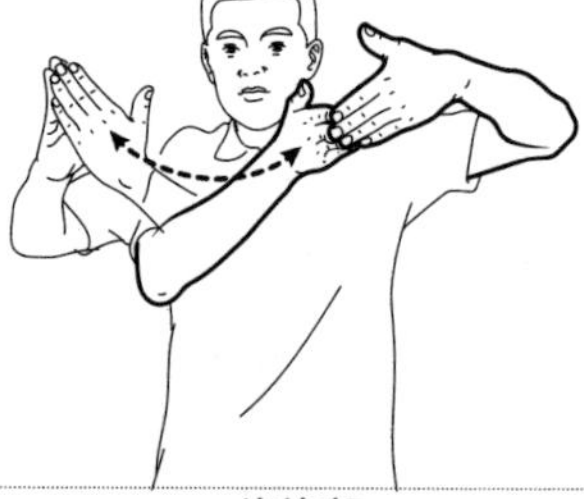

海盗船

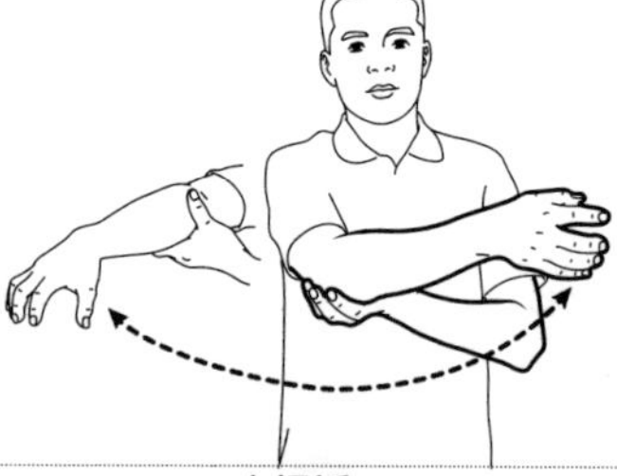

大摆锤

1　不要惊慌，从紧急出口有序撤离！

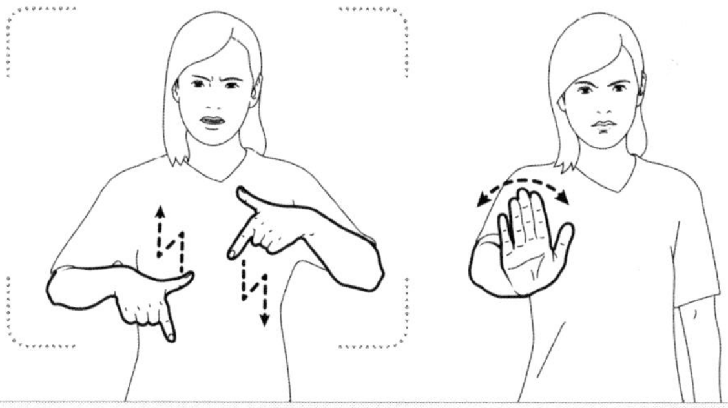

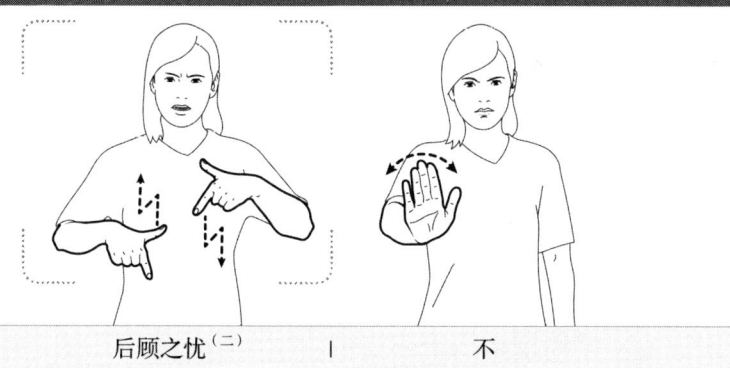

后顾之忧（二）　|　不

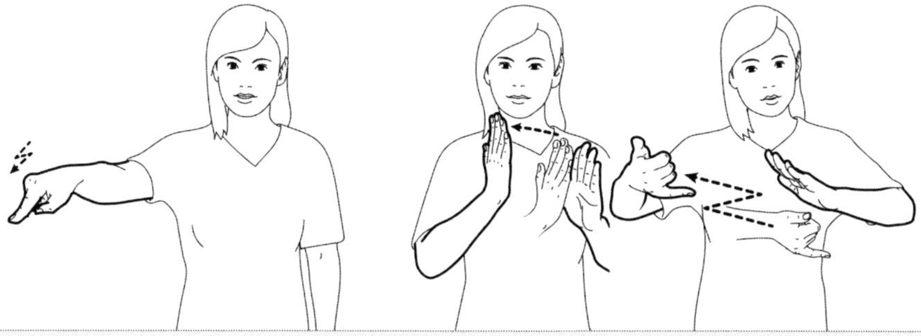

指 >[紧急出口]++　|　队伍 [左手不动]— 离开

语法提示

在紧急场景中，手语表达要简洁明了，地点名称可不用打，直接指点具体位置即可。

【新词学习】

惊慌：|后顾之忧（二）|

有序撤离：|队伍[左手不动]—离开|

拓展词汇

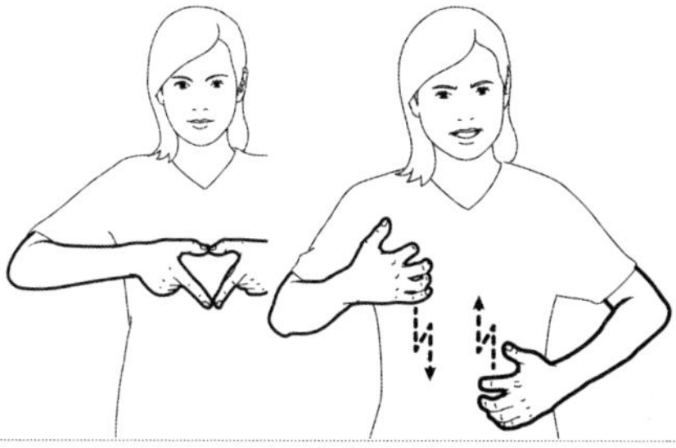

心急

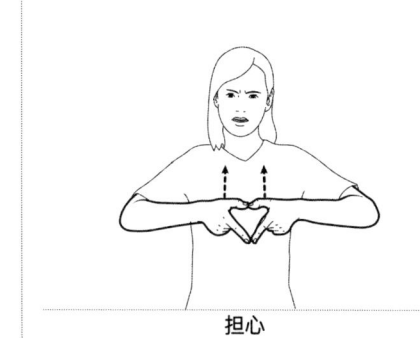

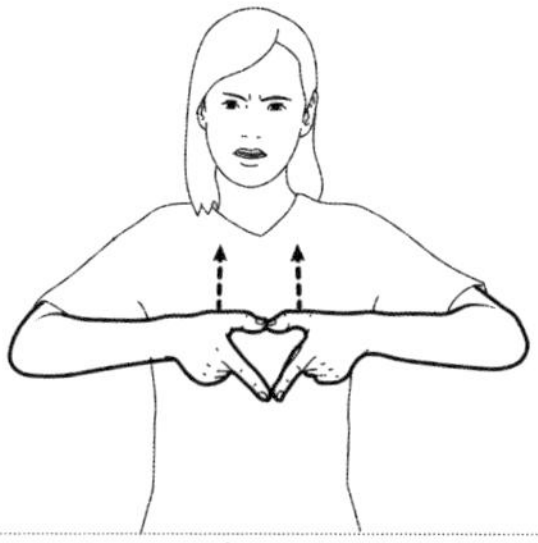

担心

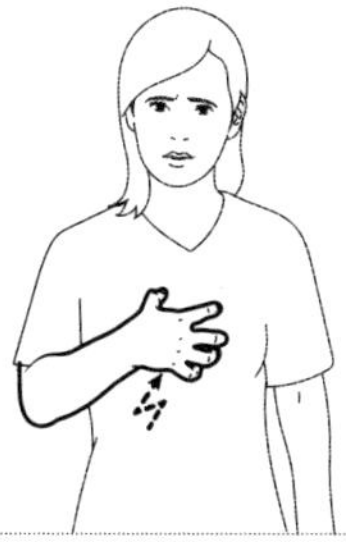

害怕

2 事故严重，保护现场，等待执法人员。

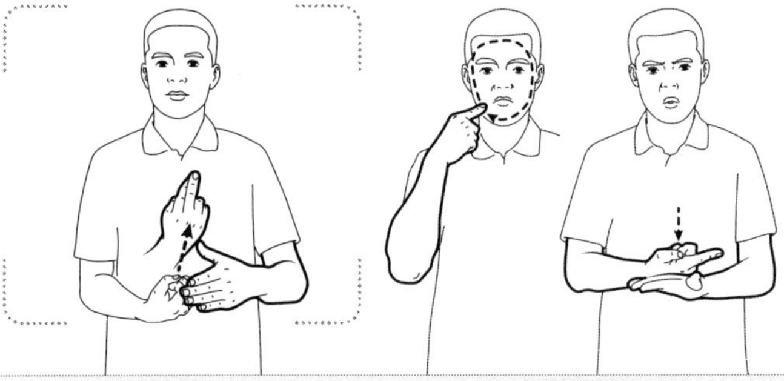

出事 | 严重

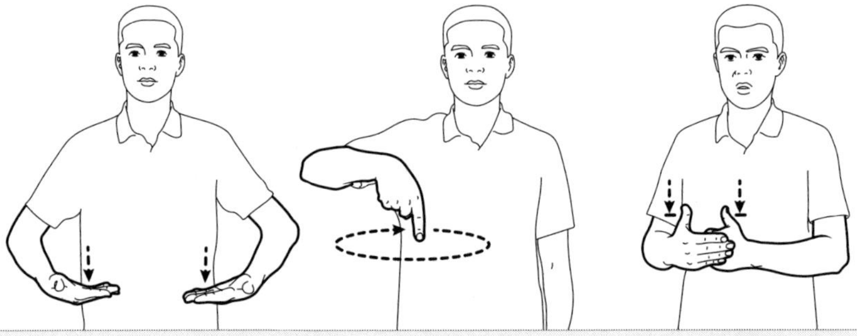

现在-场合 | 保护①

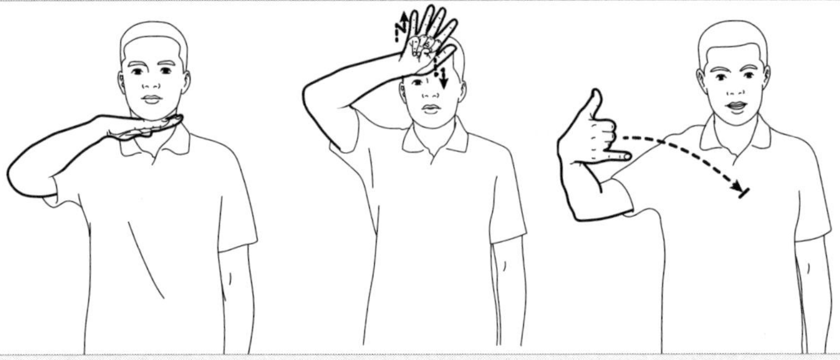

等 | 警察 | 到>[现场]

语法提示

“出事”的手势通常用于事故、重大意外等场景。

【新词学习】

现场：|现在-场合|

执法人员：|警察|

拓展词汇

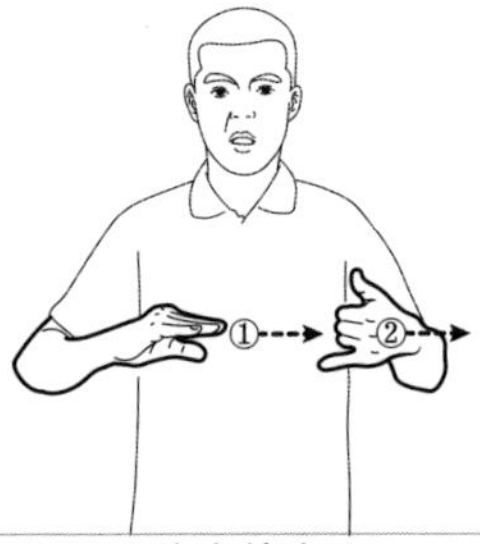

汽车撞人

100 句手语转写速查

1. 好久不见了。

｜时间 [右手食指不转动，向右移动，表示好久]｜见面｜没有②｜

2. 最近怎么样？

｜最近｜怎样(一) (询问表情)｜

3. 我有事儿先走了，再见！

｜我｜有｜事情①(一)｜先｜走｜｜再见｜

4. 好的，以后常联系。

｜好｜｜以后｜常常｜联系｜

5. 我的名字叫王伟。

｜我｜姓名｜王 [仿字]－伟 [手指字母]｜

6. 我今年十八岁。

｜今－年｜我｜年龄 [右手指尖朝左，表示一定年龄]｜18｜

7. 我是贵州人。

｜我｜贵州｜人｜

8. 你的这件衬衫真好看。

｜指 >[对方衣服]｜衬衣｜好看 (赞美表情)｜

9. 这条围巾哪儿买的？

｜指 >[围巾]｜围巾｜买｜在｜哪里 (询问表情)｜

10. 今天降温，要多穿一点儿。

｜今天｜降｜冷｜｜要｜增加｜穿｜

11. 你现在住哪儿？

｜你｜现在｜居住｜哪里 (询问表情)｜

12. 你看上去状态不错。

| 打量 >[你] | 状态 | 好（赞美表情） |

13. 我的家乡在新疆，盛产哈密瓜和葡萄。

| 我 | 家 | 在 | 新疆 || 哈密瓜 | 葡萄 | 盛产 |

14. 请问这附近哪里有餐馆？

| 附近 | 饭店 | 哪里 | 有（询问表情） |

15. 今天我请客。

| 今天 | 我 | 请客 |

16. 你们有没有包间？

| 指 >[对方] | 包间 | 有（询问表情） |

17. 请把菜单给我看一下。

| 菜单❷ | 给 >[我]（礼貌表情） | 看 >[左手] |

18. 这里都有什么特色菜？

| 指 >[饭店] | 特－色－菜 | 有 | 什么（询问表情） |

19. 有什么忌口的吗？

| 忌口 | 什么（询问表情） |

20. 请稍等，我去拿账单。

| 等－一会儿 || 我 | 去 | 拿 | 钱－打印 [模仿票据打印]－条 |

21. 可以用手机支付吗？

| 手机－二维码（二） | 支出① | 可以（询问表情） |

22. 帮我把这两个菜打包。

| 指 >[两个菜] | 菜 | 2 | 帮助 >[我] | 打－包❶ |

23. 您有会员卡吗？

| 会－员－卡 | 你 | 有（询问表情） |

24. 会员卡可以打折，还可以积分。

| 会－员－卡 | 打折 | 可以 || 分数❶－公积金（二） | 可以 |

25. 请问黄瓜多少钱一斤？

| 黄瓜 | 1－公斤（二） [双手交替] | 钱 | 多少（询问表情） |

26. 能便宜点儿吗？

｜便宜｜可以（询问表情）｜

27. 你们店最近有促销活动吗？

｜指 >[对方]｜房｜最近｜促销｜活动｜有（询问表情）｜

28. 现在正好是十周年店庆，优惠活动挺多的。

｜现在｜正好｜庆祝｜白手起家（三）｜十年｜｜优待（二）－便宜｜活动｜多｜

29. 这件毛衣有灰色或蓝色的吗？

｜指 >[毛衣]｜毛衣｜灰（色）｜或者｜蓝（色）｜有（询问表情）｜

30. 我再去别处转转，比较一下。

｜我｜再｜逛街（二） >[右前方]｜看 >[右前方]++｜比较｜

31. 收款台在哪儿？

｜接受－钱－台❷｜在｜哪里（询问表情）｜

32. 往前走到电梯那儿，再向左拐就到了。

｜那 >[前面]｜电梯｜走｜｜左｜拐弯 >[左]｜到｜

33. 我想退了这条裤子。

｜指 >[裤子]｜裤子｜我｜想｜退① >[对方]｜

34. 这里破了，有质量问题。

｜指 >[损坏处]｜破｜｜质量｜不行❷（否定表情）｜

35. 请把您的购物凭证给我看看。

｜你｜买－东西－票｜给 >[我]（礼貌表情）｜看 >[左手]++｜

36. 您要退货还是换货？

｜东西｜你｜要｜退①｜或者｜换｜｜挑选 [左手伸食、中指]｜哪（询问表情）｜

37. 这件运动服有点儿紧，我想换一件大号的。

｜指 >[运动服]｜运动－衣服｜穿｜憋闷｜｜我｜想｜换｜大号｜

38. 这种款式的没有了，要不然您看看其他的？

｜指 >[衣服]｜样子｜完了｜｜你｜看 >[其他]｜指 >[其他]｜可以（询问表情）｜

39. 我经常跑步，有时打乒乓球。

｜我｜经常｜跑步｜｜有－时候｜乒乓球｜

40. 饭后不宜剧烈运动。

| 饭 – 完了 | 运动 | 更① | 不（否定表情） |

41. 我每个周末都去爬山。

| 我 | 每 | 星期六 – 星期日 | 去 | 爬山 |

42. 我更愿意在健身房锻炼。

| 我 | 倾向 | 愿意 | 在 | 健身房 | 指 >[健身房] | 锻炼① |

43. 你可以在电视或网上看直播。

| 你 | 电视 | 或者 | 网 – 上 | 看① | 直播 | 可以 |

44. 请问在哪儿挂号？

| 挂号 | 在 | 哪里（询问表情） |

45. 我要挂一个专家号。

| 专 – 家 – 号 | | 我 | 要 | 挂② | 1 |

46. 你哪里不舒服？

| 你 | 模特儿❶（一） | 不舒服 | 哪里（询问表情） |

47. 早上起来感觉喘不过气来，还恶心想吐。

| 早上① | 起床 | 呼吸（急促表情） | 不行❷ | | 恶心 | 想 | 呕吐 |

48. 先检查一下血压，然后验血，拍片子。

| 首先 | 检查 | 血压 | | 其次 | 抽血（一）– 化验 | | 最后 | X 光科（一） |

49. 大夫，我的病严重吗？

| 招呼 >[大夫] | | 我 | 病 | 严重 | 是 [上下晃动，询问表情] |

50. 你以前有过药物过敏吗？

| 你 | 以前 | 药 – 过敏② | 有（询问表情） |

51. 给你开了三天的药，记得按时吃。

| 给 >[你] | 写 – 药 | 3 天 | | 按时 | 吃药 | 记忆 |

52. 我买治咳嗽的药。

| 我 | 买 | 咳嗽 | 药 |

53. 用哪种药见效快？

| 药 | 有效②（二）– 好 | 快 | 哪（询问表情） |

54. 这种药副作用小，效果也不错。

｜指 >[药]｜药｜伤害 >[自己]｜小｜｜有效②（二）｜好｜

55. 这药怎么吃？

｜指 >[药]｜怎么（一）（询问表情）｜吃药｜

56. 早晚各一次，饭后一小时服用。

｜早上①｜1｜晚上｜1｜｜饭－完了｜1小时｜服药｜

57. 你们药店可以用医保卡吗？

｜指 >[对方]｜药－店｜医保卡｜可以（询问表情）｜

58. 服药期间，最好不要吃油腻和辛辣的食物。

｜服药｜时间－期间｜｜吃｜油①｜｜辣｜｜最②－好｜不要｜

59. 稍微修修就行，不要剪得太短。

｜理发｜稍微｜可以｜｜理发｜短｜不｜

60. 您把快递放在门卫室吧。

｜快递｜放（礼貌表情）｜门－卫－室｜

61. 超重要加运费。

｜重❶－超｜托运－钱｜增加｜要｜

62. 是您付钱还是到后对方付？

｜你｜支出①｜或｜到 [弧线]｜支出①｜｜挑选 [左手伸食、中指]｜哪（询问表情）｜

63. 我的信用卡丢了怎么办？

｜我｜信用卡｜丢｜｜办公（一）－怎么（二）（询问表情）｜

64. 先挂失，再补办。

｜丢｜首先｜挂②｜｜再｜补贴（一）－办公（一）｜

65. 我的身份证忘在家里了。

｜我｜身份证｜忘记｜｜放 >[家]｜家｜

66. 明天我去北京旅游。

｜明天｜我｜去｜北京｜旅游｜

67. 5月1日上午的高铁，有票吗？

｜5月1日｜上午①｜高铁②｜｜票｜有（询问表情）｜

68. 买 8 点的两张二等座，一张成人的，一张儿童的。

| 早上①–8 点 | 二等 – 座 | 票 | 买 | 2 || 成年人 | 1 || 儿童 | 1 |

69. 我想晚点儿走，可以改签吗？

| 我 | 想 | 推迟 | 去 || 改签 | 可以（询问表情）|

70. 我的车票丢了，该怎么办？

| 我 | 火车 – 票 | 丢 || 办公（一）– 怎么（二）（询问表情）|

71. 去售票大厅的挂失补办窗口办理。

| 卖 – 票 – 大 – 厅 [仿字] | 窗口 | 指 >[挂失补办窗口]++ | 去 | 挂失 | 补贴（一）– 办公（一）|

72. 我订一张 5 月 7 日下午北京到昆明的机票。

| 我 | 预约（二）| 5 月 7 日 | 下午① | 北京 | 到 [弧线] | 昆明 | 飞机 – 票 | 1 |

73. 可以退票吗？

| 票 – 退① >[对方] | 可以（询问表情）|

74. 可以，但是要收手续费。

| 可以 || 但是 | 手 – 续 – 费 | 要 |

75. 网上买的火车票在哪儿取？

| 网 – 上 | 预约（二）| 火车 – 票 | 取 | 在 | 哪里（询问表情）|

76. 请问在哪里检票？

| 检查 – 票 | 在 | 哪里（询问表情）|

77. 请问在哪个柜台办登机手续？

| 办公（一）| 登机 – 手续 | 在 | 哪里（询问表情）|

78. 请把手机、电脑、化妆品拿出来单独安检。

| 手机 || 笔记本电脑 || 化妆 – 品 || 出现❶ | 每个 | 安检 |

79. 请按照指示牌去对应的传送带取行李。

| 看 >[指示牌] | 牌匾 | 去 | 转 [左手不动] | 拿 | 行李 |

80. 咱们去机场，是打车还是坐地铁？

| 咱们 | 去 | 机场 || 打车 | 或者 | 地铁 || 挑选 [左手伸食、中指] | 哪（询问表情）|

81. 到机场需要多长时间？

| 到 | 机场 | 需要② | 时间 | 多少（询问表情）|

82. 有点儿堵车，估计要一个多小时吧。

| 堵车 || 计算 | 1 小时 | 多 |

83. 需要交押金，刷卡还是现金？

| 押金 | 需要② || 刷卡② | 或者 | 现 – 金 || 挑选 [左手伸食、中指] | 哪（询问表情）|

84. 早餐时间是早上六点半到九点半。

| 早上① – 饭 | 时间 | 6 点 – 半 | 到 [横线] | 9 点 – 半 |

85. 请问退房时间是中午 12 点吗？

| 退① >[对方] – 房 | 时间 | 中午① | 12 点 | 是 [上下晃动，询问表情] |

86. 房间里连不上网了。

| 房子 | 指 >[房内] | 网络 | 不行❷（否定表情）|

87. 请帮我加一床被子。

| 帮助 >[我] | 增加 | 被子 | 1 |

88. 稍等，服务员马上过去。

| 等 – 一会儿 || 服务员 | 现在 | 去 |

89. 你好，我要退房。

| 招呼（微笑表情）|| 我 | 要 | 房 – 退① >[对方] |

90. 发票抬头写我们单位的全称。

| 发票 | 票 – 第一② – 行 [双手] | 写 | 我 | 单位 | 全部 – 姓名 |

91. 我想参加你们旅行社的一日游。

| 指 >[对方] | 旅行社（二）| 旅游 – 一天 | 我 | 想 | 参加 |

92. 长城、十三陵一日游怎么收费？

| 长城 || 13– 盒子 | 旅游 – 一天 | 钱 | 多少 |

93. 明早 7 点在宾馆门口上车。

| 明天 – 早上② | 7 点 | 宾馆 | 门 | 指 >[门] | 上车 |

94. 购票后可以凭身份证换票，也可以扫二维码进入。

| 买 – 票 | 完了 | 出示 | 身份证 | 取 – 票 | 或者 | 手机 – 二维码（二）| 进 | 可以 |

95. 这个景区有餐厅吗？

| 指 >[景区] | 风景（二）– 区 | 饭店 | 有（询问表情）|

96. 乘游览车一个人多少钱？

｜风景（二）－开车｜ 1 ｜人｜钱｜多少（询问表情）｜

97. 请问有导游服务吗？

｜导游❷｜服务｜有（询问表情）｜

98. 我喜欢坐过山车，太刺激了。

｜我｜喜欢｜坐｜过山车｜｜刺激｜太①（感叹表情）｜

99. 不要惊慌，从紧急出口有序撤离！

｜后顾之忧（二）｜不｜｜指 >[紧急出口]++ ｜队伍 [左手不动]－离开｜

100. 事故严重，保护现场，等待执法人员。

｜出事｜严重｜｜现在－场合｜保护①｜｜等｜警察｜到 >[现场]｜

图书在版编目（CIP）数据

国家通用手语日常会话 / 中国残疾人联合会组编；中国聋人协会编．-- 北京：华夏出版社有限公司，2023.8（2024.6 重印）
（国家通用手语系列）
ISBN 978-7-5222-0466-6

Ⅰ．①国… Ⅱ．①中…②中… Ⅲ．①手势语—特殊教育—教材 Ⅳ．① H126.3 ② G762.4

中国国家版本馆 CIP 数据核字 (2023) 第 013058 号

国家通用手语日常会话

组 编 者　中国残疾人联合会
编　　者　中国聋人协会
审　　校　国家手语和盲文研究中心
责任编辑　王一博
美术编辑　徐　聪
装帧设计　王　颖
责任印制　顾瑞清

出版发行　华夏出版社有限公司
经　　销　新华书店
印　　装　三河市少明印务有限公司
版　　次　2023 年 8 月北京第 1 版
　　　　　2024 年 6 月北京第 2 次印刷
开　　本　710×1000　1/16 开
印　　张　7.75
字　　数　167 千字
定　　价　38.00 元

华夏出版社有限公司　地址：北京市东直门外香河园北里 4 号　邮编：100028
网址：www.hxph.com.cn　电话：（010）64663331（转）
若发现本版图书有印装质量问题，请与我社营销中心联系调换。